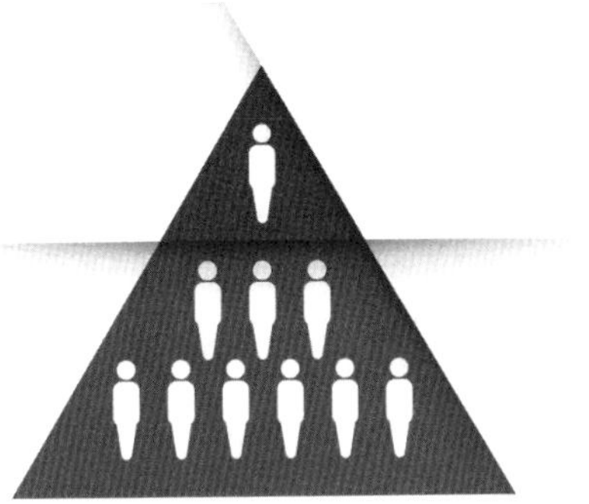

SERVANT LEADERSHIP

A Journey into the Nature of Legitimate Power and Greatness

僕人領導學

領導者與跟隨者互惠雙贏的領導哲學

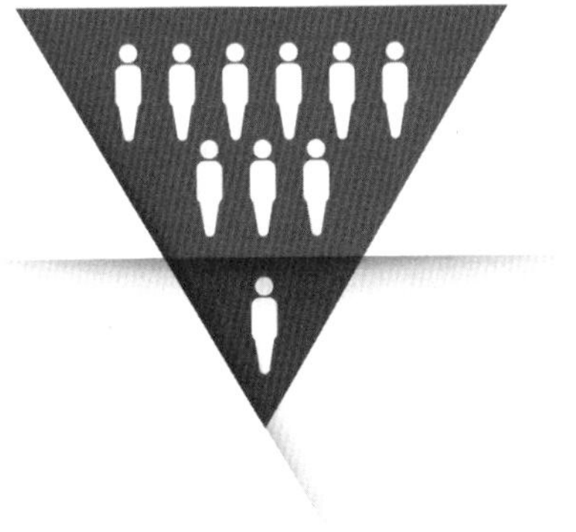

現代授權運動之父「僕人領導」開創者

ROBERT GREENLEAF

羅伯・格林里夫——著　胡愈寧、周慧貞——譯

各界讚譽

這本書創造的是包含了成長、責任和愛等各種美德的領導力。

——**華倫・班尼斯**（Warren Bennis），**世界知名領導大師、被譽為「領導學之父」**

能夠帶領人們遠遠超出自己原本人生視野的書籍不多，《僕人領導學》便是其中之一。

——**姆斯・奧特里**（James A.Autry），**美國多家大企業商務顧問**

出版業巨頭 Meredith **旗下雜誌集團前總裁**

這本歷久彌新的經典著作，將會影響新一代領導者做得更好。

——**高傑・史考特・貝德**（Godric E. Scott Bader），**全球性企業** Scott Bader **總裁**

本書讓我們知道，任何人都有機會成為領導者，也有機會做得更好，這不只是象徵性的說法，更是實際的事實。

——**約翰．卡佛**（John Carver），**國際知名管理專家**
加拿大頂級商學院 Schulich School of Business **教授**

本書是歷來教導「照著書自己做」的書中，力量最強大的一本。

——**威廉．沙威爾**（William G. Sharwell），**前** AT&T **副總裁**
前佩斯大學（Pace University）**校長**

《僕人領導學》是為商業人士、政府領導人以及所有身居管理階級的人所寫的領導學經典作品。「僕人式管理」是本書作者羅伯．格林里夫首創的概念，書中提到的實用性管理哲學，以全面而完整的道德方法取代了傳統的專制領導。

——**美國知名基督宗教書籍網站** christianbook.com

CONTENT

CONTENT

前言

管理，始終是關於人的事

史帝芬・柯維（STEPHEN R. COVEY）

爲《僕人領導學》二十五週年版撰寫前言，實爲我莫大的榮幸。在過去四分之一世紀裏，這本書直接或間接地對各界產生了深遠且巨大的影響。經由過去數年在多個不同機構做僕人的經驗，讓我有機會親身見證「僕人領導學」的巨大衝擊力，而且，我深信它的影響力還有極大的成長空間。爲什麼呢？誠如大文豪雨果所說：「沒有事物比得上一個時機成熟的觀念更具有威力」。此刻，「僕人領導學」引領風潮的時機已經來臨。

人性本質最深層之處在於它能鞭策人們向上提昇，能夠超越現況及自我的一般習性。如果你能藉助於它，那你便取得了一個激勵人類行爲的新動力泉源。或許這就是爲什麼我覺得羅伯・格林里夫在教授「僕人領導學」時，能具有如此大的啓發性，如此令人感到振奮、有助人向上提昇了。

今日，全世界正經歷著一場劇烈的變動。我認爲，這場劇變源於兩股強大的力量。第一個力量是市場及科技的急遽全球化，它又以實際行動，在這變動的浪潮中，爲第二股力量的

衝擊推波助瀾：第二股力量就是來自確保人類能永續昌盛，且將持續居於支配地位、不朽的普世原則。尤其是那些能賦予人類心靈「氣息」、「活力」以及「創造力」，藉以在市場、組織、家庭，特別是個人生命裏產生價值的原則。

「僕人領導學」將持續在相關領域中擴展

「僕人領導學」的觀念是基本而不朽的原則之一，我深信它將在各相關領域中持續且快速的擴展。它的觀念愈來愈廣爲世人所知，其中一個主要的助力，是來自百分之百堅持高品質、低成本的全球化經濟體系。我們能以較少的投入，獲致更多的產出，並且能用比以往更快的速度來完成。這套運作模式能持續奏效的唯一方法，是透過對組織成員的授權。而授權要能奏效，唯有透過「高信任度」的企業文化以及一套授權哲學，這套授權哲學能將主管們的心態轉化成僕人及教練，並將組織架構和系統調整爲涵養體制化僕人的流程。

「低信任度」企業文化的特徵，包括高壓控管、官僚作風，保護主義、犬儒主義、部門間內鬥與相互敵視等，只會使企業在速度、品質及創新方面，無法與世界上其它充分授權的機構競爭。某些人的外在或許可以被收買，但決不可能買到他們的思想與心靈。況且，在今日全球化市場的競爭態勢中，唯有組織成員能自發地奉獻十足的創造力、投入及忠誠度，加上組織本身能調整其架構、系統及管理風格來支援對成員的授權，這樣的組織才可能存活，並茁壯爲市場的領導者。

領導者們現已意識到，「僕人領導學」所代表的授權，正是基於實務而非空談的關鍵原則之一，將是決定組織能永續經營或最終被淘汰的關鍵。

奇異吸引子（The Strange Attractor）

我很喜歡史坦・戴維斯（Stan Davis）說的：「當底層架構轉換，一切都紛嚷不休。」的確，目前正是百家爭鳴、紛嚷不休之際。傳統的老法則、階層式、高度外部控管、由上而下的管理模式已不再有效而且漸漸被拋棄，取而代之的是一種新型態的「僕人控制」，也就是混沌理論倡導者所稱的「奇異吸引子」，意指能吸引組織成員目光並凝聚向心力的願景，能使成員們產生發自內心的動機，激勵他們達成組織的共同目標。這也使得管理者從一個運用外在激勵來鼓勵的角色，轉而成爲一個「僕人領導」，也就是尋求由內向外去發掘、鼓舞與拓展人類心靈最高尚情操的人。爲了達成這個目標，領導者會讓整個團隊或組織成員參與共同的願景，在過程中激勵每個人擴展與深化自己的內在，並嘗試各種方法使每個人的獨特稟賦得以發揮，在個別及相互依存下，達成組織共同分享的願景。

爲了在企業文化中產生利於授權條件茁壯的信任感，我們不僅需要值得信賴的個人，組織能認同他的願景，同時還要有值得信任的組織、一個能培育且支持授權的組織。我要再次強調，除非培育授權的系統與組織架構在體制內成型，否則授權將孤立無援，無以爲繼。品管大師戴明（W. Edwards Deming）說，百分之九十以上的問題是出自不好的系統，而非不

好的人。然而，格林里夫正確地指出人是系統的程式設計者，系統是人所撰寫的。最終，問題還是在人身上，如果要正本清源，我們應賦予人們職業道德的新觀念，並重新定義領導爲服務和職責。

不變的核心原則

在組織的核心精神，一定存在著一些不變的事物，它同時也使組織成員對改變能處之泰然。這個不變的核心是自然法則，當然不是我發明的，也不是葛林里夫，而這些都是不辯自明、普世認同的自然定律，有如常識一般。詩人艾略特（T. S. Eliot）說得好：「我們不能停止探索，因我們終將發現，所有的探索會帶領人們回到原點，好像第一次認識這個地方。」

永續的領導方法

我相信讓「僕人領導者」有別於其他領導者的主要特質，在於他們凡事本諸「良知」，即判斷是非對錯的內在道德感。這個特質正是所謂「有效」的領導方法與「永續」的領導方法（如「僕人領導學」）之間最大的區別。大量的證據在在顯示，道德感、良知、內心的光明面，已是普世的現象。人類心靈或道德的本質與他們的信仰、宗教派別、文化、地理位置、國籍或人種等都無關，然而，世上得以傳承的主要宗教教義，其基本原則及核心價值都

是一致的。

哲學家康德說：「有兩件事情令我不可思議：浩瀚無垠的星空與內心世界的道德規範。」良知就是內在的道德規範，也就是行爲能與道德規範一致。正如許多人一樣，我相信良知其實是上帝告訴祂子民的話。其他不同信仰的人，也會認同世上的確存在著與生俱來的公平與正義感，以及對於是非善惡、眞假對錯、仁慈與不仁慈是美好或是破壞的信念。的確，文化差異將基本的道德感轉化成各種不同形式的行事規範及說法，但這個轉化並不會使根本的是非感知能力消失。

當我在許多不同宗教信仰與文化的國家工作時，這種普世的良知一再地在我面前展現。的確有那麼一組價值體系，包含公平正義、誠信、尊重及奉獻，它能超越文化，亙古常存，不辯自明。正如信賴感是基於信用，也不辯自明的道理。

自然權力與道德權力

由於人類被獨特地賦予選擇的權力與自由，因此我們擁有遠高於其它萬物的「自然權力」。其它萬物沒有這種選擇的權力與自由，這不是程度的問題，而是物種本質的問題，也是爲什麼人類能擁有遠高於其他動物及環境的自然權力。

因此，我們更要有原則的使用。但某些人並非如此。我們已經違背了對地球及其他萬物的職責，因此我們需要法律來保護瀕危物種以及自然環境。

「道德權力」則有別於自然權力，它出自於人們有節制地運用他們與生俱來的選擇權力和自由。當人們凡事本諸良知，呼應我們先前所討論的那些普世原則，他們的言行便能在所有人的心靈深處產生迴響，人們直覺地對他們產生信賴感與信心，這就是道德權力的啓始點。

如果整個文化都被這種道德權力所感染，那麼外在的法律根本不需存在，人們的生活僅需由內在的道德規範來管理即可，所有的人都跟隨著共同的價值系統，秉持負責任的態度行使他們的自由，人們將活在一個如本屆英國上議院議員莫頓（Lord Moulton）所稱的「第三領域」中——法不可及之處：不在第一領域「自由」，也不在第二領域——「法律」，而是活在第三領域——一個由普世的良知所掌管的單一價值體系。

道德權力是定義僕人領導學的另一種方法，因爲它提供了領導者及跟隨者一個互惠雙贏的選項。如果領導者是以此核心原則爲中心的人，他（或她，下同）將會發展出道德權力。相對的，如果追隨者也是個以此核心原則爲中心的人，他會緊緊地跟隨領導者。由此可見，不論領導者或是跟隨者，他們都是跟隨者。爲什麼呢？因爲他們跟隨眞理、自然法則，同時也跟隨核心原則及彼此認同的願景，他們有共同的價值，彼此更加信任對方。因此，道德權力可說是由領導者與跟隨者所共同發展且彼此分享的。

道德權力（良知）的四個面向

讓我們從四個面向檢僕人領導學的核心課題「道德權力」。

一、道德權力或良知的本質是犧牲——讓人的自私與「自我」（ego）順服於更高層次的目標、動機與原則。這種犧牲會在我們生命的四個面向中以許多不同的形式表現出來：在實體及經濟上作出犧牲（**物質面**）；培養開放審度的心態以洗滌自我的偏執（**理性面**）；對他人表現出深切的愛與敬意（**感性面**）；犧牲小我，完成大我的情操（**精神面**）。

良知是我們內在一個靜態的、微弱的聲音，它十分的安靜與詳和。「自我」卻像個暴君似的專制與獨裁。

「自我」只重本身的安危與逸樂，完全將他人摒除在外。「自我」也是一種自私的野心，它事事都以是否有威脅性來權衡彼此間的關係，就像小孩子會將所有人分爲「好人」和「壞人」一樣。從另一方面來說，良知不僅能解放自我，也同時提昇「自我」到包含群體、整體、社會及大我的宏觀意識。它認爲生命是爲了服務與奉獻，考量的是他人的安危與成就。

「自我」在面對眞正的危機時或許管用，但它卻不能告訴我們這個危機和威脅是何等的嚴重。它讓人無法辨明「當下」或當狀況發生時，我們該如何因應。良知則充滿了洞察力，

它能感知威脅的程度並有各式的因應之策。它有耐心與智慧去決定當狀況發生時該做什麼。良知是以永續的眼光來看待生命，因此它對外界能作各種複雜的調適。

「自我」寢食難安，因爲它事事操縱、反授權，大大地貶抑了我們的能力，它只擅長於控制。「良知」則深深地轉化人們，它授權並相信人們自我控制的潛能。良知映照出人的可貴與價值，認可人們選擇的權力與自由，自我控制將應運而生。這股力量的生成，絕不是來自「自我」，更不是來自外在。

「自我」受到負面的回饋威脅時，並且會試圖制裁這個訊息。它完全以自我保護的觀點來詮釋資料。它經常性地監控資訊，卻對大部份的事實視而不見。良知則重視訊息回饋，並且會試著找出其中的實情，它不畏懼資訊，並且能正確地從中釐清事情的脈絡與發展。它不需要監控資訊，而且能夠敞開心胸隨時接納來自各方面的眞實情況。

「自我」是短視近利的，凡事以利己爲中心。良知則像個社會生態學家，它傾聽並感知整個系統與環境。它爲物質面注入光芒並可解放「自我」的桎梏，以更眞實的面貌來反映我們的世界。

二、良知啓發我們成為真心付出、只問耕耘的一份子。當《活出意義來》作者法蘭克醫生（Dr. Viktor Frankl）被囚禁於德國納粹死亡集中營時，他一開始問自己：「我要的是什麼？」，但最終他將自己設身於較高的本性層次、即他的良知，改問自己：「我能爲別人做

什麼？」他的世界徹底的改變了。他不再到處爲自己的問題找答案，取而代之的是傾聽他的良知、內在的道德之聲，並從中尋求解答。接著他爲其他難友做同樣的事情，譬如他會直截了當地問陷入絕望深淵的人：「你爲什麼不自我了結生命呢？」得到的回答也許是：「我不能這麼做，因爲這會讓我太太痛苦。」也正因爲這個答案，這個人找到了他承受苦難的意義。

當我們將問題從「我們要的是什麼？」變成「我們能貢獻什麼？」時，我們的良知被釋放開來，同時使我們自己置身於它的影響之下。這是何其偉大的心靈及胸襟的轉變啊！讓我們來感受英國大文豪蕭伯納（George Bernard Shaw）堅定信念所散發的熱情：

> 當自己能爲人所用，去完成一件自己認爲有意義的大事，這可說是生命中眞正的喜樂。做一個擁有本性力量的人，而非憤世嫉俗、自憐、自艾、自私癡狂的小傻瓜。我認爲我的生命屬於全體社會，而在有生之年能爲它盡心盡力是我最大的榮寵。希望在我臨終之時，我的力量能爲貢獻世人而耗盡。我爲生命本身感到歡欣鼓舞；對我而言，生命不是一支小小的蠟燭，而是一把我必須時刻高舉的熠亮火炬，希望在我交棒給下一代時，能讓它燃燒得更炙烈、更明亮。

三、良知教導我們「目的與手段是不可分的」。事實上，目的早存在於手段之中了。康

德教導我們，爲了達到目的所用的手段和目的本身一樣重要。《君王論》作者馬基維利所說的則完全相反，他說目的會合理化手段。

甘地曾教誨我們：有七件事會毀滅我們。仔細研讀之後，我們會猛然地發現，當中的每件事都代表著以不合理的原則、不義的手段所達成的目的。

- 不勞而獲的財富
- 良知不安的逸樂
- 沒有品性的知識
- 沒有道德的經商
- 沒有人性的科學
- 欠缺犧牲的敬拜
- 沒有原則的政治

這些令人稱羨的目的，竟可用虛妄的手段取得，豈不令人玩味？如果我們透過不當的手段去取得令人稱羨的目的，這個目的終究會在我們手中灰飛煙滅。

在日常處理生意的過程中，我們知道哪些人是誠實的，哪些人是守信、重承諾的。同時我們也知道誰是眞正的口是心非、狡詐、不誠實的人。縱使已經和他們簽訂了合約，但我們

眞相信他們會信守承諾、履行合約嗎？

正是「良知」不斷地告訴我們目的和手段的價值，以及其不可分割性。但是「自我」卻告訴我們「目的會合理化手段」，完全無視於高貴的目的是絕對無法以不高尚的手段達成。也許表面上可以，但總會有一些始料未及的狀況出現，最終摧毀了這個目的。譬如，我們可以大聲的斥責、要求我們的孩子清理他們的房間，如果我們的目的是要有乾淨的房間，這個目的是達到了。但我保證這個手段不但爲親子關係帶來負面的影響，當我們不在家的期間，這個房間是不可能維持乾淨的。

四、**良知引領我們進入人際關係的世界，它將人與人的關係從各自為政導向互助互賴的境界**。當這種情況產生時，一切都爲之改觀。我們知道，願景與價值必須先被人們所認同，爾後他們才會去接受那些蘊涵著組織的價值，以及存在於組織架構和系統中的制度化規範。這個共同願景在無形之中創造了規範和秩序。通常良知能提供「爲什麼」，願景使人們明白究竟我們要達成「什麼」，規範標示了我們應「如何」去達成，熱情則代表隱藏於「爲什麼」、「什麼」及「如何」之後的情感力量。

良知也同時將熱情轉化爲憐憫。它引發對他人設身處地，感同身受的誠摯關懷。憐憫可說是熱情的交互展現。瓊斯（JoAnn C. Jones）提到，她的大學教授藉由一個經驗，教導她要本諸良知的指引學習及生活：

當我念護理學校二年級時，教授給了我們一個測驗，我一路答得輕鬆愉快，直到我讀到最後一題：「替我們學校打掃清潔的那位女士，叫什麼名字？」我想這一定是開玩笑的。我看過那位女清潔工無數次了，但我怎麼可能會知道她的名字呢？我交了試卷，最後一題空白。在課堂結束前有個同學問，最後一題算不算入學期成績？「當然算。」教授回答：「你們在職場上會遇到很多的人，每個人都是獨特的，他們值得你們注意與關懷，那怕只是簡單的一個微笑或說聲『嗨』。」我永遠不會忘記這堂課所學到的，同時我也知道了她的名字，她叫桃樂絲。

當人們奮力地本諸良知時，便可產生正直而平和的心智。波耶克（William J. H. Boetcker）說：「爲了能維護你的自尊，最好還是做你認爲對的事，縱使那會讓別人感到不悅；不要爲了短暫的取悅他人，而做那些你明明知道是不對的事。」於是，自尊與正直使我們在面對他人時，產生「友善」與「無懼」的能力：「友善」地表現出對他人及其觀點、情感、經驗、信念的敬意與尊崇。但同時又能「無懼」地，以不帶人身攻擊的方式表達自已的信念。不同意見的交流，往往能激盪出比原有提案更可行的第三方案。這正是「綜效」的眞正意涵：整體大於個別的總和。

那些未能本諸良知的人，是無法體驗這種內心的正直與平和。他們會發現「自我」正試

圖控制他們的人際關係。雖然有時他們會惺惺作態，假扮仁慈與善體人意，但終究還是會使出狡詐的手段，甚至假藉仁慈之名，做出蠻橫、獨裁的行爲。

個人的正直取得勝利，使群體能成功的建構共同願景與規範，奠定熱情的基礎。領導變成互信互賴的工作，不再是強勢、獨斷、自我中心的管理，也不及管理者滿心抱怨、依賴的跟隨者之間不成熟的交流。

道德權力與僕人領導學

我將「道德權力」定義爲「我們的道德本質＋原則＋犧牲」。我們大多數的人都知道自己應有所爲，有所不爲。但犧牲使我們的行爲能「眞正地」依循那些普世原則。因此，犧牲可說是道德權力的本質，謙卑則是犧牲的基本特性。道德權力透過犧牲，體現在人性的四大基本要素上：物質與經濟上的犧牲是自我的節制及回饋；情緒／社交上的犧牲是讓自己順服於他人的價值觀與差異性，容忍並寬恕別人；心理上的犧牲是使學習的位階高過逸樂，並且了解眞正的自由來自於規範；而精神上的犧牲是過著低調且無懼的日子，理智地生活及侍奉。

道德權力的有趣之處在於它是個很大的「弔詭」。字典裡將「權力」解釋爲率領、控制、權力、影響、統治、優勢、控制力、治權、力量或能力等，但它的反義字卻是彬彬有禮、臣服、弱勢以及跟隨者等。道德權力是透過依循原則來取得對他人的影響力。以德服

人，唯有透過僕役般的精神、服務及奉獻來達成。權力及道德優勢的生成，是來自一個大人物卻能謙卑得像是所有人的僕役一般。所以，道德權力是透過犧牲來達成的。葛林里夫說：

> 一種嶄新的道德原則正在成形，它擁有值得我們擁戴的唯一權力，這個權力授予的多寡，取決於被領導者自主且有意識地，根據領導者的僕人式作風顯著程度，來加以回應與調整。選擇遵循此原則的人，根本不會接受組織現存的制式威權，**他們寧可自主地僅回應被選定的領導者、即那些被他們所認可及信任為僕人的人**。此原則在未來會廣泛的盛行，因此，唯有在卓越的僕人帶領之下，才是唯一、真正可行的制度。

根據我的經驗，真正偉大的組織，它們的最高層人員通常都是「僕人領導者」。他們最謙遜、有禮、心胸最開闊、最虛心受教誨、最可敬、有愛心、同時也是最果決的人。當人們除非萬不得已，否則拒絕去使用手中握有的制式威權或職權時，他們的道德權力便會增加。因爲很明顯的，他們已經將「自我」及職位權力擱置一旁，代之以理性思考、仁慈、同理心以及可信賴感。

反之，當人們急於使用他們的制式威權，他們的道德權力就會被削減。當我們借助外在力量時，同時會在三個地方產生弱點：一、是在自己本身，因爲我們將無法發展出道德權力；二、是在其他人身上，因爲人們將習於依賴我們使用制式權力；三、是人際關係的品

質，因爲彼此間不可能發展出眞正的開誠佈公及信任感。

庸碌海中的卓越之島

如果我們能在這個國家中找到一些模範社區、模範機構、學校、企業以及政府單位，它們就像是庸碌之海中的卓越之島，那會是個什麼樣的情況呢？如果他們能成爲楷模，並將他們所知道的傳達給別人或成爲別人的諮詢輔導者，使得職業道德、僕人領導學及授權流程的運作等精神，在整個組織架構及系統中生根發展，那又會是個什麼樣的情況呢？我眞誠的認爲我們可以治癒我們的國家。只要這個國家各個階層大多數人，特別是家庭的層次，都有正確的僕人領導學精神，**我們就可以治癒這個國家。否則，目前諸多的社會問題將會更加惡化，直到人們最終成為無可救藥的經濟機器**，這將毀滅一切。

我深信我們能做到。也對其它國的人民寄予同樣的期望，因爲僕人領導學的原則是普世的價值。這是道德上的絕對必要。經由我們自身的努力，使希望的火焰持續燃燒時，努力將會得到回報。

我要恭賀格林里夫僕人領導學中心，因爲它爲社會提供了無價的僕人，在過去數年中，高舉僕人領導學的火炬，並策畫此書的新版。我以最誠摯且謙遜的態度向讀者推薦本書，以及它能帶給各位的眞知灼見。

前言作者簡介：

史帝芬・柯維博士是富蘭克林・柯維公司的副總裁，該公司是世界上最大的管理與領導能力發展機構。他最廣爲人知之處在於他是《與成功有約》（*Seven Habits of Highly Effective People*）一書的作者，該書充滿令人讚嘆的訊息，並盤踞多個暢銷書排行榜超過十年。柯維獲時代雜誌評選爲「二十五個最有影響力的美國人」之一。

作者導讀

等待僕人領導者

羅伯・格林里夫

如果，要我閱讀此類書籍，我需要了解本書觀念形成的緣由。我假設讀者也有類似的興趣，謹將本書內容摘述如後。

大學四年級下學期，我仍沒有明確的生涯目標。我知道大學畢業後我會找一份工作，但是，我並不在乎是什麼樣的工作。當時，就業對我而言是一件重要的事情。我唯一能確定的是，拿到學士學位後，我就不再升學了。

大學最後一學期，我選修了「勞工問題社會學」。在我看來，那位老教授既不風趣、學問也不突出。但是他看人和組織有獨到之處，使我能判別睿智與學問。睿智是從實務工作中淬煉出來的，長久以來眞是我的興趣。但是，我並非有意詆毀學問。學問有它的地位。睿智與學問二者間存有微妙的互動關係，但卻大不相同，睿智者並非必然是學者，學者也不都是睿智者。智能則和這兩者都有些關連。

一天，我的老教授在課堂上不經意地說：「我們的國家有個新問題。整個國家被許多大機構掌控，例如，大教會、大企業、政府機構、工會、大學等，但是，這些大型機構卻沒有提供卓越的服務。我希望你們關注此事。你們可以像我一樣，以局外人的身分批評，寫文章論述，對這些機構施壓。這樣的話，情況可能會改善。但是，除非機構內部成員有能力、且有意願領導眾人爲大眾的利益提供更好的服務，否則，不會有什麼本質上的改變。你們應該立志在這些大機構任職，並從機構內部形成一股向善的力量。」

從那天開始以後，我的志向改變了，因爲，我接收到老教授的訊息了。此後，我和老教授有些簡短的討論，在未經深思熟慮之下，我決定從商。我選擇從商，並非因爲我對商業有特別的興趣，而是因爲我可以輕易地進入商界而不需要更高的學位。同時，商界似乎也適合我。企業界雖然像叢林，但是，也是高度開放的。就一位想追求睿智的學生而言，進入商界歷練會是我正確的選擇。起步雖然是很艱辛的，但結果卻是甜美無比。

我很快地獲悉AT&T（美國電話電報公司）是世界上雇用員工最多的公司，我決定進入這家公司工作。一九二〇年代中期經濟正蓬勃發展，找工作不難。克利夫蘭營建暨維修部門的人事主管錄用了我。我被分派到俄亥俄州揚郡的工程隊，擔任工程員，負責挖樁及扛工具，是一個普通的勞工。

錄用我的人事主管很關照我，幾個月後，我被調派到艾克農市（Akron）的工程部門。大約滿一年時，我獲選參加在克利夫蘭總部舉辦的訓練課程，這個訓練課程主要的目的是如何領導領班。這是這個大公司（現在超過一百萬員工）第一次正式的管理訓練。此後一年內，隔週的星期一早上，有十二個領班會跟我報到，他們的年齡從二十幾歲到六十幾歲，當時，我只有二十三歲。我們隨意地圍坐在一張大桌邊，我指導他們參與爲期二週的討論課程，我們互相討論如何成爲全方位多功能的領班，席間沒有制式的課表或是指定閱讀。我從這些領班身上學到許多東西，這就是我的研究所課程。

隔年，我晉升爲訓練部門的主管，隨後被調往紐約市，往後的三十五年間，除了四年外，我每一個的職位都是首創的，前無古人。一九六四年爲止，我退休之前的七年，我的職位是研發管理部門主管，這是一個內部顧問團隊，它的功能在於引導人的價值、態度、組織能力及成長，尤其是針對高階主管。我從美國電話電報公司退休後，不只在美國，也在歐洲及其他開發中國家擔任企業、基金會、專門職業團隊、教會組織及大學的顧問。我希望讀者知道這些，好使你們了解本書內容的核心觀念源自何處。這些都是我本人的親身經歷，加上討教與觀察睿智的實踐者，而不是源自學術圈。

自一九六〇年代晚期至一九七〇年代早期，美國的大學校園運動風起雲湧，我透過觀察與分析著名的機構，研究了解他們的脆弱及衰敗，試圖幫他們治癒傷口，僕人領導學的概念於焉浮現。

本書的第一章，「僕人是領導者」寫於一九六九年，主要是關注當時學生之間似乎普遍有著無望的感覺。「希望」，對我而言，絕對是身心靈整體健康必備的要素。爲了建構希望

之路，我繼續寫下本書的第二章「機構要做僕人」及第三章「董事成爲僕人」。

其他各章整理自我在二十年間發表的文章及演講，我希望領導者兼具僕人技能、精神、善解的心，好能服務社會。追隨者應只對有能力領導他們的僕人作出回應。眼光卓越、心志堅定的僕人追隨者，和僕人領導者一樣重要，其實通常每個人都有機會扮演這兩個角色。

我們活在一個反領導者的年代，大多數的教育結構不注重如何培養領導者，也不教導作爲追隨者的角色。常規的教育制度似乎不鼓勵這種教育。教育家反駁說在一般的教學課程裏隱隱約約地有這樣的方向。如果，眞是如此的話，爲何我們會有領導危機的問題，有這麼多受過高等教育的人在選擇領導者時犯下嚴重的錯誤，同時，少有獻身僕人且才幹兼具的人敢於承擔領導者的角色。我的結論是，教育家重視醫生、律師、牧師、教師、工程師及學者的養成教育，而不重視僕人領導者的發展模式。甚至學校的行政單位也鮮少注重行政人員的領導能力。我花很多的時間與精力試著去說服教育家，但是，他們卻漠視這種義務，而且，也不把握這種機會。就我的經驗而言，他們是冥頑不靈的。偶有一些優秀的老師會主動做這類的教學，但是，學校往往不支持他們所花的心力。結論是在我們這種貧瘠的社會中，培養較佳的領導者氣質是不被鼓勵的。

那麼，在這一系列的文章中，難道我是在對牛彈琴嗎？

是不是會有很多僕人有能力去領導，或者他們會有較高的領導精神及動力？

在人格型塑過程中的學子們是否還在黑暗中探索希望之光呢？

很多人擔任信託人及董事，但通常都是掛名性質。他們的角色定位是不是可以再提昇？他們對信任的觀念可不可以更清楚、更加強呢？

教會和服務教會的神職人員，不是有大好的機會爲日益機構化的社會建立一種新的道德規範？他們是不是能夠持續地指導握有權力者帶領機構朝著加強服務的方向努力？是不是有些教會能夠不畏懼挑戰進入迫切缺乏耕耘的新領域呢？

高中及大學階段的老師有很多的方式和學生互動，老師們可以用自已的方法培育學生們成爲僕領導者，我相信某種程度上，每個年輕人都有這種潛力。是不是會有一些受尊敬的老師會對學生講一些會改變他們一生的雋語，或給學生一個新的人生目標，像是我的老教授海明（Oscar Helming）帶給我的啓示？

在大小機構擔掛名領導的人，如果能夠加強他們服務面向的功能，並建立更多以服務爲職志的機構，他們在人生中會獲得更多喜悅。是不是有人可以協助他們改變現狀呢？

我們的年代，握有權力者無法取信於人，權威受到挑戰。合法的權力變成道德必要性。難道將人類區分階級有助於合法權力的取得呢？

今日有一群利他的善良人士願意強化並建構服務人群的社會。如果社會的風氣崇尚服務人群，那麼是不是就需要採取僕人的行動呢？爲此，我們必須更支持他們的僕人熱忱。

本書的宗旨有兩方面。我首先關注的是，社會上每一個人，及他們如何面對制度、理念及各種運動所帶來的衝擊。每個問題都有其緣由，但不是根本，因爲這些不是自己生成的。

最根本的是有能力服務和領導的個人。

其次，我關注的是作僕人的個人，以及爲何有機會做領導，卻容易放棄成就自我的機會。

教育過程是關鍵之處，但**事實上，教育毫不關心個人在社會上是僕人或領導者，只重視智力的發展，遑論其他，這是大錯特錯**。

另外，部份的問題是因爲「僕人」與「領導」的概念被過度負面使用。這二個名詞是很好的詞，可以很傳神地傳達我的意思。並非所有老舊陳腐的事物都要被拋棄，部分還是可再生再利用，「僕人」與領導將是接下來章節的重心。

第一章 僕人是領導者

僕人及領導者這兩種角色是否可以集於一身呢？如果可以的話，這個人在現實社會中是否可以活得更多采多姿呢？現實感使我認爲這二個問題的答案都是肯定的。這一章試圖解釋這個原因及達成的方法。

「僕人是領導者」的想法是來自於閱讀赫曼・赫塞（Hermann Hesse）的《東方之旅》。故事中我們看到一群人在從事神祕之旅，或許赫塞本人也是其中一員。故事中的主人翁是里奧，他的身份是僕人，負責料理瑣事，爲他們打氣，也以歌聲撫慰他們。里奧是一個非常奇特的人。所有的旅程在他帶領下進行地非常順利，直到里奧失蹤爲止。旅隊群龍無首，最後放棄前進。沒有里奧，他們無法繼續旅程。參與旅行的其中一人、也就是這本書的敘事者經過多年的漫遊，找到了里奧，被帶往資助本次神祕之旅的修會中。在修會裏，他發現，他所認識的僕人里奧其實是修會的會長、精神導師、一位偉大高貴的領導者。

讀者可以思索猜想赫塞寫這個故事的用意。我們知道赫塞所寫的大多數小說都是自傳體的，他的人生充滿磨難，《東方之旅》反映他晚年寧靜生活的寫照。書評家對於赫塞的生活及著作有許多揣測，大多人認爲《東方之旅》是赫塞最難懂的作品。但是，對我而言，這個

故事清楚地闡明，偉大的領導者予人的第一個印象必定是僕人，這是成就他的非凡事蹟的重要關鍵。里奧自始至終是個領導者，但他首先是個僕人，是心靈深處的僕人本質造就他成爲一個偉大的領導者。領導的藝術根源於僕人的本質。外在的事物可以被賦與、被取走，但僕人的天性是不可奪取的。

我之所以提及赫塞及《東方之旅》主要有兩個理由。首先，我要闡述僕人是領導者的概念。其次，我用這個故事作爲概述預言的資料。

十五年前我首次讀到有關里奧的故事，若我當時也像現在用心聆聽現代預言，本章的草稿早在當年就寫成了。直到四年前，我才論定我們的國家有領導危機，我應該採取行動。我沉痛地醒悟到我對現代預言的了悟是多麼的麻木。我發現到我對於先知的預言是多麼地充耳不聞，漠不關心。

預言具有高度震撼力，是當代偉大心靈的結晶，多數都不見容於當代。過去具有偉大心靈的男女指出了日常生活問題的所在，提供許多讓現代人步向更美好更寧靜生活的方法。先知心靈生活的匱乏或豐富和當代人們對於先知預言之回應有關。我們對於現代先知的追尋及回應會造就他們的成長及僕人精神。

由於我們是當代歷史的產物，目前的先知預言都是過去智慧的結晶，所以我們應該廣泛聽取偉大先知的預言，不論新或舊的思想，我們融合好的想法和領導藝術，在現實生活經驗中以實證建構自己的方向。有些人崇尚傳統舊的思維，認爲新的思惟無法契合他們的生活。

如果，一個人只是墨守成規，他如何成爲心靈追尋者呢？如果，一個人決定活在過去，他對於現代先知的預言肯定充耳不聞。

我在此提供一個比較有希望的選擇，每個人可以從先知的預言中獲益良多。我們不可能和一個已經死亡的先知互動及建立關係，但是，我們可以和當代的先知互動和建立關係；二十世紀知名英國牧師英吉（William Ralph "Dean" Inge）便說：「信仰是選擇較爲崇高的假設。」

我們不應忽視過去偉大先知的預言。我們也不需每天早上醒來強迫自已行無益之事。但是，若我們是僕人，不論領導者或追隨者，我們必須每日追尋、傾聽偉大的心靈，期望鍛煉出更佳的心智。我希望任何人都可以從個人經驗中獲得回饋。

儘管今日社會存在許多壓力及衝突，但是，現在有更多僕人努力地看清世界的眞相，仔細地聆聽現代先知的聲音。他們會奮力挑戰社會上盛行的不公不義，他們敢於對現今各種機構的服務成果和他們親身所見的不公平提出更尖銳的建言。

關於權力及授權的議題，人們有相當重要的全新看法。雖然，速度緩慢，但人們開始學習，那就是人際交往應該少一些強迫性而相對地多一些支持性。新的道德規範正在興起，也就是當領導者具有僕人的熱忱，人們才會眞正地順從他的領導。服從此種領導模式的人不會隨便地接受機構的支配命令。相反地，**只有當領導者被實證出有僕人的性格時，他們才會心悅誠服地服從他的領導**。這樣的原則，未來也會盛行，眞正有活力的機構都是由一群有服務熱忱的人所領導。

我知道，要朝這個方向發展，還有很長的路要走，我們尚未到達終點，但是，令人鼓舞的運動正持續展開。

這個運動會走向何方呢？這完全要依靠那些先驅者是否能夠對抗人類如何在社會上生存的問題。我之所以如此說的原因，是因爲很多人已經下定決心從傳統中抽離出來採取堅定的行動對抗不公不義及僞善，但仍然發現無法建構更好的社會。有多少人會以服務社會追求自我實現，並在嚴酷的準備歷練下建構一個更美好的社會，這完全取決於有什麼樣的領導者會崛起，及人們對於領導者之回應而定。

我主張有許多僕人會崛起成爲領導者，然而我的理論並不受歡迎。我們對人的期望是什麼？如果，我們的要求少一點會讓人覺得滿意些。這裏有許多選擇性。有一種想法是因爲社會似乎很腐敗，因此，選擇退縮自卑式的存在，減少和任何制度有所瓜葛。另外一種想法是由於改革機構的努力，未來能得到立即完美的效果，補救之道就是徹底摧毀制度，讓新的機構可以產生。但是，這二種選擇方式都沒有考慮到新的種子來自何方？或是誰來擔任園丁將種子培育長大的問題。「僕人領導者」的觀念和以上的想法大相逕庭。

年輕人會選擇簡單的方法是可以被理解的。現在的教育年限延伸到成年時期，年輕人因爲受教育的緣故都無暇參與正常的社會活動。目前的教育大多是抽象式及分析式的，因此，很少有機會思考到「我能做什麼？」的問題。

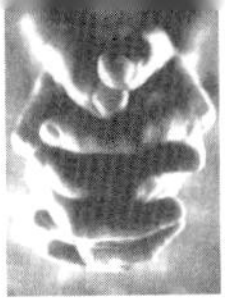

批評歸批評，總是毫無實益。在領導危機的時代，如果多數的僕人太過於是非分明及熱中於追求快速的完美，我們將看不到運動的成效。危機在於我們聽太多分析師說的話，而很少聽藝術家說什麼。

在我看來，存在主義哲學家卡謬（Albert Camus）和他同時代偉大的藝術家大不相同。他堅持，我們每個人應忠實地面對自己的存在課題，他值得受封先知的頭銜，他認為每個人應該不畏困難並能從中找到幸福。卡謬針對僕人領導者的話題，在他一篇名為〈危險式創造〉的公開演講稿中說道：

> 人們渴望喘口氣、靜思片刻。但是，或許藝術家只能從戰鬥中的燥熱獲得和平寧靜。愛默生說得對：「每一道牆，都是一扇門。」讓我們不是只尋找門及出口，而是向我們倚靠著生活的牆去尋找。同樣地，讓我們在每一場奮戰中爭取喘息的機會。在我看來，這就是人生的目的。諺云，偉大的思想像和平鴿一樣靜靜地降臨在這個世界上，在國家及帝國製造出來的喧囂中，如果，我們專注的聆聽，我們會聽到微弱的振翼聲，那是生命和希望溫柔的撩動。有些人說，希望繫於某個國家，有些人說，繫於某個人。但是，我寧願相信，這是千百萬人的覺醒重生，他們每日的作為及工作打破歷史的藩蘺及陋習。飽受到威脅的眞理又再度彰顯，每一個人在他自己的苦難及喜樂中建構自己的人生。

人們被要求接受人類的狀況，自身的苦難及喜悅，並且在不完美的基礎上從事冒險性、創意性的活動以建構一切。對於有創意有潛力的人，除了發揮創意及潛力以外，別無他途。人生的道路是崎嶇的，休息是短暫的。於謬會把他最後一場的大學演講定名爲〈危險式創造〉是有特殊的意義。我將僕人與領導者融合爲一體也是危險式的創意：首先，僕人成爲領導者的想法是很危險的，再者，僕人成爲領導者之前必須先是僕人，追隨者必須堅持被僕人領導，這些想法都是顛覆傳統，具有冒險性。對於這三種想法都有較安全及容易的替代方法，但是，爲什麼會有這些想法呢？

回答這些質疑之前，我必須面對兩個問題。

首先，我並不認爲領導者是僕人的概念是符合邏輯思考的。相反地，這是我本能的想法。這和我自己的研究與經驗都沒有任何關連。這就像我把片段的資料輸入電腦而自然流洩出來一樣。在我的思想內，僕人及領導是直覺式的想法。

第二個問題與第一個問題相關，那就是領導者是僕人可能是矛盾的想法，因此，我的知覺世界充滿衝突。舉例而言，我相信秩序，但我想從混亂中獲得創意靈感。理想的社會中，在共識中存有強烈的個人主義，普羅主義中也有精英主義，我聆聽長者與年輕人的聲音，我覺得很迷惑，卻也很快活。理性與直覺，各自以它自已的方式使我覺得舒適、也使我覺得困擾。還有更多其他的例子。就是因爲如此，我可以和當代的人自由地表達個人不同的歧見，而仍然能夠享受心靈的寧靜，雖然，他們的想法是符合邏輯而有一致性。我深深地感激他

們，由於出自他們的本性，他們提供了無價的僕人。我所提供解決這二個問題的方法，就是提供我個人相關的經驗以文章的形式呈現，供讀者閱讀及沉思。

誰是僕人領導者

領導者首先必須是僕人，開始是一個人自然地流露出想要服務大眾，以服務爲優先；然後，理性地選擇想要成爲領導者。這和一個人原本就是領導者，或許他是想要奪取權力或想擁有物質財產，而有所不同。後者在鞏固領導權力之後才會想到服務人群。原先就是領導者或者原先就是僕人是二種不同的類型。他們之間有衝突也有融合之處，構成各種不同的人類本性。

它們之間的差異在於原先就是僕人的人會優先考慮其他人的需要。最佳的測試方法、但難於量度的是，這些被服務者是否有所成長呢？他們接受服務之後，是否變得更健康、更聰明、更自由、更自動自發、更可能成爲僕人呢？對於社會上最弱勢者的影響是什麼呢？他們有沒有受益，或者，至少他們沒有再進一步被剝削呢？

當一個人決定服務人群時，他如何知道結果呢？這是人類的困境，人們沒有把握。經過學習和經驗之後，我們會假定結果，但是必須對假定留有一些懷疑。然後，依假設行事再檢驗結果，並持續執行再定期檢驗假設本身的問題。

最後，我們選擇一次。或許，人們會一再選擇原來的假設。但經常這是一個全新的開放

性的選擇。而且，人們總是會對假設存疑。信心是較佳的選擇。由於，測試一個人行動的結果通常都很緩慢，信心變成心理上的自我驅動力，這是一個眞正的僕人最可靠的動力來源。一個原本就是僕人的人較有堅忍不拔的精神，能夠把別人的需要列爲第一優先；原先是領導者的人，他的僕人精神是出於後天理性思考，或者只是符合社會期望而已。

我未來的希望部份繫於：我深信弱勢的族群裏，會出現很多眞正的僕人，他們將來會領導群眾，並且，這個族群中的多數人能夠學習區別誰是披著僕人外衣、誰是眞正的僕人，將來他們會追隨他。

挺身而出

人世間的善惡肇因於人們的思想、態度及作爲。未來我們的價値觀及文明的品質是由人們與生俱來的啓示形成。或許只有某些人具有啓示，其他人則向他們學習。領導的本質除了激發潛能之外，還要指出前進的道路。領導者若不是更能看清楚前進道路之方向，其他人爲什麼要跟隨他們？或許這就是目前問題的癥結：有太多的領導人看不清楚方向，爲了替自己的無能找藉口，他們極力主張制度必須被保留，到今日坦白說是致命的錯誤。

除了天生的啓示之外，領導者還要有其他特質。領導者有膽識說：「走吧！跟我來。」領導者採取主動，提供想法和方向，承擔失敗的風險及成功的機率。領導者說：「走吧！追隨我。」他們知道前進的道路是未知的，甚至是危險的。追隨者會信任他們的領導。

保羅・古德曼（Paul Goodman）在《放手去做吧！》（*Making Do*）中藉劇中某角色的口說：「年輕人，如果，這裏沒有你的舞台，你就爲你自已創造一個舞台吧！」

領導者必須有夢

「你想做什麼？」這是一句極容易問、但是最難回答的問題。

領導者的特徵之一就是爲他人指出前進的方向。只要是領導者，他都有一個目標。目標可能是經由團體共同同意，領導者可能只是說：「讓我們朝這個方向前進。」領導者總是知道方向之所在，能爲其他人指點迷津。領導者所做的事便是經由一再指出明確的目標方向，這是追隨者難以自行達成的。

「目標」在這裏有許多面向，它是偉大的夢想、願景，但也可能是終究無法達成的最終目的。它是目前遙不可及，需要奮力爭取的，需要運用人們的想像力向未知挑戰，當達成目的時，人們會爲此感到驕傲。

每一項成就都始於一個目標，但是，並非泛指一般人所陳述的目標。領導者所說的目標必須取得追隨者的信任，尤其是高風險或願景式的目標，因爲，追隨者必須和領導者一起接受風險的考驗。除非，追隨者對於領導者的價值觀及能力有信心，而且，領導者具有堅苦卓絕的決心帶領、支持人們追尋終極目標，否則，領導者無法取得追隨者的信任。

有偉大的夢想才會成就偉大的事業。每個成就的背後是偉大夢想者的開端。雖然，夢想

需要其他事務的配合才會實現，但夢想是首要基礎。

傾聽及瞭解

有一位有才幹的領導者最近成爲重要的大型政府機構的主管。沒多久，他就知道他對這個機構的運作並不滿意。他處理問題的方式有點不尋常：三個月時間內，他不看報紙、不聽廣播節目，他完全信賴工作的伙伴告訴他外界發生什麼事。三個月內，行政的問題全都獲得圓滿解決。他沒有變什麼把戲，只是決定好好聆聽。這個有才幹的人學習聆聽、也得到走上正確方向的訊息，他以此強化他的團隊。

爲何我們花這麼少的時間傾聽呢？爲何這個例子這麼特殊呢？我相信部份的原因是領導者在面對困難時，傾向於找人尋找問題的所在，而非主動回應：「我碰到了問題，問題是什麼呢？我要如何解決**我**的問題呢？」採取後者方式的領導者，可能會使用傾聽的方式找到問題所在，用內在直覺解決問題。

我認爲眞正的僕人對於任何問題的回應都是傾聽第一。領導者的特質就是服務第一。要成爲一個僕人領導要經過長時間的傾聽訓練，這樣的紀律足以使他在面對問題時會自動地傾聽回應。從經過傾聽訓練的人身上，我看到令人振奮的改變，傾聽的方式讓人有信心。這是因爲用心傾聽會帶給他人力量。

大多數的人偶爾喜歡和他人溝通，有些人則相當樂在深入聆聽者的經驗挖掘深層的意義。這是非常重要的。測試我們溝通的深度就是首先問我們自己，我是不是眞的在聆聽呢？我們在面對衝突時最基本的態度是否是願意了解衝突的原因呢？請思索聖方濟的祈禱文：「主！求你教我：寧瞭解人，不求人了解。」

一個人必須不害怕承受些許的沉默。有些人認爲沉默令人顯得笨拙，或是有壓迫感，但是輕鬆的溝通方式必然包括接納一點點沉默。人要常常問自己一個重要的問題：「說出我心中的想法時，我是否做到沉默是金呢？」

語言與想像力

哲學家懷海德（Alfred North Whitehead）曾說：「語言不是萬能的，有時是語焉不詳的，需要幻想與經驗，否則，語言會失去意義。」即便人聽到了文字，甚至記得而且能夠像電腦一樣複誦，但文字的意義必須透過聆聽者運用對於抽象語言的經驗及透過想像的空間，才能完全了解。做爲領導者（包括老師、教練，行政主管），必須有能力促使聆聽者藉由自己的經驗和語言發生想像的連結空間。對溝通者而言，語言的限制在於聆聽者必須有想像的能力。溝通的藝術在於說得恰到好處，大多數人都是說得太多。

物理學家及哲學家普西．布吉曼（Percy Bridgman）對此有不同的看法，他認爲：「沒有任何語言結構能夠重製。僅有的可行方法就是採用特別的語言模式，然後再切換至其他的語言模式。許多人堅持採用一致性的語言模式來表達所有的經驗。如此做的話，他們建構出

一種純粹的語言世界，他們可以活得很自主，他們的追隨者也同樣活在這種語言世界裏。」當然，這樣會形成獨立的狂熱社群，這一群人自我孤立於主流社會之外。在封閉的語言世界，他們失去了領導他人的機會。最大的悲劇是當一個被證實有能力的領導人陷於封閉的語言世界裏，他終將失去領導能力。

一位評論家指出：「如果，你有重要的事情要溝通，你可以把手放在你的嘴上，把它指出來吧！」我們遲早會發現，語言是一個嚴重的障礙。

靜思，然後發現個人的優勢

領導者，不論他們是僕人或不是僕人，可以被歸類成兩種極端的型態。有一種領導者，他們不論在生理上或是情緒上，都喜歡壓力，並且，他們可以在極高的壓力下有最優秀的表現，另外一種領導者，他們不喜歡壓力，不擅於在壓力下工作，但是，他們喜歡領導他人，願意忍受壓力，爲的是獲得領導的機會。前者，喜歡精疲力竭的樣子，而後者經常要對抗壓力。對這兩種人而言，靜思是很有幫助的。對前者而言，是改變步伐，對後者而言，是調整緊張的壓力。前者可說是天生的領導者，後者需要技巧才能存活，靜思對他們而言都有益。

領導者必須具有分辨事情輕重緩急的能力，只處理重要且緊急的事情，對於不重要不緊急的事情，縱使因爲忽略不處理而會遭受處罰，也要優先處理更重要的事情。一個人要能夠完全掌控自己的生活。我們必須知道隨時會有緊急的事情發生，我們要隨時保持充沛的體

力，才能更有彈性的應付緊急事件。

隨時適當地調整自己生活的腳步，可以達到妥適運用個人資源的目的。領導者要不斷地問自己：我如何成爲最佳的僕人呢？

接納及同理心

接納及同理心是兩個有趣的名詞。依據字典的定義，接受是採納、滿意或取得的意思，同理心是感同身受的意思。相反的字眼是拒絕，拒絕聆聽或接受，即拋棄的意思。

僕人永遠要接受並且要有同理心，不要拒絕他人。領導者永遠要具有同理心，永遠接受他人，但是，有正當理由之下，可以拒絕接受他人的勞心勞力或工作表現。

一位大學校長曾經說過：「一個教育家可能會被學生拒絕，但是，絕對不可以氣餒。在任何情況下，不管學生做了什麼，絕對不可以放棄任何一個學生。」

家庭亦是如此，家之所以成爲一個家，沒有人應該被放棄。美國人羅伯・佛洛斯特（Robert Frost）在〈長工之死〉（*The Death of the Hired Man*）這首詩寫到農夫華倫和太太瑪利亞在農舍門廊的對話，是有關懶惰的長工席拉斯帶著病回到農莊上等死。華倫很不高興，因爲去年農忙時，席拉斯背叛他們、替別的農人工作。瑪利亞說這裏是他唯一的家。因此，他們爭辯家的意義到底是什麼。華倫認爲：

> 家是你必須回去的地方，他們必須讓你進去。

他太太的看法不同，什麼是家？她說：

「我寧願稱家是你並不配擁有的地方。」

人性詭譎多變，然而偉大的領導者（不論是家裏的母親，或大型機構的主管）卻會說出像佛洛斯特詩中農夫太太所說的話。領導者的關心及慈愛，當他們是發自內心的眞誠時，顯露出他們眞正的偉大，這種關心及慈愛有時候誠然是追隨者不配擁有的。偉大的領導者（即便是小人物）平常外表可能板著臉孔，要求很高、不容易妥協，但他們內心深處對於追隨他們的人都有無窮盡的同理心及接納度。

接受一個人，意味著必須容忍不完美這件事情。任誰都可以領導完美的人，如果有這樣的人。世界上並沒有完美的人。如果父母親試圖養育完美的小孩，肯定會適得其反。

一般人不成熟，易犯錯，粗心大意，然而如受到明智的領導，他們也可以有遠大的志向而成就大事業。但**許多有能力的人不懂得如何領導這些典型的普通人，也不知道如何與他們共事**。能夠建立一個團隊的祕訣，在於使典型的普通人能夠團結一致，讓他們能夠共同成長。

如果，領導者有同理心、不懷成見地能接納追隨者，他們是會有進步，即便他們的工作績效會依據他們個人的能力嚴格評估。如果，領導者能夠運用同理心完全接納追隨者，他們就比較能夠信任領導者。

先知先覺——超越理性的覺知

領導者必須具備兩種智識以外的條件，這是無法以學術方法加以評估，**領導者必須是先知先覺者，並且具有預知未來的能力**。許多人認爲領導者具有先知先覺及預知未來的能力是天賦異稟。

從人體生物能量場理論的觀點看來，可能是一種氣場間互動的精神感應能力。有些人願意開發記憶能力，這也可以提供解釋精神感應能力的基礎。在潛意識的狀態下，人們可以接觸到潛存的信息，可以和潛存的資料庫做超乎尋常接觸的能力稱爲敏銳度。我們現在所謂的本能，可能就是早期留存下來的潛存信息，有些科學家願意將其歸類爲自然現象。催眠狀態下所取得的記憶被認爲是源自人的潛意識。

領導者的思維過程爲何？當代一位決策學者這麼認爲：「對現實世界之事務做決策時，如果，你等待所有的資訊來做決定，這些資訊永遠不會出現。」當然，如果，你耗費很多時間等待或努力工作，的確是會取得很多資訊，但是，所耗費的時間及成本並不保證結果會更好。要做成重要的決定，不管你花費多少時間精力，也無法取得百分之百充分的資訊。如果拖延決定的時間太久，還會產生不同的新問題，甚至得從頭來過。這正是優柔寡斷的決策者最可怕的困境。

實際上，在做重要決策時，通常都會有資訊斷層的現象。握有的資訊與眞正需要的資訊

間有一些落差。領導的藝術有一部分便在於運用潛意識直覺的判斷，統合二者間的差距。如果，一個人擅於運用直覺的能力，大有機會脫穎而出成爲領導者。其他人依靠這樣的領導者指引，因爲他的判斷優於一般人。領導者必須比其他人更有創意。創造力是一種對於未知的發現能力。有時候，領導者必須像科學家、藝術家或詩人般地思考。領導者的思維模式像他們一樣地天馬行空，錯誤率也相仿。

直覺是從過去的經驗累積資訊的能力。有智慧的領導者知道何時運用直覺的能力，而且，他們通常知道如何運用直覺做成決定的，因爲直覺有時候並非完全正確。在決策過程中有二個過程讓領導者焦慮，一個是時機的問題，那就是何時做決定。典型的情形就是遲遲不做決定，直到取得充足的資訊。另外的一種焦慮就是做重要的決定時資訊不夠，這種狀況最多。造成焦慮的複雜原因主要是因爲人們需要明確的答案。無論如何，人們對於領導者的信任是最根本的基礎。領導者是否擁有優良的資訊來源，不論是數據資料、直覺或依靠其他人的協助，領導者是否能夠持續地作成正確的決定，而具有良好的聲名呢？領導者是否能夠緩和人們對於不確定感所產生的焦慮呢？

在認知的層面，領導者的直覺是更有價值的，並且是可信賴的。一個直覺的反應可能是神來之筆，但在認知上可能不合邏輯。直覺能力的運用是與生俱來，例如，在外交政策上，直覺的判斷是非常重要的。

遠見——領導的核心

《君王論》作者馬基維利在三百年前寫到如何成爲一位領導者。他認爲領導者必須有遠見，鑑往知來。

未來的事件可以從趨勢資料中預測出來。我們先前提到過，要做成務實的決定通常會遭遇資訊的斷層，因此要靠直覺來補足。這就是馬基維利所謂的鑑往知來。睿智者著眼的「現在」是過去、現在、未來三個時空形成的有機體。這種生活的律動能夠增進直覺的能力，將遙遠的過去透過現在，航向不確定的未來。領導者有時侯是歷史學家、分析家及預言家，三者混爲一體。這就是領導者現實生活寫照。

這樣生活的寫照部份是信仰的問題。壓力是現代人生活中所面對的問題，如果，一個領導者背負眾人的負擔，面對艱困的道路，他須具備必要的經驗及知識，並且運用內在的直覺能力，就能完成未來的使命。在這紛擾的人世間，面對未來的不確定性，人是否能夠保持心靈的澄淨呢？當一個人依循創造力的腳步前進，時而能夠釋放壓力而有充分的靜思，充分的自信將可解決問題。在現在的時間點向前向後的來回擺盪，過去與未來的分界漸趨模糊。這種能力是領導者必要的泉源。

「遠見」是一種理性的過程，比任何科技產品還要複雜。意指比較現在的事件和過去的歷史，放眼於未來。放眼於未來時，不確定感會漸漸增加。

所以，**遠見是領導者必須具備的重要特質**，一旦領導者喪失這種特質，他只是徒具虛名而已。他不是眞正的領導，**只是解決眼前的問題，他不可能成為永久的領導者。有很多失去領導地位的事例是因為領導者沒有遠見**。

有許多經驗法可以獲得具有遠見的能力，在這裏只提到一個面向。那就是一個人必須過著類似精神分裂症的生活。人的認知結構有兩個面向。一個是眞實的世界，那是負責任的，有效率的，價值取向的。另外一個是疏離的，抽離自己去觀看當今的事件以及捲入其中的自身，活在歷史的長流、走向不確定的未來。這種分裂的面向可以促使人們較有遠見。從一個面向看來認知的層次而言，我們每個人時時刻刻都活在假象中。從另一層次來看，這些假象被檢驗著，可以被修正以及改善。這可以促使我們更有可能以清明心智，在現實世界生活及行動。

認知及理解

認知的形成開啟理解的大門，可以使人從環境中獲得更多感性的經驗及其他信息。認知有它的風險性，但是它使生活更有趣，可以增進領導者的領導效率。當一個人意識這件事，，更會小心注意與現實環境的聯結，儲存更多的潛意識，以便將來需要時能發揮內在本能發揮。

十八世紀英國詩人威廉・布雷克（William Blake）曾經說過：「如果，認知之門是明亮

潔淨的，萬事萬物皆以無垠的原貌呈現在世人面前。」如果，人們已經將認知的心門打開，會理解布雷克所說的話絕對不僅只是詩人的誇大之辭。我們大多數人的眼、耳、鼻、舌、聲、觸各種感官能力範圍都非常狹小，因此，我們忽略了很多微細事務及一些看似末節的經驗，也錯失了領導的機會。雖然有些人認知之門洞開，但是，卻不願意接受所見之事實，最好能夠慢慢練習接受現實狀況。好的領導技巧在於能夠接受現狀，忍受實際情況。

我們要以豐富的資源，開啓包含著意識及潛意識資訊的認知之門，以備將來的需要。不僅如此，開啓認知之門可以建構價值觀，鍛鍊一個人的心智，面對人生中的壓力和不確定感，幫助人們達到心靈澄清的境界。認知能力的培養使人們可以經由個人現有的危險、威脅從驚恐經驗中抽離出來。一個人可以看清楚自已的義務及責任，分辨事務的重要性。認知是一種覺醒，一個有能力的領導者通常是非常有覺醒能力，他們通常有非常寧靜的內心世界。

領導者對於未知世界必須具有強烈的信念，比必須他們服從者的信念還要強。這種能力部份是經由參與服務及自我準備的過程，但是，實際生活中的壓力會使得一個人更有創造力。

耶穌的領導智慧

有一個偉大心靈的故事傳誦多時，是關於耶穌和犯通姦罪的女人。故事中耶穌以人的身分出現，就像你我一樣，我們在某個程度上也像耶穌具有超凡的預知能力。耶穌是領導者，

他的目標是將愛帶進人們的生活。

有個女人在耶穌面前被一群暴民攻擊，暴民要挑戰耶穌的領導能力。暴民喊叫道：「法律規定必須以石頭擊斃她，你認爲該怎麼處置？」耶穌必須做出決定，他必須給他們正確的答案，適情適況，還要具有慈愛的胸懷。當時的情況確實帶給耶穌很大的壓力，該怎麼辦呢？

他靜坐在沙地上寫字，在這個壓力時刻，當理性地評估狀況後，他選擇以靜默的方式讓內心的創意得以展現。

他可以採取其他的方法，例如，對暴民曉以大義，和他們爭辯慈愛勝過凶殘，耶穌可用邏輯的方式和暴民爭辯。如果，他採用這種方式的話，結果又會如何呢？

無論如何，他沒有這麼做。他選擇靜默的方式，解除事件本身的壓力，打開他的認知之門得到內在的創意。偉大的內在聲音出現了，使得這個故事流傳二千年之久，他說：「你們當中沒有犯過罪的人，可以拿石頭打她。」

說服他人——一次一個人

領導者的領導方法各有不同，有領導者背負沉重的組織壓力，有的領導者喜歡一次處理一個人的事，例如，約翰·伍爾曼（John Woolman），是美國貴格會（American Quaker）教友，西元十八世紀中葉的人，以古典文學式的學術性報導文體聞名於世。但是，我們關注的

是他的領導能力，他幾乎是單獨地完成拯救黑奴的工作。

現在很難想像貴格會教友曾經蓄奴，事實上，也很難想像任何人會蓄奴。我們這世代的人是很難想像二百年前農奴的悲慘世界。

十八世紀時美國貴格會的許多教友都很富有，許多教友都有蓄奴。約翰・伍爾曼很年輕便立志要拯救黑奴。他只活了五十二歲，其中三十年的成年歲月，都在從事拯救黑奴的工作，到西元一七七〇年，大約美國內戰前一百年，已經沒有任何貴格會成員蓄奴了。

他的方法很獨特，他沒有唱高調或採取抗爭運動，他的方法就是溫和但堅定且持續說服他人。

伍爾曼不是一個身體強壯的人，但是，他多年以徒步行腳或騎馬的方式，遊走美國東部拜訪蓄奴的人。他的做法是不譴責蓄奴的人，以免造成他們的敵意，而是問他們下列的問題：有道德的人應該蓄奴嗎？你的孩子們會認同你所加入的教會嗎？三十年間，透過一一拜訪蓄奴的教友，他以和平的方式拯救了黑奴，使貴格會成爲美國第一個正式宣布禁止蓄奴的宗教團體。我們可以想像看：如果有五十個或者五個像伍爾曼的人，自動自發在十八世紀美國殖民地區游走，一一以勸說的方式導正人們違反人道的蓄奴行爲，會有什麼樣的結果呢？或許美國就不會有六十萬人死於內戰，南方也不會變得貧窮落後，不會引起隨後一百年間人民的仇恨心理，到現在都永遠無法平復。回顧歷史，我們現在知道，一八五〇年代只消稍微疏解當時的緊張氣氛，就可能避免美國的內戰，用溫和的說服方式，勝於威脅恐嚇，它的益

處是顯而易見的。

伍爾曼所處的時代看起來那麼黑暗，猶如我們現代的社會，但是，他仍盡其全力展現領導能力。今天我們可以假定貴格會的教友很有道德感，因此，可以達到拯救黑奴的目的。在某一個程度上，所有的人都很有道德感，值得我們下一個賭注。

一次一個行動

美國獨立宣言起草人傑佛遜（Thomas Jefferson）有兩件事情和我們的主題相關。首先，他年輕時有幸遇到導師喬治・惠勒（George Wythe），他是美國維吉尼亞州威廉斯堡的律師，他的住屋現在仍還保存在當地。惠勒在當時是很有名望的人，他是獨立宣言的簽署人，也是制憲委員會的成員。但是，最爲人熟知的事蹟是他是傑佛遜的導師。當傑佛遜在惠勒的事務所學習法律時，受到惠勒的影響，改變他原先想在維吉尼亞州蒙地斯羅市當學者的計畫。此處提到惠勒，是因爲年長者可以協助有潛力的僕人領導者，充分發揮他的潛能。

或許傑佛遜在戰爭時期的作爲，超過名垂青史的獨立宣言或是後來他擔任美國總統的職務。獨立宣言發表之後，戰爭開打，傑佛遜被要求扮演重要的角色，但他斷然拒絕。他知道他要做他自己，獻身給他的鄉民。他返回維吉尼亞州，在戰爭期間始終留在家鄉。

傑佛遜相信殖民地人民將贏得戰爭，新國家即將誕生，新國家需要新的法律制度，好能讓他在獨立宣言所闡述的理想成眞。所以，他返回維吉尼亞州蒙地斯羅市，選上州議員，著

手爲新的國家起草新的法律制度。他決心對抗保守的同僚，使他起草的法案成爲維吉尼亞州的法律。這是一場堅苦的奮戰。他時而前往威廉斯堡（當時該州的首府）和他的同僚角力，直到他喊暫停、騎上馬回到蒙地斯羅市養精蓄銳，再起草一些法律條件，帶回威廉斯堡，繼續下一回合的奮戰。那段期間，他一共起草了一百五十種法律，其中有五十種完成立法程序，最著名的法律有政教分離政策。多年來，維吉尼亞州的州議員們遇到緊急問題時，都會深入研究他起草但未完成立法的法案，做爲立法的參考。

幾年後，當美國憲法起草時，傑佛遜並不在美國，那時他擔任美國駐法大使。他不需要留在美國，因爲他已經完成他的工作了，他所擬定的法案已經在維吉尼亞州通過。這就是偉大的領導者處理事情的方法，他們深刻了解自己，並決定做自己；不管沿路遭遇到的挫折，他們只在一個時期內做一件事，以達成目標。

概念形成——主要的領導天賦

尼可萊・昆特維（Nikolai Frederik Severin Grundtvig）是有名的丹麥平民高中創始者，他的成年時期大約是在十九世紀的前四十五年。要了解平民高中的重要性，我們必須稍微了解丹麥獨特的歷史。由於丹麥是個小國，該國的歷史並不爲世人廣知，昆特維的貢獻也鮮少有人知。哥本哈根有個紀念他的教堂，讓丹麥人知道他所做的一切。

在十九世紀初期，丹麥是實施封建制度，絕對君主立憲。當時丹麥主要以農業爲主，一大群農奴依附地主，隨著土地交易。十九世紀初期進行農地放領改革政策，農人擁有自已的土地。後來更進一步採取政府代表制度。

當時的史料記載著：

> 丹麥的農人在十九世紀初期是次等公民。他們終生依附地主及官員，過著悲慘的生活。他們沒有文化，沒有技能，過著赤貧的生活。當時的農業改革並非靠農人來進行，他們甚至不了解改革的意義。所有的改革都是爲農人、而不是農人自發性地提出改革。到了十九世紀中期，這些次等公民在政治上及社會上已經變成中產階級，現在他們是丹麥的中堅份子。

自由地擁有土地及有權投票不足以帶來改變。昆特維實施的教育改革制度是造成改變的關鍵因素。昆特維是神學家、詩人及歷史學者。雖然他本身是學者，但是他崇尚務實的生活，並且構思成立一所平民高中，這是一所短期密集教學式的學校，專門教授年輕人丹麥的歷史、神話及詩歌，教育的對象是一般平民大眾而非受過教育的人。當時受過教育的人把他視爲異類，反對他的作爲。但是，農人追隨他，他們運用自已的資源成立了平民高中。

「心靈（並非知識）就是力量」，「生活化的字詞源自母語」，「眞實的人生是最終的考驗」，這些雋語都是異於德國及丹麥傾向於理論性思考的模式。這些是一些引導新學校學生的人生格言。五十年來昆特維熱情地獻身學校，使農人們提昇自已融入丹麥的文化。由於受

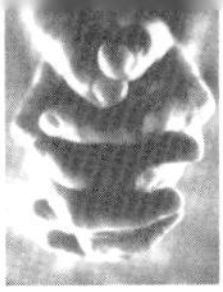

到平民高中的誘導，很多年輕的農人開始進入農業學校，學習英國式的合作農場模式。

期間發生了兩件大事，使得農民的運動更加成熟，十九世紀末，農民們主導了丹麥的政治及社會生活。首先，西元一八六四年丹麥和普魯士（即後來的德國）發生慘烈的戰爭，導致丹麥喪失大多數的領土，嚴重打擊國家的尊嚴。其次，幾年後，由於全世界各國農業收成大好，丹麥喪失主要出口農產品玉米的世界市場。

由於從平民高中學習的精神力量，使農夫從這兩次挫敗中重新出發，他們積極地從生產玉米，轉變爲「牛油及培根肉」，重新建構民族的精神，在割讓給德國的土地上注入丹麥的傳統。割讓給德國的土地一直到第一次世界大戰後才又回到丹麥的懷抱。

上述的故事是眞實的社會、政治及經濟的轉變，全部根源有遠見的個人領導。昆特維本人並未設立或經營平民高中，但是，他廣泛地參與教學，給予農民無盡的愛，教導他們必須自立自強，匱乏的年代裏長期無私的奉獻、堅定的信任，使農民們自己產生內在的力量，**只要能激發他們的內在精神**。這是一個偉大心靈的故事。

就是現在

以上三個有關先前年代的故事說明了非常不同的領導風格。它們並非可作爲現今的一般典範，但是，我們可以從故事中獲得一些啓示。這些故事告訴我們像伍爾曼、傑佛遜、昆特維的領導故事，一百年後還會那樣具有教育式的啓發性嗎？讓我們拭目以待吧！

對未來的歷史學家而言，現在的徵兆顯示，未來三十年期間，世界上的有色人種、弱勢族群及邊緣人將會積極堅持自身的權益，這些人將由他們同類中的傑出人士領導，而不是由優秀的精英份子，例如伍爾曼、傑佛遜、昆特維。

最好的方式是現今的精英份子站在旁邊，當他們需要時從旁協助他們。甚至一些運動概念的形成最好不是由精英份子主導，如昆特維領導的運動，而是由世界上的有色人種、弱勢族群、邊緣人等同類族群所推選的領導人自己來主導。優勢族群的人可能扮演的角色，就是協助弱勢族群尋找自己的道路，自由選擇向優勢族群學習有用的事物。現今的優勢族群很多人不認同這種作法，但是，有僕人熱忱的人會認爲這是最佳的方法。

我無法預知如此做的後果，我並不認爲不久之後黃金年代即將降臨。但是，我堅信現今屬於優勢族群中的人，他們會繼續活在二十一世紀，並且發現，如果他們肯放棄自認爲對弱勢族群最好的服務方式，靜靜等待並聆聽，直到弱勢族群的人自我覺醒，以他們自己的方式表達需求，最後明確說出他們需要服務的地方；優勢族群當中有些人是天生的僕人，可以在這樣的過程中了解他人需求的優先順序，便有能力成爲領導者。弗烈爾（Paulo Freire）曾引用米爾頓（John Milton）的話說：「人們也服務只是站著等候的人。」

盡全力推動僕人領導學的弱勢族群而言，伍爾曼、傑佛遜、昆特維的領導事例應該仔細的加以研究。研究他們而不是詳細複製他們的方法，而是仿效他們高度的創造力。每個人都創造最適合他們的角色，強化他們自己的能力，這是適時地最適合他們採用的方法。

家庭式社區——現代被遺忘的知識來源

男人及女人過去都生活在社群之中，在開發中國家，很多人還是生活在社群。人類的社會比起較原始的社群是比較好的社會型態。但是如果因爲發展的過程而失去了家庭，那要用什麼來取代家庭呢？這裏確實有一些疑問，我們的經驗是什麼呢？

在我的記憶中，我們曾經關心過育幼院的孤兒。如今我們已經大量的關閉育幼院，因爲，這對孩童沒有好處。孩童需要眞正的家給予慈愛及關心，這個家包含家人和社群。

現在，我們了解，監獄機構除了在一段期間內實施報應性的監禁處置及禁止犯人的反社會行爲之外，矯正犯人的功能非常有限。事實上，犯人回到社會後，犯下的罪刑更爲嚴重。我們應該怎樣對待他們呢？答案是將這些人安置在家庭與社區。

現在我們開始質疑大量興建醫院的目的何在？爲醫治重大傷病患者，我們確實需要一些醫院。但是，最近醫院大量的擴建只是爲了醫生及病人眷屬的方便而已，對病人一點好處也沒有，甚至對病人眷屬也沒有好處。只有家庭的愛與溫暖是健康的重要因素。此外，大型醫院的高額醫藥費也造成醫療保健制度的重大負擔。

我們渴望的學校，是能夠造就美好社會，如今已經成爲破壞家庭生活的大機器。學校成爲專業的、與家庭分離的機構，我們現在開始質疑它存在的意義。學校造成人際的疏離，時間的浪費，沒有達到教育的目的。

我們現在正在推行，將照顧心智障礙者的收容機構轉爲家庭式照護社區。最近的經驗顯示，大型收容機構大部份只能提供照護服務，小型的家庭式社區才可能眞正地啓發他們，使他們成長。

現在，照顧老年人也是特殊問題，因爲現在人類壽命延長，老人很多。但是，現在目前的趨勢是將他們安置在老人之家，使他們和正常社會隔離，這不是老人希望被安置的快樂處所。老人之家不久後是否也會像育幼院一樣，一家一家關閉呢？

一般而言，人們渴望愛的需求，不能被家庭以外的特殊機構取代；家庭毫無所悉機構的問題。因此，對於被機構照顧者及家庭而言，他們都受到傷害。

愛是無法定義的，它的含義是隱微的而且是無限的。但它的起源有一個絕對的條件，那就是無限的責任！一旦一個人對他人的責任是有限度的，他的愛就會消逝。

機構如我們所知只對被照顧者負有限責任。英國傳統中，公司不是我們現在所知的簡稱爲ＩＮＣ，而是簡稱爲ＬＴＤ，是有限責任的意思。我們依賴的大多數產品及僕人，都是由負有限責任的機構提供。但，現在的被照顧者需要家庭式的愛，是面對面親切的服務，內含無盡的愛，或幾近於無盡的愛。裏面含有充分的信任與尊重，並且強化道德倫理觀念。如果缺乏家庭式的機構，年輕人不容易學到信任、尊重及倫理道德，老年人也無法維持尊嚴。生活在家庭式的機構裏可以把多餘的愛心，傳送到一般的機構，例如企業、教會、政府及學校等。

由於現代社會缺乏家庭式機構，希望出現新的機構形式，例如青年社區，以色列集體農場及醫療社區。但因爲傳統偏見，老一輩的人無法接受這類社區。但是，不論將來會如何演變，他們顯現向上奮發的力量，並且呈現重要的新社會運動，這是未來的導向。

現代化都市中，充滿大型機構的社會裏，仍然有許多的機會可以重新找回生命的活力，尋回我們重視的價值觀。

對於大多數僕人領導者而言，他們所要做的事就是重新建立家庭式的社區，這不需要透過大型的群眾運動，而是由他們在特定的社區團體內，發揮無限的責任、無私的奉獻就可以達成。

機構

雖然，現代社會都需要依賴機構以維生，當我們在理性地改革機構的同時，我們要能重新發現家庭式機構的原始價值。在現今的社會當中，機構是由人所建立的是高度競爭的行業，他們爲自己的利益搶占市場。這不是偉大的革命運動，但卻是不爭的事實。這是一個非常簡單的模式。在機構的影響之下，一群人日漸成長，愈來愈健康、強壯、更自動自發。

有些機構因爲用對人，在很短時間內很快地崛起，但是，這種成就並不令人愉悅，他們所獲得的名聲也不長久。有些機構冀望採用奇巧的經營模式，好能與眾不同或減少一些問題，例如利益分享、員工參與、提案制度、師徒制、動機管理等。使用這些方案，沒什麼大

錯，但在商業機構裏採用這些經營模式就像阿斯匹靈一樣，有時候具備刺激及解痛的效果，可能立即達到改善的功效。但一個機構要從「利用人力」轉變爲「建構每個人的自我」，他們不會採取上述的經營策略。事實上，過度地使用這些方式，可能很快就會決定商業機構的命運。

當機構一開始就以建構個人自我爲領導方案，這就是以服務他人爲優先的概念。如此，自然會有正確的行動，傳統的奇巧的經營策略絕對不會有用武之地。

「董事」

機構需要兩種領導人，一種人在機構內部執行每天的日常事務，另外一種是在機構外監督機構內領導人的董事。

董事顧名思義就是被賦予信託權力的人。由於機構難免會發生利益衝突的狀況，因此，當機構內的領導人無法解決問題時，就由董事出面做最後的決定。如果，牽涉財產時，財產一律信託由董事合法持有，董事必須爲相關當事人妥當的管理財產。董事有明確的信託目的，依據所賦予之目的行事。雖然，董事擁有權限，必要時可以使用他們的權限，但是，他們都是用徵詢及發問來突顯他們的影響力，而不是使用他們的權限。通常如果這個機構有數個董事時，則由董事組成委員會推選主席，主席具有特別的義務，監督委員會的成員能夠達成信託目的，發揮他們的影響力，幫助機構持續地達成目標。委員會的主席不僅是擔任主

席，還要領導董事，負責和機構內的領導人聯繫。雖然，董事通常都會讓機構內的領導人有自由發揮的機會。

如上所述，董事的角色提供他們服務及領導的機會。我們應該要理性地重建董事的角色，讓他們發自內心做僕人導向的領導者，以提昇全體社會的品質。令人困擾的問題是：首先，如果有才幹願意做僕人的領導者出現，社會是否容許他們全力的改革呢？另外，如果社會容許他們全力的改革，社會上是否有才幹的領導者願意扮演這樣的角色呢？

權力及權限——優勢與弱勢

在機構複雜化的社會裏，都會有大小不同的權力面向問題。有時候是僕人試圖說服他人，有時候是使用威脅強迫的方式控制操縱別人。二者不同的是，前者以使用權力創造選擇機會，促使個人建立自我，後者，個人是被迫走已定的道路，縱使他是爲他們的利益著想，如果他們沒有獲得經驗，最終他們的自主性也會喪失掉。

有時候脅迫的力量是很明顯的，有一些是暗中操縱的，前者的情況是顯而易見，後者則不易察覺。我們必須要更小心以便察覺，必須知道在這個不完美的世界，權限後面必定要有權力來支持，因爲，我們不知道還有什麼更好的方法，總有一天我們會找到。好的方法值得我們追尋。部份的困境是，所有的領導模式在某些層面上都是操縱式的，追隨者必定要很強壯才行！

強迫式的權力只會加強反抗的力量。如果強力的統治成功的話，它的控制成效能維持多久，端看它的力量多強大。那是人爲的作法。只有透過說服及隨後自動地接受才是自然的。二種權力模式已經在社會上展現多時，每個人最好能夠了解什麼是操縱他人的模式。每個人應該嚐遍人生的酸甜苦辣，這樣才是圓滿的人生。

依照字義僕人是充滿人性的。僕人領導者的理想崇高，因爲他們接近本質，傾聽，觀察事物，內在的直覺異於常人。正是因爲如此，他們是可信賴的。他們完全了解莎士比亞的十四行詩所寫的：「有權力傷害別人的人，從來不會傷害別人。」

如何知道領導者具有僕人熱誠？

對於追隨者而言，眞正重要的問題是：誰是具有道德感的人，我們可以把他視爲領導者嗎？誰是僕人？我們如何從人群中分辨出誰是眞正付出愛心的僕人，或是操縱他人、使他人喪失自我的人呢？

如果，有可靠的方法告訴我們，哪些人可以激發他人的自我，哪些人是一般人，哪些人只會操縱別人，我們的人生就沒有挑戰了。最重要的是，一個人必須了解自己及他人，一個人對其他人的影響是可以激發他人的自我，也可以是毫無幫助，或是操縱他人的自我。

由於，沒有特定的方法來判斷，因此，我們必須尋求藝術家指示我們明燈。例如，作家赫塞描述的僕人里奧，他從僕人的角色中發揮他領導的專才。

肯・凱西（Ken Kesey）在小說《飛越杜鵑窩》創造了一個跋扈的精神病院護士，她個性很強，工作很賣力，喜歡操縱別人，又愛吹毛求疵，她的行爲舉止都在貶抑他人，消滅他人。電影中，她和在貧民窟長大的病人發生尖銳的衝突。麥克墨菲（MacMurphy）是那位病人，他希望能建立病人的自我，醫院的醫生能夠和病人一同成長，把病人當人看待，醫病關係能更和諧、更健康。爲了這個目的，最後麥克墨菲終於喪失生命。如果，我們仔細研究里奧及麥克墨菲的角色，我們就能夠評估僕人成爲領導者的可能性。

往內自省而非外求

論語顏淵篇記載：魯國季康子患盜（苦於盜賊太多），問於孔子。孔子對曰：「苟子之不欲，雖賞之不竊。」孔子的意思是「如果您不貪圖財物，即使獎勵人民偷竊，他們也不會做。」這個忠告提醒既得利益者。僕人在處理問題時都是反躬自省，不假外求。如果這個世界有缺失需要修補時，對僕人來說，改變的過程是從僕人本身開始，而不是向外尋求。這對繁忙的現代人而言，是很不同的概念。

喜悅是內在的，是自內而發的，不是外尋的。我們只能接受世界的原貌，部份是良善，部份是邪惡，對於良善的部份再加添上內心的祥和與寧靜。

赫塞的小說利用主角里奧刻畫領導者的影響力。表面上看起來，里奧做的是出勞力的工作，卻展現高貴的內在情操，全力提昇他人。卡謬在他最後一場的演講裏說道：「在苦難與

喜悅之中，每個人由此建立了人生。」

誰是敵人？

誰是敵人？步向更美好社會過程中，是誰在從中作梗呢？許多機構乏善可陳，誰應該負責呢？誰在阻撓走向更美好的社會呢？

不是邪惡的人，不是愚蠢的人，不是冷漠的群眾，不是制度，也不是抗爭者、革命者。

我們總是希望少一點邪惡、愚蠢或冷漠的人，或有更好的制度可能助於社會的進步，但是，就算是負面的因素都不存在，事情也不會改變，即便有改變，也不會長久。美好的社會之所以到來，是因爲社會上有許多邪惡、愚蠢、冷漠的人，以及不完美、僵化的制度作爲改變的動力。即便剷除負面因素，完全地改變或破壞原來制度，相信不到一個世代，這些現象還是會重現。一個社會的制度，本質上不可能因爲理想的計畫而徹底的全面淨化。就算是，誰願意活在一個無菌的世界裏呢？縱使建構社會的力量會持續與之抗衡，邪惡、愚蠢、冷漠的制度都不是敵人。一個健康的社會，猶如一個健康的身體，不是靠吃藥，而是要依靠內在重建健康的力量。

眞正的敵人是優秀、聰明積極主動的人，他們沒有明確的信念，他們沒有領導能力，追隨的是沒有領導能力的人。太多人高談闊論，自許爲評論家、專家，太多見風轉舵的知識份子，但卻只有極少數的人勇於在不完美的社會承擔建構優質機構的重責大任。太少的人向內

反躬自省問題，並且由內而起而非從外探討。

簡而言之，敵人是在有能力領導的人未能勇於挺身而出領導，以及退而求其次追隨沒有僕人熱誠的領導者。他們自己錯失良機，社會也遭受傷害，未來也還會發生相同的情形。

隱喻

未來的社會可能和現在的社會一樣乏善可陳，或甚至更糟。重建或改變制度，希望社會可能會更好，卻是無濟於事。或許未來會有比現在更好的制度，我們不能全盤否定這個可能性。但是，無論如何，如果沒有好的領導人，較佳的制度也不能保證會有較進步的社會。有許多人認爲他們完全地奉獻可以創造一個較佳的社會。我們現在所關注的只有一個面向，**那就是有才幹的人勇於出來承擔領導重任，他們只追隨具有僕人熱誠的領導者**。趨勢不是如此的話，其他將都是空談。

領導者必須面對的現實之一就是秩序。就算社會由殘暴的人所領導，失去自由的生活方式，社會中大多數人仍然會選擇秩序而非混亂。因此，僕人領導者不會不顧對秩序產生多大的衝擊，放手去追尋理想。領導者眞正嚴肅課題是：社會需要哪一種秩序呢？這是新崛起一輩領導者最大的挑戰：他們能夠建立更好的社會秩序嗎？

我們生活在歷史轉捩點，人們的心智成長快速，傑出的男性與女性在二十五歲之前就已經展露領導的才華，比例上人數不多，但可能比我們想像的數目還多。他們是各行各業的傑

出人士，而非傳統的菁英階級。可能早在十八歲或二十歲時，他們就已經被確認有領導潛力。如果，他們被鼓勵成爲領導者，他們在三十歲時可能已經準備承擔重大的社會責任。成爲領導人未必要犧牲複雜高深的專業或學術能力，但專業或學術能力是必要的。在關鍵的年代，他們需要統合各種資源採取非凡的手段以完成他們的使命。至少，他們要建構較佳的社會狀況以後，才會想到其他重要的目標。

要改變社會就是要培養足夠的人才去實現使命。由於人類全體的無能，未能適時適地的解決問題，包括戰爭，環境破壞、貧窮、排外、歧視、人口過剩等。如果，我們要解決這些問題，制度是最好的方法。領導者會找出最適當的方法，不訴諸意識型態。我們要問的是：「如何才能做好事情？」所有人的心智會成長，更健康自主，更願意服務他。

僕人里奧的故事給我們進一步的預示。若我們假設赫塞就是敘事者（這似乎並不難推論），在《東方之旅》的結尾，他建立了自己的認同。在敘事者宣示加入里奧的修會之際，僕人與領導者二個角色結合在一起。

赫塞想要透過里奧這個角色告訴我們他渴望服務人群。赫塞藉由他的小說以極端的型式述說我們的困境，除非，我們願意冒險去發揮創意，否則，我們將無法超越自己的能力。

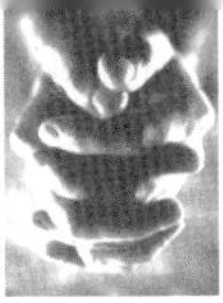

第二章 機構要做僕人

關懷人群是重要的，能力較佳者和能力較差者要互相照顧，這是建立社會的基石。以前，關懷指人與人之間的關係，現在大都是透過機構來傳達關懷。機構龐大複雜，具備強而有力的機制，屬於非個人化性質的，但它不總是勝任，有時還會腐敗。如果能建立更重視公益和關懷的社會，提供給人創造性的機會，那麼，最寬廣的大路是：一方面增進服務的能力，另一方面透過現存的主要機構加入新生力量的運作，表現出僕人的角色。

本章將詳細解說這個觀點，特別針對的是教會、大學，和企業組織。之所以選這些機構，是因爲我在這些機構有個人的經驗。我相信，主要的機構中，即使只有一個組織在僕人角色方面有所進展，繼續支撐這樣的優異表現，也同時傳達它的經驗，整個社會及一切機構將開始有所改進。

這些論點來自我個人的經驗，不是學術論文，也不是怎樣去做某某事的操作手冊。提供有意願提升僕人形象的「一個」大型機構借鏡。

爲什麼是「一個」機構呢？這是從實際效果著眼的說法。這類任務的特性需要某種程度的奉獻：將會有人，在數年期間內，運用信託人的影響力，爲組織貢獻很好的成績。

爲什麼提到大型的機構？也是因爲講究實際的理由。組織必要的變動必須有很多職員配合，只有透過大型機構才能負擔龐大的人力。此外，大型複雜的機構正支配整個美國，而它們也有較佳的能力傳達經驗。如果不是大的機構在品質上能有所提昇，整個社會的提昇將無從著手。

法人機構可以分爲「營利」和「非營利」兩種。這個假定似乎是說，「營利」沾染著爲自我服務的動機，「非營利」的動機則被認爲是無私的。**根據我的經驗，兩種假定都是謬誤的**。自我服務的動機是所有個人的屬性。一如在營利的機構裡，非營利機構也有製造利潤的想法。在法律約束及特權之下，公司會選擇能達成使命的最佳形式。兩者都在追求卓越服務的機會。

這裡董事的概念是指營利和非營利的兩種大機構裡的管理層級成員。他們的任務是；確保機構沒有違法行爲或倒閉的威脅，這個角色通常是有點被動的。然而我們所提倡的董事的角色遠遠超過這樣的看法，所指向的是具有動力的義務，來自董事堅持的激發力迫使機構如同僕人的角色表現卓越。透過它，機構所創造的貢獻，至少與它所擁有的機會成比例，走向建立更多關愛的社會，給予人民更大的創造性機會。

促成新社會的條件，就是取得組織內部的高度信任。沒有信任，他們不能服務，甚至可能還要失去許多目前的自主性。這種迫切需要的信任，擴大被董事的角色定義。對符合目前定義的董事而言，這可能是他們最好的服務機會，也是最有價值的方式。

我對上面陳述的論點具有信心，隨著我的說明和論證，我對三個主要美國的機構有了切身的知識。二十世紀的前半期，它們從平凡到卓越，又回歸平凡。每個機構在偉大的時期，都帶給社會強大的上升力道。每個機構在自己的路上受到那個時期社會的期待，通過考驗它們都是特別了不起的僕人。

上述組織中每個機構都有一位能幹的行政官員，而每一位都受到公眾的肯定。但是，大部份公眾不知道這些行政官員背後站立著一群董事。依我的判斷，他們對機構的奉獻更多。我認爲這批董事有更大的貢獻，因爲他們提供品質上的標準和達成標準的決心，使他們的機構得以突出。如果沒有優秀的執行者，董事將會尋找另外一個能幹的人。三個機構之一曾經是衰老的，而且極有可能被放棄，新的董事接管後，不出幾年，他們把機構推展到品質和服務都極爲優異的水準。

隨著時間過去，這三類機構從卓越變爲僅僅有平凡的表現，我相信這是因爲董事停止要求的標準。他們的信任感下降，大概是因爲能幹而專注的董事被名義上的董事所取代——他們的表現不是不好，只是很平凡——而在那裡不再有信任去支撐那股精神和一致的目的。這三類組織的上升和下降有其本身的原因。代表公眾利益的敏銳的人士，不詢問誰是組織的董事，也不知道組織何時興盛或衰敗轉變爲由。

短時期內，我們的社會已經從個人的社會大型機構支配的社會。許多社會評論家沒看到，我們的問題是出在這樣的社會變化，以及大型機構裡託管人地位的喪失。這些危機大都

不是邪惡人民的掠奪，而是因爲善良人民的忽視。

組織構品質的危機

有種情況帶來組織品質的危機，那就是沒注意結構和工作方法，我們改變了「好」的認定標準。以前，「好」是專業領域接近頂部的等級，現在「好」已經變成在可用資源的考量下，去做合理可能的事情。以這種方式看問題，即使做得最好，也不能算是夠好。現在，一切在頂部舒適而合適的位置突然不在了。每個組織只能判定是中等的水準。因此我們在每個專業領域上，都極度需要設定步伐的先導者，至少每個專業領域有個大型組織站立前端，讓其他好的機構感覺不自在。

即使在合理可能，可用資源的條件下，爲什麼我們最好的組織也沒有相對好的表現？可能因爲太多人，包括我們之中的董事，認爲這些機構是讓我們利用及剝削的非個人實體。大多數人會服務其他人，卻不會給予機構相同的關懷。

機構的品質是相對新的問題。傳統的智慧產生於今天我們所知道的機構之前。美國憲法的創建者沒預期到有所謂的股份（有限）公司，因此法院必要以人對待這類型的社團法人。社團法人的存在只有一百多年的歷史，我們幾乎完全依賴他們生活則是最近的時期。

一個有趣的題目：「有道德的人，不道德的社會」，故事起源於我們自願關懷他人而使自己變爲有道德的人，但對象只針對人。如果我們需要道德的社會，那麼有道德的人類也必

須關懷機構。我們傾向於批評無人性的非個人系統，但是需要批評和改進的是我們的態度和愛心水準，不是「系統」。

我們付出關懷的程度多少依照我們的需要而定。接下來的總結，深思和有識別力的批評家，針對主要類型的機構之品質所作的評論。

政府依靠太多強制力和太少的領導力。雖然政府提供不少的服務，但太常把壓迫和腐敗的官僚政治強加於社會。政府很少做概念上和有靈感的領導。雖然我們希望有這樣的領導，但我們學會不抱期望。我們傾向於愛冒險的和不合法的戰爭。對於選出的高層職員是否正直則信心偏低。整個稅務的架構是顛倒的，對待犯人是野蠻的，這些都要付出很驚人的代價。

企業的實務比從前更開明，但是跟著過去幾世紀以來小商販所走的路徑。過去他們只是微小的，但是現代龐大的架構已經開始發揮功能，和塑造我們的文化，訂定價值標準。經濟循環的景氣，自然使無力的小商家受害更深。太多的公司行號受到操控，有如金融的爪牙，爲了短期的利益，很少注意可能帶給社會的後果，以及本身長期的利益。相較於企業所施加於社會的巨大影響，企業的責任感顯得很不充分。儘管商品和服務的生產力異常驚人，企業對整個社會的衝擊遠低於二十世紀「先進」社會所應該承受的程度。總而言之，如同政府的例子我們可以這麼說，我們對私人部門的期待遠超過它的表現。

醫療與社會服務保留太多從前神奇藥方排除症狀的方式，結果就是大多數人缺乏較佳整體健康方面的廣泛知識，控制疾病以更長壽的構想變爲空談。猛然上漲的健保費用證明我們

的健保系統出了問題。

當代的大學直接承襲自中世紀，其設計適合非常少的人口百分比。教育的目標曾是提供文化的連續性，自由和理性是普遍的風氣，現在則讓位給狹隘的職業生涯規劃。對年輕人而言，本來應該是深具創意的經驗，現在變成刻板模式的學術課程。文字的監禁下，學生的學習不明確、也興趣缺缺。其結果是包括精英傳統和大眾教育的不可能結合，機構也抵擋不了社會上其他力量帶來的價值改變。現在百分之五十的年輕人在大專院校登記入學。他們本該是文明進步的動力，但是他們卻站立在當代的機構中間，顯得爲難，對自己的目標也不太確定。

教會以往被認爲可以居間傳達上帝和人類的想法，帶給人們安全和希望。雖然教會依舊繼續居間調解的功能，但現在有許多人，包括忠實的教堂常客，根據他們自己的經驗去尋找價值標準。結果造成倍增到極可怕比例的人數——他們孤獨，沒有目標——渴望得到教會過去的主要影響力。現在具有很多人力和物質資源的教會似乎正在摸索更佳服務之道。

我的目的不是責難有關社會的一切。目前的社會正受到嚴酷的審判，有時候太過嚴苛了。但實情是如此，依目前的教育水準及充分的資訊來源，多數人認爲組織沒有達到合理的標準。目前，即使是最好的的機構，那吵鬧聲也已足夠大聲和足夠堅持，所以我們要拿出實質的解決辦法，來接受這樣的批判。

董事的首要義務就是接受這樣關鍵性的批判，建造超越期待的機構。

董事：機構重生的原始推動者

如果要建立更多注重服務的機構，想要服務的每個人，要親自在自身所處的機構內成爲機構的建造者。爲了建立較佳的社會，很多人的熱情消耗掉了。這是因爲太多有企圖心的人散掉了，他們帶著化學的錯覺，堅持要立即的完美。如果烏托邦不能實現，他們就失去興趣。這股熱除了攪亂少量空氣外，不會帶來許多改變。直到機構內的建造者出現，才有能力和力量開始動起來。

大型的大專院校、企業和教會（特別是基督新教教會），有足夠自主性的管理委員會，它們可以成爲機構重生力道的發起人。機構也許不必借助管理委員會的力量，也能有卓越的表現，但那是無法預期的。如果很強的管理委員會追求卓越，投資時間和力量，針對任務把它自己組織起來，並守住它，則卓越是可期的。起點是，帶著絕不含糊的董事該有的義務，去建立新而更著重服務的機構。

董事最重要的資格應該是：**他們照顧這個機構，也就是說，照顧這機構所接觸的所有人民**，他們決心讓關懷得以眞正落實。爲求政治上的平衡，選擇不同的董事，來代表機構裡的所有組成份子，將稀釋人們對董事的信任。

會議的主席服務所有的董事，他透過服務領導成員。主席比其他董事奉獻更多的時間；他幫助他們，使其實現關愛之心。

行政官員和專家負責執行機構的工作。在公眾的眼中他們是實現者的角色，但是，在內部，董事的行動則是最基本的根本要求。董事必須象徵機構的品質，其他人則試圖實現品質會議主席須使整個過程順利進行，但是會議主席不能是總裁。有些機構已如此了，特別在企業方面。會議主席也應該不是行政機構的高級職員。因爲他們的首要任務是要求行政機構的工作表現被董事理解達到設定的標準。

管委會的主席和行政機構分開，但他們也是內部的人，必須消息靈通，具有強大的影響力。他們也必須站立在外面，允許他們做客觀的觀察和評估。他們的角色有點自相矛盾，既是在內部，也在外部。

董事提出的問題，可以設定機構目標，擬定戰略計畫。在大型機構裡，管理委員會可能已經有自己的職員，因此可直接設定目標和做長程的計畫。這些都是管理委員會的職責，不屬於行政人員。管理委員會主席的責任是使董事和行政機構兩者理解和接受組織的目標和計畫。委員會主席的角色可能需要創造新類型的領導才能，以及新的職業模式。

大機構的董事需要有自己的職員，單獨提供他們所需的服務。通常可能從簽署查核過的帳目及行政機構的報告中獲得基本的資訊。但是，這通常不足以回答他們的問題。他們的職員可能是雇員或兼職的顧問，應該向代表董事的主席報告，主席提供運作所須的資訊給董事。如果董事沒能夠建立自己賴以做事的可靠資訊來源，減低人們的信任度。

董事的功能是設計最高層的行政機構和任命最高層級的行政官員，不只是贊同和確認其

他人的決定。他們不該授權給行政機構，應該指派它。董事主要的功能就是持續研究組織，主席特別應該深入其中。

依我的看法，活躍的行政官員不是他們所屬組織的好裁判。行政官員太涉入工作中，無法對頂層組織做客觀的判斷。他們也不是最具資格去說誰應該是他們的一部份。對頂層行政人員的選擇——確定他們具有任務上所需要的智能、正直、穩定、技術、順應性，和精神——是董事基本的責任。這就是爲什麼董事與行政機構之間，彼此分離是這麼重要。如果他們消息靈通和做好工作，他們能提供組織和職員的透視圖。這不是我們對活躍的行政官員的期待。

擴大董事角色的建議是基於這樣的信念：主要機構的表現之令人懷疑，不是因爲內在行政機構和領導階層之無能缺乏動機，或不勤奮，而是起源於管理委員會不了解信託概念，他們沒能夠接受董事的另一個更苛求（和更受益）的角色。如果人們被要求得更多，多數人工作時，都將更高興和更負責，好的表現所得到的表彰和報償更具有特殊性。信任暗指有義務去問，堅持到底。

想要回應這個建議的董事，也許可先去看他們的主席，問他們是否有能力和足夠的承諾服務許多方面的需要。他們能否投資時間和精力照顧機構？他們的領導才能是否爲勸說的方式？群體將會聽從領導階層嗎？如果其中的任何一個答案爲否，那麼董事最好另找新的主席，直到這些問題的回答是肯定的。針對主席，我們所詢問的這些問題，可能讓一些董事覺

得自己不合格。如果董事不能完全接受義務，這可能就是他的去路。因爲能否受到組織內人員的信任，很大程度取決於所有董事是否採取這種生氣勃勃的角色。

董事應該記著生活中的嚴酷現實：「令人滿意」太常成爲行政官員的目標。如果要做到優異的僕人，這必然是董事的目標。

同樣的，頂層行政架構的組織，不能由頂層官員來處理。這也是受託人所要關心的。

組織：被忽視的元素

下面談到組織和領導才能，讓董事熟悉這方面。這些是董事需要知道的一些事物，以便詢問、堅持、和區別。

傳統的看法將機構的工作看成三部份，和一個包羅萬象的元素：

1. **目標和戰略**，包括達成計畫的長程思考。
2. **組織**，關於人員和架構，合理長久的安排，配備職員以執行計畫。
3. **履行**，按日執行的計畫，包括行政上主動的行動和回應。

三項重點可發揮領導才能，透過建立優先順序，協調全部的過程與動態的力量：分配資源，選擇和指導職員，明確表達目標和哲學，運用恆久的拉力，達到卓越的目標。

上面的四個重點實際須緊密配合，不能分離檢查。之所以如此描述它們，是爲了方便董事確認組織元素的確認，討論如何運作這些元素，使機構走向卓越。

組織是被忽視的元素。儘管組織古老又不合時宜。我們不僅避免正面思考它，有時還會因爲談論它而使情緒激動。或許這是因爲直覺上，在那裡埋伏著我們不想碰觸的麻煩。對於組織方面的思想，通常不超過傳統的界線。關於領導才能、目標，和實踐等方面，我們有大量創新的思想。但有關組織方面則不然，大部份相關的想法都相當膚淺。讓我們冒著危險來檢查關於組織的另一層次問題，看看什麼是我們遭遇的煩惱。

組織架構：正式的和非正式的

任何大型機構的架構，可以用它的兩個主要部份去確認，那就是：正式的和非正式的。正式的架構多少是這樣組成的：工作上有明確的安排和方法，有明文規定和規則，或慣例。這些就照顧例行公事的操作：具體指定向誰報告，誰有權做特定的行動和消費，和依照預期的情況擬定該採取的步驟。

非正式的架構則觸及更多有關領導的才能：建立目的和挑戰機會，有見識地利用激勵的方法，敏銳地定出優先的順序，分配資源到更有利的地方。領導者提供鼓勵和投資風險的庇護，在嘗試不受歡迎的事業冒險。它支援合乎倫理的行爲，以及提高工作效益的創意。結果就是團隊的努力和具有建設性的網狀人際關係，支援機構整體的努力。

非正式組織保證個人與小組革新之道，以創意的方式回應不同的情況，這些都不太可能在正式的組織內發生情況。非正式架構的主動行動是黏著劑，把正式的架構黏在一起，使其

發揮更好的功能。官僚政治的情況則是沒有足夠的黏著劑。總是拘泥形式。

正式和非正式架構的結合帶給機構組織起來的力量。然而在這關係上，也有自相矛盾的地方。正式的架構必要的秩序和一貫性，提供了非正式架構的不可少的條件，這些條件卻也干涉和妨礙了非正式的架構。我們必須領悟秩序和一貫性，兩者同時是必要的和禁止的。爲了讓大型機構有最理想的表現，行政機構必須有秩序和一貫性，領導者則在緩和行政機構對創造力的抑制，對具有這些特質的團隊所做的努力，給予非常大方的鼓勵。因此兩種架構有了緊張的關係，一方是秩序和一貫性，另一方是自發行動和創造力。如何讓緊張的關係維持健康的水準，獲取完美的結果？要看誰是監管人的能力和構想的品質，以及組織所擁有的資源。

組織：兩個傳統

如同批評者所指出的，如果董事必須承認，他們的機構表現不出色，他們可以重新開始建立新傳統。但是我們至少有兩個主要互相衝突的傳統。就我的了解，關於組織的問題，是我們所普遍採用的組織只是兩者之一，這很可能就是多數困境的原因。可是我們那麼深信這傳統的假定是自明的，就如同歐幾里德的公理般，二千年來未受到挑戰。

第一個受到廣泛接受的組織傳統，追溯自舊約時代的摩西（梅瑟）。它是根據等級制度的原則，把擔負責任的首領放在金字塔架構的頂端。幾乎我們所知的一切機構，如企業、政

府、軍隊、教會及大專院校，長久以來便是這樣的組織傳統，很少人懷疑傳統背後的假定。除了由一個人負重要的責任之外，我們沒看到其他不同的方式。那麼當需要更強有力的領導力時，我們就試圖加強高高在上之人的掌控權。然而這樣的因應，多數情況下是惡化問題，而非緩和問題。

第二種傳統，更有限地被採用，它來自羅馬時代。它的形式是，主要的領導者是同輩中年紀最長者——即同等地位中的第一人。這種情況下還是有第一領導者，但那領導者不是首領。這差別看起來可能很微妙，但很重要。所謂第一人的監督長，要在一群能幹的同仁中，不斷地試驗和證明領導力。使用這原則的實例不易找到，但它存在於很重要的地方，而且明顯地很成功。

爲什麼世界上，多數的董事會選擇把行政的責任交給一位首領，用企業的術語說，就是執行長（CEO），而不是交給領導階層團隊中的監督長？權衡傳統是一個理由。因爲是董事不想承擔持續性的義務，如果把行政的責任交給平輩的團隊，則董事不能推卸該義務。董事不試圖去產生和支援一位他們之間的會議主席，這種安排會要求會議主席具有能力且承擔責任。我的經驗明確指出：當代的世界如此選擇董事，將構成對信任的破壞。

大機構裡的上級領導階層團隊須從單一首領的等級制度原則轉變爲監督長的平輩團隊，

其先必須透過董事態度和角色的改變，才能擔保團隊的成功。這個過程可能連最好的管理委員會也有困難和風險。可能有兩種情形：第一，在可用的資源下，只有當董事確信他們的機構的表現，沒達到的水準；而此水準是他們所必要的。第二，單一首領的金字塔不能使機構達到卓越水準。多數的董事會知道他們的機構所表現出來的好壞程度，但是太少人確信階級制度的架構有其限制。

一個人在金字塔頂上的主意有何錯誤？以下部份將不討論它的價值，只討論階級制度帶來的限制。

組織：單一首領概念的缺陷

成爲金字塔頂上的孤單首領是不正常的，也會導致腐敗。沒有一個人是完美的，我們都需要來自親密的同事給予的幫助和正確的影響。當某人移動到金字塔的頂上，那麼他就沒有同事，只有屬下。即使最直率的和最勇敢的屬下，和老闆談話的方式，將不同於處在相等地位的同事，因此正常的溝通方式被扭曲了。雖然此人可能已經有很長的記錄，可以說是大家可以接受的相等地位的同事，一旦升至金字塔頂端，保守地說，那人和屬下的關係往往變成「相當困難」。這種金字塔的架構削弱非正式的聯繫，使能夠誠實回應和回饋的渠道萎縮了，反而創造出很有限的首領與屬下的關係，這樣的頂部結構會整個組織。

從這些反常和經過過濾的溝通方式中，會發展出嚴重傷害自我保護的全新形象。在時間上，單一形象所帶來歪曲的決定，將會擊敗任何一位領導者；最好的判斷時常是透過與其他人的互相影響，並且可以自由地受到挑戰和批評。

那些在金字塔頂上的人相當孤獨。他們不能確信他們必須面對的人，有何居心或動機，因爲他們沒有「非官方」的消息途徑。他們所知道的消息大都是經過其他人篩選才告訴他們的，時常不知道其他任何人都知道的非正式情報。

「一人在上主控」的主意受到很廣泛的支持，這是因爲他能夠給予大家所需要的果斷。但仔細觀察這些頂上的人，他們的面貌是，無決斷力的負擔比果斷的決定更多。差別在果斷通常是明顯的，而且有時候是英雄的，然而無決斷力時常是微妙的，難以發現，有時是悲劇的。當一個人是首領時，他對機構有多樣的責任，結果是：無決斷力所造成的損失，遠超過少數有果斷力的事例所帶來的資產。

我們時常聽到許多抱怨，說領導者太少了。這是因爲多數機構之架構只允許存在很少數的領導者；一次出現一個。不管機構有多大，一個人在這頂部，使得整個不同領域的領導才能都集中在有限的一個人身上。現在我們的國家已經成爲大型機構（大機構本身並沒有錯），但因爲我們的傳統設計只存在單一領導者的模式，其他領導者浮現的機會日益受到限制。這種設計不利於龐大的機構。

典型的首領心神不安地坐在金字塔的頂上，顯得負擔過重。這工作毀掉太多領導者，機構也因此受害。單單這個理由就足以讓我們放棄單一首領的主意。太多實例顯示，對這些首

領的多樣要求，使得這些人在離開職位之前，早已毀損了他們的創造力。

當單一首領離開職位時，任務面臨嚴重的斷層。當首領接近強制退休時，如大學校長，慣常給一年或更長時間的公告，去尋找後繼者，此時的在位者如同跛腳鴨。大學裡爲了尋找新校長，時常演出滑稽的戲；爲了繼續搜查擁有一切優點的人選，候選人必須公開接受貶低人格的、有關資產負債之類的詢問。但不可避免地發現：即使是精選過的人也和被淘汰的人一般，仍有可挑剔處。

由於頂部位置的人握有太多權力，使得他的領導不必依賴說服的方式：首領時常不能如願地利用說服的方式，是因爲他的話常被當成命令。沒有一個人眞能有效地爲首領說話，因爲聽者眞正想要知道的是首領怎麼想。

當首領必要單獨處理更多事情時，他們時常訴諸集中的簡報，及代筆人的支援。由於這樣的工作架構，使得他們不得不如此。**最後，我們看到首領變成表演者**，不是很自然的人，必要的創造力就減少了。有能力的人本來應該是機構裡各方面成長的模範，如形象、認知、溝通、及人性的了解等方面；但**權力集中傾向於使一個人的成長停頓。這種成長的挫折不可避免地向下延伸，而限制了每個人的能力**。

最後，孤單首領的流行帶給社會很重的負擔，那就是對人的控制優先於領導才能的觀念。它讓年輕人看到以不健康的奮鬥方式，去獲取最高位置的壯觀景象。**它助長這樣的概念：人必須當老闆，才能有效發揮才幹**。並且它以明顯導致人心腐敗的、心胸狹窄的方式去

追求地位。

上面的幾段話總結了反對單一首領的理由。有些人持反對意見，認爲目前的架構下某些人表現出色，可能是因爲，如同大學一般，能夠倖存，就被認爲表現出色。如果我們最好的機構品質差勁到以此爲標準，不能因機構還存在而給予這些機構的領導者高的評價。

總的來看，大型機構的組織步驟如下：第一，給予董事和他們的主席全新的角色，以及主席全新的職業生涯；第二，由董事設計高階管理者的職務和分派責任，並且設立代表董事的（會議）主席；主席有自己的職員支援，用以緊密監測行政和領導團隊的表現。領導成員爲平等地位中有一主席。在這些優先的程序之外，組織架構的細節將根據每天不同的情況來決定，必須考量：(1)可用的人員和物質的資源，(2)複雜的人際關係和影響力，(3)所牽涉的個人資產和義務，及(4)機構的中心目標。

領導能力：概念和運作

任何大型機構透過服務便能有所成就，最初的力量來自資深的行政團隊，隊裡的成員在運作者和概念者之間有最理想的平衡。

運作上的才能使機構得以達成：處理每天相同或不同的情境，解決問題。這種才能包括人際關係的技巧，對環境的敏感度、堅持、經驗、健康的倫理觀念，及其他跟每天例行運作有關的能力。運作上的能力主要是指行政方面，而不是領導方面。

概念上的才能在於透視過去和未來。它陳述和調整目標，分析和評估運作上的表現，預見未來可能發生的情況。訂定長程戰略計畫，設定標準，整合所有不同部門。領導才能就是走出去，找出一條路，所以，概念多於運作。「概念上的」不等於「智力的」或「理論的」。強烈追求實效的人能使事物概念化。他們也是有效的說服者和關係的建立者。

運作上和概念上的才能不是完全相互排斥的。每個能幹的領導者——行政官員多少具有兩者，雖然其中一種也許特別強。

任何大機構要有持久高水準的表現，兩方面的人才必須取得平衡，將人才放在最適合的位置上。所謂最佳平衡就是，提出概念的人與實際運作的人相互敬重，彼此依賴，不是一方支配另一方。大型機構裡，若會議顯著地是概念性的成員所組成，則最好的安排是「同輩中年紀最長者」，即相等地位的所有成員裡選出一位監督長或主席。監督長不必然是頭銜最響亮者，而是最有能力建立團隊者。

建立團隊者是能力必須很強，他提供實質的貢獻，使團隊有共同的目的及正確的目標。他會詢問合適的問題，找到解答。如果團隊經過很長的這種尋求解答的過程，它將可以看到問題的本質，找到正確的路。運作者和有概念者，都是結果導向的。運作者關心的是要把事情做好，概念者關心的是應當做什麼，何時做，怎樣做，要付出多少代價，優先順序爲何，

和做好到什麼程度。兩者努力的效果是相互加強，而非抵消。

有個不爭的事實卻阻礙了理想的平衡：概念者通常了解機構需要運作者，但反過來卻非如此。在上位的概念者很可能全然知道能力強的運作者該放在哪個位置，但在上位的運作者，若無一些幫助，則無法看到有能力和有影響力的概念者應該發揮的角色。在等級制度下的行政機構（相對於由相等地位者組成的委員會），若上位者是運作者，而且不懂機構必須存在足夠概念上的影響，這個機構將不可能有光明而長遠的未來。不管上位者有多聰明，或機構目前的表現有多好。

大而分散的組織有個好處（如企業，或有多個分校的大學系統，或宗派監督下有很多教堂的教區）：他們能容納概念者在組織中心發揮影響力，把運作者放在分散的單位做主管。這雖好，但還不夠。因爲也需要有人在中心組織和分散單位間，維持緊密聯繫。否則，在中心的概念者只能在荒野中喊叫。而目前的機構亟需聽見其聲音。若只有運作者分散在單位中，將聽不到概念者的聲音。

有些能幹的年輕人，他們大概能發揮兩種天份，但是通常不會是兩者兼有。長期集中在一種天份，就減少轉到另一種天份的可能性。成功獻身幾年於某種天份的人，轉移到另一項專長的工作，對人來說實在是個處罰。不管是運作者或概念者，都會習慣原先的工作方式。當然有例外的情形。若主管覺得有必要改變工作方式，應以個案來處理。

大機構的上層領導者，有概念者的人數遠比運作者爲少。這可能是因爲本質上有較小的需求量，或長期運作者的經驗自然使得有概念的天份不易浮現，或因爲運作者不易確認概念者那種特別的天份，或是因爲我們不很了解概念化的需要。

大機構中，美國鐵路公司的領導階層是傳統上忽視概念者領導的最顯著的例子。幾乎行政機構的每一個人都爲運轉鐵路而成天繁忙。沒有足夠能幹的人才在適當的位置上去思考鐵路的問題及未來的走向。

有些機構在歷史上曾經一度輝煌，這是因爲偶然有一位能幹的概念者進入到關鍵的位置。但是後來它們不再興盛，因爲人才無法維持在足夠的水準，領導階層也沒能維持較佳的平衡。它們沒有遵循組織的原則，失去該有的概念上的領導階層。因此，他們不知道何時偶然地擁有它，也不知道何時弄丟了它。

任何機構爲了有很好的表現，總是需要能幹的運作者。就如美國的鐵路公司曾經做過的，一切以運作爲考量的管理，短期內可能表現很好。但是爲了長遠的將來，有必要將能幹的概念者，適當地放在領導階層的上位。爲了支撐大的機構，我們必須能夠確認和找出有天分的人才，把他們放在可發揮影響力的地方。提供優秀的運作者這件事比較明顯且容易做，所以不如找出概念者容易被忽視。

純粹以運作爲考量的動機，如果沒有得到很強的概念者給予支援，那麼很可能會安於現有的成績。概念者通常在機構追求卓越時才浮現出來。此時，機構需要有智慧的，深入且有

效的改革。

這裡使用的「**運作者**」和「**概念者**」不是常用的名詞。選用它們是因爲更能清楚陳述任何機構，如教會、大學、或企業，有關配備職員的核心問題。董事最要緊的功能就是確認有特殊天份的運作者和概念者，選擇人才平衡的頂層行政團隊，這將帶給這機構強而有力的領導階層和健全的行政機構。

董事的領導者角色

機構部份的問題在於：機構外的人沒有足夠的資訊提出恰當的批評，或機構本身有了保護層，外面的批評家不能穿透它。那些內部的批評者有時則受到內部的抑制。有時他們不知道怎樣有效的批評。董事主要的角色就是建立合法性，反應各方批評的想法，解釋批評對領導階層和行政機構的意義。董事應該善用他們的屬內又屬外的客觀位置，成爲促進了解的工具。

董事的合法性從獲取信任開始。不管能力或意圖有多好，如果缺少信任，則無一事可成。現在企業之中有兩種信任顯著下降中：盲目的信任（包括對權威的敬重），和透過領導者之魅力所產生的信任。前者來自時代的正面訊息，後者可能是指一些大機構喪失民眾支持度。如果一切事件的走向是顛倒的，它將是一場謬誤。現在我們有了這項錯誤的刺激，得以更健康的基礎來建立信任。信任唯一健康的基礎是機構給予民眾更多公義和關愛，所服務的

具體經驗，而機構所建立的社會帶給所有人民更多公義和更多關愛，及更多創造性的機會。透過史無前例的服務品質，如果足夠的民眾感受到這件事，從而能建立產生高水準的機構，那麼目前的混亂和分裂也是值得的。

新時代的信任始於董事有責任設計和監督頂層的行政機構，有權力把不可能的事變爲可能，推動機構走向優異，處理時代帶來的壓力，而不是要求單一的執行長去做我們認爲不可能達成的事。從我觀察的經驗知道：一旦執行長的角色由單一個人擔任，現實上，我們不必去預料他會改變自己的角色，成爲非單一首領。他可能是偉大的、創新的領導者，但是他將不會踏出那一步。

假設有兩類組織設計：一是由同輩中年紀最長者（或監督長）領導，來治療我們的大機構。全體董事及如同監督長角色是一個團隊，他們在組織的內部是客觀的角色，與運作的責任分開。另外的團隊，也有它的監督長，是首席執行官的一群。重要的原則是沒有單一的個人擁有不受抑制的權力，全體人員可能有來自同仁的相互克制，也會時受到同仁的鼓舞。這樣的安排也有危險：董事也許會干涉行政官員。所以要有兩方面的防護：清楚定義兩種不同的角色，讓所有的成員警覺及清楚熟悉機構所做的安排。

這是清楚但不是永遠完美的組織設計。人性有無限的可能，永遠會有異想天開之事。我懷疑有任何完美的組織存在。但是我希望組織的設計將成爲某些職員的專長；這些人特別能

幹和有遠見，專注於董事的服務事業。最緊要的問題是：如果董事決心擔負我們在這裡所提倡的任務，那麼他們是否可獲得專任職員的支援，使他們有效地擔任新的角色？

大企業如何做僕人

過去四十年，和更多其他的機構比較，大企業到處受到社會力的推擠。不爲外人所知的是：典型大企業可能對該做的調適會有更大的敏感度。這是因爲他們沒有政府稅收的強制權，也沒有像大專院校和教堂一般受到大眾情感的支持。企業時常感覺不太安全，他們的合法性更尖銳地遭受懷疑。而且，企業比其他機構較少專業的煩惱，因此它們有更多可塑性。有了這些理由，我們應該可以預料企業會很快變成提供更多更佳服務的機構。以下**三項新的壓力**可能帶來變化。

消費主義的壓力可能使企業決定製造更好的消費性產品，提高消費者的信任。

污染和環境保護已經變成重要的爭論，對某些企業而言代價十分昂貴。但是反污染的條文已經立法通過，這樣的行動將會明顯提高企業的社會責任感。

另一個很大的影響來自**年輕人期待的革命**，迫使公司試圖爲它們的雇員創造更多有意義的工作。其結果是：內在的壓力可能迫使放棄首席執行官的概念，而採用平輩的委員會。爲了吸引和掌握非常能幹的年輕人，處理大量又複雜的事情，現存的首席執行官可能被迫將目前的行政團隊成員提昇到更平等的地位。同時，如果一個人主持成功的企業，他主要的才能

需要如下的發展：就是從單一首領成爲團隊建立者的一份子。而且，如果這世代年輕人的理想主義繼續堅持，當他們晉昇到頂層的高位，他們將更有決心給更多人提供重要而有意義的工作。新的企業倫理於焉產生了。只要有一個大企業去做，而且有顯著的成功，他們將獲得競爭優勢。

當這三個主要的力量同時起作用，將衝擊大企業的僕人形象。兩個有意義的邊際效果接踵而來。第一個就是察覺到傳統的學校有其限制，原因是和主流的社會脫節。我們廣泛建立學校的部份理由是防止兒童進入邪惡的童工市場，另外就是不讓年輕人參加勞動市場。教育只是幾個理由中的一個。但是現在我們開始領悟到更多正直的品德可在有用的工作上找到，一如在學校一般。許多美國人可能已經有太多東西，但是我們用以彼此服務的容量實際上是無限的。大多數人想要成爲有用的人，不僅僅只要求好報酬。工作環境中結合許多方面的教育，擴充有組織的服務，這對實際採取新行動的企業架構，是個巨大的挑戰。或許一些比較開放的自由企業之新領導階層將帶給社會有用的方案。

第二個邊際效果是：我們將看到更多大企業採取主動，和政府建立新的關係。市場不是企業永遠最好的嚮導。代表公眾利益的政府代辦處，應該讓企業知道該做什麼，而且要在公眾危機發生之前做。企業成功主動和政府建立關係的例子不多，但有些很好的例子。爲方面的成績開展了可能性。

這兩種邊際效果使得大組織中的公眾與私人的部門逐漸難以區別。依照這樣的走向，法

律上的所有權將產生問題。但不管如何，大企業主必須與這樣的主意和平相處。因爲機構之所以存在是透過這些人的同意——顧客，雇員，和整體社會——對全體人做好服務，由他們判斷服務的品質將更能分出服務的好與壞。

我十分清楚，大企業距離被大眾認定爲合格的忠僕，還要走一條很長的路。而我並不期待烏托邦的來臨，在那裡自私、操控、小商人及貪婪都將完全消失。但是我那些力量和走向是對的，現在的企業領導階層也認知必須回應問題。我們的路會走多遠，要看大專院校和教會的影響，不是僅僅透過例子講述。

教育不良，要怪董事？

我們如何得知，決定傳統的大學教育是百分之五十的人口所需要的？現在我們做到了，我們是否喜歡目前的結果？

我沒找到合理的推論回答第一個問題。我猜想，當我們收集大家的想法時，第二個問題的回答將是「不」。

過去的二十五年，大專院校的就學人數，從原先百分之十五的大學年齡人口，增加到百分之五十，我們如何處理這個龐大的機構？其中或許有三分之二或更多的學生希望不同於目前傳統的學術環境，我們給予他們什麼選擇？這就是今天高等教育所面臨的部份困境。

依我之見，公眾所信任的人做錯，而非行政機構或大學的全體教職員。董事的角色要能

夠探討假設和穿越錯覺，但太多董事沒有做到這些。現在大專院校需要再想想他們的使命，產生新概念，他們應該做什麼，該怎樣治理學校。他們有內部的能力做好這些事。事實上，大學的未來必須由大學內部討論，因爲他們擁有專門知識。大專院校必須由內部開創自己的革命，但是他們不太可能去做，除非來自董事持續而明白的要求。

很顯然，董事不能接管大專院校。他們沒時間，也沒能力做這些，那也不是他們所適合的角色。那麼他們能做什麼？包括：

一、堅持以清楚而毫不含糊的行爲語言**陳述大學的目標**。大學的期望是什麼？滿足學生要求之後，有什麼方法知道學生和以前有所不同？經由內部的諮詢，參考教職員、學生、行政機構的意見之後，董事應該陳述目標。如果經過持續的努力，訂出了目標，但董事對目標不滿意，覺得無法爲其適當性及公眾的利益辯護，那麼董事應該在大學內有信任的危機。大學所追求的目標，必須在任何時候都能夠讓董事爲其適當性及公眾的利益辯護。否則，那將破壞信任，董事所面對的是不被理解。就某種程度而言，這是實質上的困難，必須加以清除，我們才能往前走。

二、陳述目標之後，董事應該問：「就合理的水準而言，根據現有學生與資源、全體教職員、行政機構、設備及經費，**大學現在應該到達哪個程度？**」如果其間有嚴重不符，董事應該要求：「怎樣彌補其間的落差，如何使用確切的語言，估時時間表的進度？」

三、如果內部的成員不能提出計畫或合理的時間表，董事可以建議尋求外面的顧問。如

果建議被忽視，計畫無法即時產生，**董事應該轉移態度：由建議轉向堅持**。

四、如果，經過一段時間，目標和表現還是有實質的差距，董事要將具體計畫向下修正，達到可完成目標。董事應該清楚向學生說明這一切，讓他們能預料在大學裡可得到的幫助。這是大公無私的年代，誠實是學生最優先的品格，董事也應該堅持這一點。

五、作爲替代的選擇，董事可以發展自己的研究，試圖尋找新方法來設定目標，提議革新。這些通常不會由內部的成員發起——如結構的改組、其他機構的合作計畫或合併，大學內部分開處理的資金和分別治理的分校計畫。

六、有了很實際的目標及完善的計畫後，董事應該參加大學的上層領導階層。董事應該獲得專職顧問的幫助，有能力設計這個上層的行政機構。任何人細心觀看典型大學校長的就任，會知道就職後的校長不會重新設計工作的架構。董事必須設計工作架構（希望是由一位監督長帶領一群相等地位的人）和安置所有成員。董事需要有相當程度的知識、技術，和奉獻。但許多董事可能不想要做這些事。若如此，則可能先需要改組董事，再重建行政機構。最後，董事必須持久緊密的監督。這個時候，董事要擔任的角色是：詢問艱難的問題，而不是站在綠色校園中的肥皀箱上發表理想主義的空想。

早先的實例提到反對單一首領的說法，就大學而言，需要一些補充說明。大專院校已經變爲很複雜的機構，必須回應許多要求，因此必須有龐大的行政團隊，他們是富有經驗的職員。不幸的，大學的行政機構並不被視爲具有吸引力的職業生涯選擇。全體教職員和學生不

看重行政工作，職業生涯成長的管道也不是很清楚，因此無法讓行政職員維持衝勁。而且，典型大學的管理流程頗為含糊，降低個人的責任感，使得行政工作沒有獲益，薪水也少。在大學裡現在唯一的有吸引力的工作，除了大學教職之外，就只有校長一職，即使校長的職位也不如以往誘人。這種情形可以有實質上的改善，就是由地位相等的同仁會議領導大學，替代以往的單一首領制度。

所謂大學校長的一人辦公室，很容易令人誤解。一般人不知道大學的詳情，以為校長是首領。從某些層面是眞實的，校長坐在大的辦公室裡，簽發布告，發給學生畢業文憑，除了與大學全體教職員交往時，他的所做所為像一位首領。然而，以大學教導學生的主要工作而言，校長不是首領。當大學有緊張情況時，校長成為孤單的避雷棒，吸收來自四方的攻擊，他的辦公室卻無法提供防禦。地位相等的同仁會議可以改變這類模糊的狀況。

而且，地位相等的同仁會議可大量培養優秀的以說服為主的領導者。事實上，我們希望重整大專院校，使他們既能領導也能被領導，而非一般人所要的強勢管理。

大學是一個很奇特的機構。只要內部出現強大的自發行動，它就會非常柔軟且具有創新的想法；卻對外面的批評及建議往往無動於衷。但是，成為傑出的大學，其建設的力量主要來自內部強有力的領導階層以及學校所鼓勵的主動精神。

大學品質的上昇，基本上來自學校的各系所。任何使大學有所變革的新生力量，會直接帶動系所的創新。大學最需要的領導階層就是：他們會在每一角落，尋找能使大學有較佳服務的自發行動。透過嚴格的自我批評，不及格的學校和系所將受到處罰，嚴重者即會縮編及重組。精力充沛而敏銳的領導階層決定學校，系所，各種計畫，中心，和它們之間相關的架構，和它們是否要成立或關閉或修改。董事的義務是去設計，任命，和監督領導團隊，使之有能力以目前的大學治理概念，創造足夠的領導力，帶領現在的大學很快成爲重視服務的機構。

目前大學所缺的是強調概念的團體，董事有必要採取主動的行動去找到他們——部份是長期的和部份是一年和兩年的專任教師代表——他們將幫助大學整合智力和經驗的豐富資源，負責使大學成爲更具僕人精神的機構。一般大學委員會架構，運作費時且無效率。這些委員會以往試圖透過一般性的參加活動，達成任務，而非由大學裡最有能力者集中力量來完成。唯有後者才能建立大家對領導階層的信任，花費許多時間在委員會上的教職員，也能把時間放在教學和研究上。有件事不好說，但其實美國的大專院校很像鐵路公司：大學裡的每個人都忙著運作，只有非常非常少數的人會站在一旁，深入思考大專院校的問題和提出建言，讓大學全體教職員、董事和行政官員能再依據做緊要的決定，尤其是和我們的年輕人有關的決定。強調概念的領導階層最難維持，大專院校認爲校內有這方面的人才，但事實上沒有，因爲大學的教職員和學校關係太深。大專院校應該讓概念上的領導階層與校方有一些距

離。並以實質的基金經費，支援董事所採取的主動行動。

過去二十五年來，我們無拘束地擴展傳統的高等教育，但難以聽到預言家的聲音警告我們，或許問題正出在大學沒有這種人的容身之處。大學是十分複雜的機構，若要孤單的哲學家坐在他的書房裡，發出必要的警告，及點出未來的路，風險顯然太大。因此我們需要足夠的一群人，強調概念的頭腦，他們借助於能幹的職員爲領導者，找到有益成長的職業生涯，幫助大學建立目標。這樣的人事費用在高等教育總預算中占的比例也不多。大學的董事有義務進行這樣安排，而且越快越好。

有成長優勢的教會

教會和當代其他的機構一樣，面臨根本變化的壓力和影響。

目前的問題是：年輕人認爲有地位的人沒有充分地把社會搞好。教會被認爲不夠好，所有其他的機構也一樣，但教會可能受到更多的苛求，因爲要使生病的社會恢復生機，教會有其極爲重要的角色。

我不是神學家，我是以一位研究組織的學者角度來看教會的角色。我認爲教會代表人類宗教情懷的機構化。有意識的宗教情懷是文明齒輪的一部份，它提供方法，用以治療文明帶來的人性疏離感。宗教一詞的字源，意指「重新結合」，重新結合人類與宇宙。原始的人民可能遭受環境帶來的困苦，但是他們不感到孤獨。在法國拉斯科（Lascaux）發現的史前人類洞穴圖

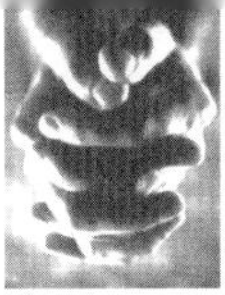

畫證實，這些人屬於家庭，他們有歸屬感，他們的社會以宇宙爲邊界，所以不需要教會，不需要另一個專精重新結合天人關係的機構介入。但是長久以來，我們已經喪失那種歸屬感了，特別是年輕人。我們需要宗教，提供教會的服務，治療普遍的疏離，同時成爲主要的建設力量，用來建立新社會：那裡有更多公義和關愛，並且提供創造性的機會給它的人民。

在家庭之外，教會有支配其生活的影響力；當人們在家時，它必須維持同樣的影響力。這就是現代教會的興起。現在，工作環境和學校的影響力遠遠大於教會，我懷疑現今的教會能否恢復從前直接的影響力。他們將怎麼做？

當然，他們還會繼續和深入的接觸許多人，領悟到影響力不是從前或現在社會上的宗教力量。我希望有許多教會，將會走出去尋找成長的優勢及新的服務機會。他們之一將成爲人才培育的主力，價值的引導者，支撐各處領導階層的士氣。有關領導才能的洞察力、價值標準和持久性，實質上是宗教所關心的題目，培育這些品德應該成爲追求成長優勢的教會的使命。除了教會。還有哪個機構能做這些事？於目前其他機構的影響力更大，教會如何？對於追求成長優勢的教會，我們所要求的是：在他們對人關懷的歷史任務上，以及他們對新近社會秩序的關心上，再增加另一個使命，那就是關懷機構。

不可能的教會

我這個研究組織的學者，對教會歷史上的兩個事件特別有興趣。十六世紀，當馬丁・路

德（Martin Luther）脫離天主教，他宣稱他的目標是所有的信徒都是天主的祭司。但這件事沒成功，因爲當時找不到任何一個教堂的牧師願意接受。較晚的一世紀，在英格蘭，喬治‧福克斯（George Fox）透過創辦貴格教派，接受這挑戰，廢掉了基督教本堂牧師。由於他的努力，一個小但有影響的派別倖存下來，但是他的目標還是沒完全達成，因爲他沒有留下方法，可以用來領導無基督教本堂牧師的羊群，教他們成長和適應之道。

具成長優勢之教會，它的第一個任務是：不去學習路德或福克斯，而是學習怎樣建立由地位相等的人所組成的社會，其董事會有一主席及強勢的領導階層，主席如同同輩中年紀最長者的角色，因許多成員不在教會工作，因而基督教本堂牧師就如同同輩中年紀最長者的角色。

完成了這些之後，第二個任務是：讓教會具有強大的力量，培育一批有領導力的人，使其領導其他的機構，並給予他們經常的支援。

如果這是教會的嚴肅使命，那麼教會背後將有概念資源中心，他們是建築師，帶來更多公義關愛、以及更佳僕人精神的社會。以目前的架構而言，適合的建築師就是神學院。我相信有一天神學院將變成一個強大的概念資源，站在教會背後使教會從關懷機構，並且認爲那是它們主要的使命。

我知道，僅由一個教會承擔，而培育和支持一批建立其他僕人機構董事。如果強勢的教會不率先走上這條路，我會對未來感到絕望。但我懷抱希望，因爲我相信一定會有這樣的教

會。

權威和力量：權力的問題

這一章大部份討論有關大機構頂層架構的兩點基本改變：第一，董事將被賦予更多信任，承擔堅實的義務，把他們的機構帶到如同忠僕一般，有卓越水準的表現。第二，董事將設計行政機構和機構的領導階層，其成員爲一群地位相等的人，而非單一的首領。然後他們將分派各項職責，其中包括一位監督長，他們緊密監督團隊的工作，但不介入運作上的決定。

這些改變本身不會帶來卓越的服務機構。但是基本結構的改變必須早於任何事情。我相信教會有最好的位置成爲最初的推動力，去培育董事，他們將帶來這些改變，維持人們高水準的信任。

我們的機構沒有提供優異的僕人，部份理由可能出自兩個增強的元素：低水準的託管人地位和單一執行長的概念。一旦兩項元素聯繫起來，將在其間形成密集連鎖的步伐，董事將會讓自己的義務減到最少，把運作的責任交給一個人，執行長也不希望受到董事的干涉。只有執行長需要董事的支援時，他才會想要強勢的董事會。其他對組織特別有興趣的人包括企業的股東、大學中不同的組成份子、教會的成員則期待增強這些關係。他們想要強勢的董事會支援執行長，和檢查某些運作，特別是財政方面；如果執行長或基督教本堂牧師表現不及

格時，他們需要董事會介入。但是他們卻不預期董事會負起領導任務。

我們怎麼會走這條路，爲什麼我們又會在這裡停留這麼久？它植基於傳統，如同摩西的故事一樣老。令人好奇的是：這是古代人記得最好的故事，但是他們也知道它的缺點，我們已經忘記。

但我們已遺忘，葉忒羅（耶特洛）是摩西的岳父，來荒野看他，發現他耗盡力氣親自處理一切他的人民提出的問題。他確實是領導者，但是他太「無條理」。於是葉忒羅勸告他：

> 在上帝之前，你將代表人民，將他們的案件呈給上帝；你將教他們法令和判決，並且告知他們該走的路及必須做的事。並且，從所有人民中選擇能幹的人，他們敬畏上帝，值得信賴，憎恨賄賂；讓他們成爲成千、成百、五十及十人的統治者。所有時刻都由他們去裁判人民；每一件大事他們將會告訴你，但是任何一件小事情，他們將自行決定；這樣你將會容易些，而你和他們將共同承擔重負。如果你如此做，上帝也這麼命令你，那時你將能夠忍受，所有人民也將和平地走在他們的路上。

摩西接受岳父的勸告。可能他也接受這樣的主張：「那時你將能夠忍受，所有人民也將和平地走在他們的路上。」他們卻沒有談到那樣的社會品質如何，只是說摩西將可忍受人民將是平靜的（法律和秩序？）。

最後上帝還是開除了摩西。爲什麼？因爲在那岩石上取水的戲劇事件中，他扮演如同上帝的角色。

這證實葉忒羅的勸告有致命的缺點。摩西的僕人熱忱不會是問題，但是他從葉忒羅那裡接受了壞的勸告：論及怎樣去架構人民的領導階層，他以爲減少自己的權力，將會增加他的服務。**摩西所欠缺的是強勢董事的必要監護及敏銳的會議主席**。

我們之所以長時期停留在葉忒羅的勸告中，理由可能是人民想要秩序，而他們願意支付這代價，把權力集中在一個人的身上。這是他們所知道的唯一的路。現在隱隱約約發現，這種選擇的代價太高了。

如果權力持有者的周圍是地位相等而同樣強勢的同仁；不參與日常權力運作的董事，也可同時做嚴密監督。

權力有好幾個種類。一種是強制性的權力，主要的用於破壞。要建立長久的機構不能依賴它。如企業一般的獨裁機構，也學到強制性的權力，它的價值與使用的頻繁度成反比。在任何地方，我們所要建立的是使用說服和範例的領導階層。

關於制衡權力之爭論

權力的另一個重要的面貌是制衡的權力，這事實多少存在於機構的多數成員。大學的全體教職員，企業的行政官員和雇員，和教會裡的牧師；這一切都有人爲的制衡權力——一方

面防止當權者隨心所欲濫用職權，另一方面爲自己提供安逸舒適的領域。這樣的權力模式已經正式得到董事的同意，如大學的全體教職員，有些則由法律規定，如工會。有些僅僅是董事長期忽視的結果，成爲組織的慣性。不管什麼根源，在多數的機構裡，這種權力既眞實又可怕。

董事太常誤用他們的權力，他們擁抱古老的組織形式，機構傾向於被管理，而不是被領導，所以未能組織完善，因而也無法幫機構提供領導階層。當董事試圖重建自己的角色時，他們應該不會驚訝，受到行政官員和職員的抵抗。董事的任何一個新行動都會被視爲破壞已建立的權力均衡。

因此，這裡的勸告是：董事要先建立新的信任基礎，清楚告知今後他們想要做的一切，緊密監測以確保權力用於良性方面。他們要組織好他們自己，並許下承諾：以一種全新及高水準的奉獻，服務這機構和所有它接觸的人民。

目標和要求

眞正有效的董事，他們的第一步就是定義機構。自然，他們會從行政官員，職員，和其他相關者，得到資訊。但是，董事的功能就是陳述目標和目的。這是哪一類的機構，及所期待的表現爲何?考慮每個人所受到的不同服務，董事要以什麼標準衡量績效?

在陳述目標和要求的過程中，董事可能想要有帆布製造的樣品，代表每個主要的成員，

以便根據可靠的基礎做出預期的績效。做決定時，董事應該考慮兩方面：每個相關成員（物主、貸方、學生、顧客或委託人、雇員、小販、供應者、行政官員、教區居民等等。）的期待是什麼，及行政官員和雇員感覺上可完成的目標。敏銳的董事將期待的標準設定稍高於行政官員和雇員感覺上可完成的水準。以週期性的檢閱，修正目標。「最佳可能」的表現也許是長期的目標，永遠有挑戰，永遠覺得東西就在前面，永遠有奮鬥的目標。以董事的角色看績效需要週期性的評估，每個成員的滿意度要分別調查。因此董事要有固定職員的支援，但目前並不多見。

定義機構，陳述它的目標和要求，大概是董事的最要緊任務。董事做的其他事情都依附在這個基本的決定上。

信任和成長：了解的價值

我在這裡所推薦的信念來自我所認識的一些人，他們現在正準備奉獻他們自己，擔負我所描繪的董事的角色。在這個混亂的時代裡，只要小小的鼓勵和保證，許多人都將回應這樣的新任務。

精確而言，什麼是董事需要知道的，以及他們將怎樣學習他們所需要知道的，將依個別情境而處理。董事對領導機構的承諾，是幫助機構成爲優異的僕人的角色。如果要以信任取代現在普遍的譏笑，董事必須清楚地堅持：全面的了解機構，關懷機構所接觸到的任何人。

假想每個大型企業，每個大型教會，每個大學，董事會正在有效推展優異僕人角色的運動，那麼我們需要培育多少會議的主席去領導這些機構？或許是兩億人民中三千位，那會不切實際嗎？我不認爲如此。從事這件任務會牽涉到什麼？

第一，只要從這三類機構中，每一類各選出一個機構，就可以開始做。如果教會、大學，和大企業，其董事會產生一位會議主席，對於怎樣促使機構走向優異，他能夠抓住概念——然後他明確有力地表達實際上發生的事情，而不是他所盼望的即將要發生的事情——由此帶動一項運動，一次一個機構，走向更注重服務的社會。運動的發展是否足夠迅速，足以遏止明顯的惡化？這要看有多少具成長優勢的教會浮現，以及他們如何努力培育和支援董事。

教會將如何做這件事？我的想法是教會裡的人士必須編織這個夢想。要讓任何事情發生，必須先有一個夢。要讓任何偉大的事情發生，必須先有一個遠大的夢想。具備成長優勢的教會將是所有人民大夢的編織者，讓他們有不同於一般的眼光，可以追求的目標——每個人都可以去努力追求的目標。

這些偉大的夢想之一是：以注重服務的機構爲主所形成的社會，鼓勵有僕人精神的個人，爲個人及群體奉獻大而有創意的服務行爲。

注重服務的機構像什麼？以什麼條件建立這樣的機構？這些問題將必須由那些握有機構信託，決心追求僕人精神的人來回答。這是最優先的。信任是第一步。除非有穩固的信任，

否則將一事無成。

早先世代的嚴重錯誤就是把行政機構放第一位。行政機構是很重要，但它充其量只是一門技術，技術應擺第二位。現在我們能看到：我們已經把內部的領導階層和行政機構放在一個難以防守的位置上，他們不被信任，卻要他們負責。站立在行政機構之外，具有信託背景的董事能產生信任。目前的緊張關係清楚暴露這個問題。

教會的角色包括認可董事，認可誰有能力，及誰能接受信任。所有個人不能爲他們自己斷言這些。（我這麼說，不在於審判一般個人的企圖心。簡單地說，董事可能沒有認可權，在董事的角色時沒有。）

我希望現存的教會將提升功能，掌握機會，以獲取最後的核准權，用來決定誰將是董事。但是如果沒有現存的教會，或不足夠的教會，願意抓住這機會，那時不管由什麼團體取得這個角色（一定有一些團體要這機會）將成爲**教會**，或許是一個**特別的教會**。但它將會是教會，因爲信任所包含的精神，包括領導洞察力、價值標準及持久力，實質上是宗教所關心的。如果照此情形走下去，那麼這股新推力將變成具成長優勢的教會，現存的教會可能容納這股新推力，正如他們已經接受另一個特別的教會「無名戒酒會」。

不分新、舊，只要是具備成長優勢的教會，若能建立自己的能力，成爲董事的培育者，提出價值觀，建立標準，將引導這個行業對教會的信任。很快地，其他機構（包括還不這麼幸運的教會），爲了加強他們的董事，將尋求這教會的幫助。

只有我們能夠找到更多人願意以僕人爲志業的領導者，我們才有足夠的能力接受這一場挑戰。在主要機構裡的上層領導階層裡，一位監督長帶領著一群地位相等的同仁，如此將比其他任何一種可用的過程，更能迅速培育更多的領導者。領導者不是訓練出來的。一開始他們就是能幹的人，然後讓他們具備有眼光和價值標準。往後他們需要的就是成長的機會和鼓勵。我們的主要機構必須給人民更多成長的空間。第一步就是：取代孤單的執行長，採用由監督長帶領地位相等的同仁，組成上層領導階層。他們將根據每個不同的情況，找到適當的方法，擴充創造性的機會。

這個目標可以達成嗎？是的，透過強勢而專注的董事，將他們的信任專注於一個主要的機構，組織能力很強的一組職員，來支援他們。在這事事爲難的時代裡，如果董事不能被信任，還有誰能夠？還有哪些其他的責任比這個更值得信託？

在大學、企業、及教會的董事中，必然有哪人想要享有成就的歡樂和良知的安適，而能夠提供這些的，就是從事於實質的運動，帶給大家一個更具僕人精神的機構。

更多這樣的機構會更受歡迎，但是我們現在只要一個——一個就好。

現在，好好的了解我——它存在於所有事物的本質中：任何成功的果實，不管那是什麼，總會有某些東西，使奮鬥成爲必要。

華特・惠特曼（Walt Whitman）

第三章 董事成為僕人

華盛頓寫信的時候，總是在最後署名：「您最謙虛和最順從的僕人」，本章的要旨正是在於鼓勵董事們成爲僕人。

「董事們成爲僕人」的概念，最適用在「自願性的機構」（非政府機關），這些機構主要是用他們擁有的資源和人力來服務人們，這概念最好是用在持續且能有計畫的執行計畫的董事會上，包括公司的董事們、董事和行政人員。他們可能目前無法接受這個說法，我可以在他們身上感受許多不安、拘謹，還有很多需要進步的空間；長久以來在機構裡有很多過時的觀念以及糾結的文句，很多的努力都受到挫敗。市面上很多關於現代機構方面的文章，但絕大多數使用舊式的語言。本章的目的並非要「微調」而是要檢驗並質疑現在機構的舊式語言與智慧，我也提出另一個方法，去了解以及指出當機構不當表現時的做法。此方法就是從董事們開始著手。

概念上的裂痕

傳統上關於機構的概念缺陷是：它缺乏（甚至於遺漏了）讓董事們成爲領導機構的一

員。就董事們那部份而言，行政工作並沒有提供適當的董事功能，他們從未適切的探查關於行政部門過去的所作所爲，以及他們自己正承擔的決策性角色（被要求併有法律義務和公眾信託的社會倫理重責大任）。

行政部門的存在已有幾個世紀之久了，運用他人的力量去達成一個確定的目標，行政就開始存在著，因此，直到董事的出現之前，有很長的一段時間人們認爲光有行政管理已經是足夠的，初期的行政人員或許持有專制的力量，擁有處罰他人的權力，但後來不管是在政府或私人機構工作的員工，都受法律與社會慣例的限制，然而，自古流傳下來的行政人員優勢仍存在著，許多機構仍然使用傳統的「金字塔結構」，金字塔最上方的是最高領袖。值得高興的是，現在的大機構裡有很多傳統模式都不是一成不變。然而先前的歷史，行政未讓董事成爲影響機構的重要職務，董事們也還沒能爲自己的職務建立合適的角色。

董事是被他人所信託而處理他人事務的人，後來轉變成委員會的一員，不管是營利或非營利的公司，機構的委員會幾乎是從這世紀才開始的。太多民眾對於社會的關心都只及於個人，而不是對機構以及這些機構的建構；建構上的瑕疵會傷害個人，相反地，健全以及能幹的機構可以培育人才讓社會富裕。我們常忽略了機構的影響，不幸的是，政府主要的管理者以及建設者，都被期待來增加組織的益處，減少壞處。但是，政府認同了營利領域裡的競爭，也可能是很大的破壞者。另一方面，弊端的製造者，如教會、醫院、大學，甚至基金會也都有競爭的特質，很多時候，董事們能做的也只是給予法律上的庇護；除了當機構面臨倒

閉危機時，董事很少執行他們的法律責任。董事可以在很多方面爲他所屬的機構服務，但現在大多數董事的職務可以由外面的顧問或非董事的義工所取代，甚至可能做得更好。

董事的定義

許多關於董事角色的語意，可以由「管理」一字的意義來理解，一直以來，「管理」都被行政人員給佔用，作爲他們的標籤，我認爲這個字的起源比較接近描述董事的職責（從拉丁文的manus，意思是「以韁繩控制馬的手」）。通常公司的規定都指出公司「應該要被董事會或董事會管理」，他們的成員不會少於三個人。典型的公司條文只有給董事或董事這項權利，沒有給與行政人員，在這一章裡，我會用從這個定義得到的暗示——董事的角色應該是要位於機構之外，管理公司，他們授予機構裡的人員行政責任。以這個觀念來說，「首席執行長」的頭銜以及這個稱號所傳達的觀念，應該落伍而消失。

根據這個想法，讓我們說明董事、管理部門、行政部門以及領導者的定義。

一、董事：負有公眾的信託來管理機構。倘若如此的話，受託職責代表公司的董事會的職務之一，並且是被法律規定的，董事（或董事）要爲所有發生在機構裡的事情，負上最大以及法律上的責任。董事不是辦公的行政人員——至少在他們是董事的機構，董事們是機構相信的成員及代表，他們或許是另一個機構的專業人員或行政人員。但做爲董事他們必須做出董事的決定，並不是專業或行政的決定。

二、管理部門：機構內的條例通常會指出董事的責任，以及他們可以授予行政人員的任務，除了這些責任之外，董事的管理職責包括：

a.**訂下目標（包括長期的計畫），訂下機構的義務以及方向——或者是概念，以及通過達成目標的計畫**。理事應該諮詢所有部門，其中應該最用心聽從行政以及專業人員的意見，但確定的目標是董事們設定的目標，他們可以聽從別人的意見，但目標必須由董事們訂出，不是只由董事們同意或肯定。

b.**指定高層行政人員，計畫高層架構，分配工作，激勵行政人員及專業人員**。董事們不是只在行政人事推薦書上蓋章而已。

c.**在適當時候評估機構的表現**。包括主要部門，以及高級主管的表現。

d.根據以上評估的結果**採取適當的行動**。

爲了實行這些任務，任何機關的董事會都必須有一個能力強、以及熱忱的領導者，爲了領導者願意投資時間學習需要的技術，確保董事會發揮充分的作用。所以在大型機構裡，這會是個全職的工作，有些董事也可能要花上相當多時間——比光只是偶爾出席會議還要來得更多，此外，有些董事會可能會需要自己的員工，包括全職以及兼職的顧問。

三、行政部門：這是由董事設計，但是由全職人員（由董事指定）執行的職務，行政包括監督以及指導（決策）。（在商界，「行政者」（administrator）——這個字常常被「管理」（manage）取代，但在這一章，我刻意保留「管理」這個詞給董事，「行政」則是指機構內

部的指導。）

通常行政工作包括以下的：

a.**計畫**——包括以達成目標，設定戰略（strategic）及策略（tactical）的計畫，

b.**組織**所有力量（除主管之外－聽取行政者的建議，由董事計畫，

c.**控制**——分析檔案，指導機構的運作。

d.**支持**——用職務人員支援研究與發展，法律、公關、人事、財務、行銷、生產或計畫等等……視機構的性質而定。

行政者應該爲董事所要求達成目標的行爲負責。

四、領導者——向前走引導方向——機構裡的每個人都有可能成爲領導者，只要他們有能力，有領導的價值以及個性，不管是董事長或是最低層的技工。對於董事長以及行政主管來說，擁有領導能力是非常重要的。但是，如果他們的領導能力不足，或是這個機構應該缺少領導人而不穩定，這時候，不管是誰，擁有領導能力的人就應該要接手。董事和行政者都有權力來領導，但如果他們也沒有辦法帶領機構，或者他們也不穩定著，這個系統應該要非常開放，讓更好的人來挑戰（及引導），迎面而來的挑戰有持續威脅性，也會使董事及行政部門更加強壯。

我略微整理以上的重點：董事會在法律上負有責任，**他們管理機構，行政者在董事制定的目標以及政策之下，經營機構**。任何人都可以是領導者，在這個機構裡也沒有最高的執行

長。一開始會很難習慣沒有執行長的想法，但是隨著時間過去，情形將會好轉，特別是在年輕人接班之後。董事帶領行政者，行政者帶領著董事和工作人員，有時候領導人還會從意想不到的地方出現。

董事的角色：為什麼現在不夠適當，它應該是什麼樣子呢？

創始的董事——一個歷史的前例

一八九五年到一九一五年是商業史上一段有趣的時期，持照會計師和財務報表也是從這個時候才有的，「持照」會計師是在十九世紀中期由英國開始，他們之所以來到美國是要來檢查英國人在美國的投資。一八九六年，美國紐約第一個制立持照會計師的法案通過，當時很多公司改組合併，創造了很多新的公司，特別是摩根（J.P. Morgan）他旗下的公司，是第一批發布會計師認證財務報表的公司（作者按，奇異公司於一八九八年，美國鋼鐵公司是在一九〇三年，AT&T在一九一三年）。這個程序對現在的財務申報非常重要，重要到我們都忘了，在當時，它曾面臨到多大的疑慮抗拒，就像現在建議董事們要擁有自己的員工來供給消息與建議。我不知道摩根先生是否下命令要持照會計師來審查他的新公司，但我可以確定一件事，那就是不可能在沒有允許之下完成，持照會計師審查是新品質標準的證據，縮短傑出和平凡之間的距離，它標誌了新品種公司的誕生。

因爲這些創新的提議，摩根先生應該稱得上是第一個董事，他達到了四項現在有效的測試：(1)他在機構裡有很大的力量，(2)他並不是行政部門的一員─至少有些區隔，(3)他發揮影響力讓他的機構邁進卓越，(4)他知道如果沒有優秀的領導者，不管是金錢或是理想都沒有辦法改變任何事。此外他精明的選擇優秀的機構創始人，給予實質的支援。看法與這三間公司依然保有早期的影響，他們跟現在只想迅速獲利，由行政者所組成的綜合企業，形成強烈的對比。後來的公司似乎都缺少了七十五年前董事們的遠見。

行政者通常都設下了高標準，可以達成部分或全部的成果。但這經常都只是短暫的。因爲本身主要的經營責任，他們無法擁有像董事的遠見。今天，董事代表的是公眾信任的標誌（或缺少信任，看他們的表現）在法律之下，他們要負全部的責任。

傳統董事角色的限制

傳統董事角色主要的限制，內部的辦公人員及員工扮演他們自己，像平常一樣的工作，它會在所熟悉的資源內運作與表現。上一章：「組織：單一領袖觀念的瑕疵」曾提到反對這種假設的論述，只要董事繼續留在他們行政傳統內，仍是有名無實的角色，這個現象似乎還會繼續。

第二個限制是關於人類本身的限制，不管他們的能力多強，只有非常少數的人，能夠持續傑出的工作，爲自己的角色確立目標，以及能夠客觀的評估自己的表現，所以，我們也很難期待一個經營團隊能夠在同一時間內把一些事情做得很好。

第三個限制是有名無實的董事都會習慣收下內部職員提供給他們的資料，但沒有採取任何行動讓自己成爲批判性的人。他們限制自己只肯定由行政者以及工作人員所設定的目標，除了會計師查帳之外，董事大部份時間只用行政者來評估表現，除了他們的直覺或是耳語，他們只有少量的資料。當機構有不好的狀況時，有時候董事們都是最後才知道的——但他們應該要是屬於第一知道的。相反的他們可能舒適的活在行政者表現良好的績效中，但事實上並不是，因爲他們沒有可以信賴的資料來源。大部份的董事團體沒有適當的方法檢查機構的表現，此外，如果他們必須要設定目標，也不只是簡單的贊同或反對內部職員交給他們的文件。

最後，當董事擁有的只是有名無實的角色，內部的支持者會有很多關於未來領袖的意見。當要選出新的領袖的時候，他們會選出令人會感到舒服的領導人——他可以很平庸，他們或許的是會伸展他們的能力，必要的時候會激勵他們的人，但是他們卻不太可能會選出這樣的人。即使具有足夠權力和名望的人，也無法選出優秀的繼承人，事實上，合適的繼承人或許從來都沒有被提拔過，只有董事能夠超然，並且願意提拔強壯的領導者，但在傳統的角色中，董事很少嘗試去做，就算他們做了也沒有什麼影響，因爲他們知道的並不多。

這些都是相當嚴重的缺陷：已經根深柢固的存在，而且不太可能消失，除非符合以下的條件：(1)董事必須認知自己有義務去了解不適任董事的情況，(2)董事對於權力以及機構裡營

運的曖昧，擁有比較深的認知，(3)必須要清楚的描述新的董事角色，並可能不要讓同一個人同時擔任多於一個的董事職責。

董事通常都沒有辦法建立信任

現在常見的只有名義上的董事，有兩個主要的作用：他們達到法律的要求（法律需要董事的存在），和他們讓人有正當的感覺，如果法律不需要他們的存在，我們會因爲第二個理由而創造董事，這也是現在的行政者以及工作人員對他們的認知，要不然的話，董事會怎麼會規定要有黑人、婦女以及公眾會員呢？

董事會總是遵從法律要他們做的事，緊急的時候，他們或許會介入並且給予指導，也是內部人員的諮詢對象，有些擁有特殊才能的董事（例如在財金、法律或組織）可以提供免費的諮詢，特別是在非營利機構。但是這些參與將會影響當董事在評估機構時的客觀性，所有的機構都必須要花錢才能得到諮詢，如果他們沒辦法負擔，他們應該尋求非董事的義工的幫忙。

當個人接受一般的董事職責時，他的職責就只有符合了法律的要求以及給人合法正當的感覺，當董事、行政者以及員工都忽視這個情形，他們是不是都處於被限制的義務裡？是誰被欺騙了？這又是誰的的損失？

大部份的人都會說是被這個機構服務的人，或依賴這個機構的人，如果是大機構的話，

被影響的人是非常多的，包括董事、行政者及員工。

我所用的字眼都很嚴肅：忽視，被妥協的誠實。但如果我不用嚴厲的字眼的話，往往得到的反應會是：「這是値得尊敬的、舒適的、榮耀的安排，請不要隨意擾亂現況」。如果人們不會憂慮這些安排，整件事就會在此處打住，人們覺得大機構的董事以及董事只是名義上的，沒有任何的影響力。換句話說，他們被視爲不可信任的，空有董事的職位而沒有應有表現，沒有辦法讓人信任——不能產生社會安定所需要的信任。事實上，當董事職務被公認爲是虛設的時候，他們的存在只會增加更多的不信任，比沒有董事還糟，然後他們會向政府尋求更多的幫助。

機構裡的力量以及曖昧的爭論

力量和權利——信任的主要爭議

董事、行政者、員工以及許多機構外部擁護者都擁有力量，他們其中的任何人都有能力去說服別人——口頭上或用範例或者兩者，知識給予他們力量，能夠說服他人也給予他們力量，創造引人注目的典範也使他們有力。他們也擁有可以制裁他人的能力，他們可以公開的壓迫他人或暗中的操作，他們全部都擁有力量，因爲它們擁有不被認可的處罰方式，例如提供或收回他們的權力與金錢。大型機構的權力結構是非常複雜，它存在著很多看得見和看不

見的勢力，董事主要的責任就是要去了解它的複雜性以及仔細的監督是否有人在濫用它。

董事擁有一項行政者和員工都沒有的力量：他們擁有法律賦予的權力去管理機構裡的每件事情，他們可以將這些權力分給別人，但他們總是可以把它收回，如果他們沒有辦法收回權力，他們就不是董事了。

董事的擔憂之一是他們所持有的力量以及要如何使用這些力量。董事是代表一個全體公司，掌握最高（法定）的力量。但是，他們卻沒有辦法將力量用在行政上，也就是他們不能夠管理，這就是董事的最大問題。董事持有最高的力量，卻沒有辦法用在行政職責上，但他們卻必須爲它負責。

「力量」以及「權利」有很多的意思。在這裡，「力量」代表著說服，它的回應都是自願的，還有「強制的」，經由公開的壓迫或私底下的操作。「權力」是經由處罰，處罰的同時也把權力正當化。「力量」和「權力」最早出現在聖經，代表著他們的許多意義已經被許多深思熟慮的人所使用，現代人對它也很熱衷。

大家都知道董事有權力去控制在機構裡的權力分配，但是，他們也認知只有在權力被濫用時才會使用權威，之前都沒有人對董事名義上的職務而造成機構平庸的表現感到質疑，只有少數人認爲機構裡的力量必須用在對社會有建設的目的上——在機構裡以及它對整個社會所產生的影響。

我在此引用艾克頓的格言：「權力使人腐敗，絕對的權力使人絕對的腐敗。」但是大機

構的董事似乎都不把這句話當作一回事，不然的話他們不會輕易的分享他們的權力，然後只對使用權力的人做非常少的監視，就像我們現在常見到的，董事有義務去監督這些權力是怎麼使用的，這樣他才能檢視權力是否造成人的腐敗。這是非常艱鉅的任務，只有少數的董事會對此有準備。我建議正要實行義務的董事們可以採用下面的想法。

董事的角色掌握機構的絕對權力，通常他們都只有在少數的緊急情況下才會使用它——最好是從來都沒有機會。董事將這些力量分給行政者還有員工，但是他們必須要對權力的使用方式負責，就像對於使用財產以及金錢一樣的嚴格。

甚至，董事們要堅持在機構裡，或被機構影響的人們都會變得更健康，更聰明，更自主，並且更有可能成爲社會的僕人。除了達到效率之外（這點當然做到了），機構存在的原因是是讓在裡面的人成長。所以在機構裡工作的人，會比都沒有交集的人們來得有效率，整體比每個人的部份加起來還要大。

如果沒有一個完全起作用的董事來監督的話，再大的權力也無法控制任何人，絕對不能。

機構裡的曖昧不清

在機構裡的生活並不全是理性的，這使得董事權力的使用變得更加的複雜（比任何其他

的原因更嚴重），如果在機構裡的生活能夠全都是理性的話，那電腦就能取代人的工作了。它帶出了三種挑戰，如果沒有董事有效的介入的話，它有可能讓整個行政部門癱瘓。

首先，**操作方面必須要有自己的條例並可以改變它**。沒有任何人，當然也沒有任何機構可以沒有條例還能夠運轉，因爲太多事情必須要決定，有太多不一樣的狀況，每一個狀況都像從沒有遇過一樣，人常常都得在壓力下工作，他們只能用他們熟悉的方法應付每個狀況，他們只能期望對每個狀況都有足夠的經驗，這樣他們才能在情況下做出最合適的調整。

大部份能夠存活很久的機構，只因爲他們有一套求生的系統，他們有條例指出對的方向，在這機構工作的行政者以及員工都因變得具有競爭力。除非有人會質疑系統的適當性，最終，他們會失去生存能力。在這發生之前，他們搞不好就沒有辦法表現出最好的表現了。

偶爾，內部的行政者能夠即時發現需要改變系統，但這都是只是偶然的。組織的結構並不喜歡這種事，有時候就算是主要的行政者，例如大學的校長，發現他們需要新的系統，但是他們卻沒有辦法動搖機構。當他們必須要爲未來謹慎的下決定時，行政者往往都只專心於眼前的事，重要的信號會試著告訴他們要趕快採取行動來避免明天的災難，但忙碌的行政者可能沒辦法看見他們。

董事有機會比行政者採取更開放的態度，事實上維持機構裡對改革的開放態度是他們的工作，行政者與董事沒有太強烈的不同。他們是互補的，行政者大多時候必須武斷，較少保

持開放的態度，而董事必須要少點獨斷而多點開放的態度。這兩個職務緊密的連接在一起，並且融洽的工作，他們會帶領著機構的現在與未來。

第二個曖昧的地方是無能也有競爭力。我們通常都把資格想成一直線的「好」，一直無限的伸展下去，但這不是真的！無限伸展的「能力」，是我們會沒有辦法（或不願意）檢視當事人的主張。要達到更高的能力，人們（或機構們）必須要低下頭，剪掉可以讓他們看到主張的末梢視線，然後跑！

機構面臨任何危機時，必須轉換目標才能使機構繼續茁壯。這個董事的職務就是要訂定新的目標，因只有他們能夠從外部了解機構內部。他們離機構的運作事務有相當的距離，所以他們可以冷靜的評估有高能力的人。然後董事就可以決定說這些假設是否正確？它們是否需要被修改或丟棄，或是否需要新的計畫。

帶領運作能力假設是構成目標的一大因素 董事們是最適合質疑與提出假設的人，但他們不太適合修改目標或是提出新的目標，除非他們對現在目標的任何執行上面的問題擁有充分的了解。

第三個曖昧的地方是：**在信任以及批判之間，需要健康的張力**。張力是構成成功的機構的要素之一，行政者以及工作人員要互相信任，董事則必須具有批判性。

行政者以其工作人員需要相互信任，因爲他們必須要維持機構裡的士氣，並且，支持者的部分信任是依靠機構所做的事。

董事們必須具有批判性，因爲這樣才能讓行政者以及員工們前往正確的方向。部份支持者的信任，是因爲他們知道有人會監督這個機構，這是很好的安排，因爲監督者是擁有最高能力的人，他們利用「權力」而負起應負的責任。

監督並不只需要批判性的想法，董事也需要有足夠的資料以及建議來讓他們的批評能夠銳利並且有意義。因爲現在職位的構造使得只有少數的董事以及董事能夠批判，而並非只是諮詢而已。董事通常都具有從別的地方帶來的專業能力，他們的建議都帶著未查證而來的假設，只用過去的專業來做決定，而不是基於目前信託的狀況而做的判斷。董事從別處帶來的專業能力對於次要的檢查會很有幫助，但是，董事所需的決定不能只建在這一點之上，因爲這麼作將會把所有的機構都困在普通的假設裡面，這對任何一個機構都不適合。但這個情形將無法避免，因爲董事團幾乎是在別的專業領域所選出來：他們無法完全的批判，也太相信事情的標準做法。

行政者必須採取信任的態度，並擁有批判性；董事大部份時間應該要批判，少點信任感，這兩個角色有點重複，但是不同處比相同處還多了。如果想要董事有較多的批判力的話，必須要讓他們處於互補但不同的角色。我會在下幾段會評述這樣的角色。

三、規模——尺寸的關係

我選擇用大型機構作爲本章的焦點，因爲我過去大部份的經驗都是待在大型機構。我也

曾經在幾個較小的機構工作過 因此學到，「大」和「小」不只是同樣的東西，不同尺寸而已，它們有很多性質的不同，在小機構工作並爲它的表現感到憂慮的人，應該把這個當作不一樣的問題。

關於大型機構的批評通常很多，大都是針對他們的規模，例如說：大機構沒辦法服務人們，還有帶來的正面傷害。這可能是因爲大型不良機構對於社會的傷害大於小型不良機構。大的機構將很多的力量集中在少數人身上，如果這股力量不是有益於社會的話，更糟的還用來傷害社會的話，這便會因機構的大小而遭人責怪。但是，如果力量分散在許多小型機構，他們的服務說不定會是一樣糟，造成的傷害說不定會一樣大，或者是更大。但是我們怪罪於小型，或是一小群機構，恰當嗎？

在複雜難以管理的社會裡，當大機構濫用權力到某一個程度時，政府必須要介入，：「將大機構拆散爲小型機構，並且堅持他們之間必須有競爭關係」。如果大機構的董事和董事還是保留普通的名義或榮譽性質的職務，他們將製造的煩惱，搞不好比可以解決的還要多。因爲這沒有提高品質的效果。雖然權力分散，但是它不能保證分散權力的持有人會比以前做得更好。

這時候最好的方法是利用政府強制的力量，納入可以與他們互補的人才，使機構的權力系統變得完整。這樣，他們建立了自發的機構，這就是提升品質的方法。雖然不信任的方法針對於商業機構，但是規模的問題也同樣出現在非牟利機構裡。但除了基金會以外，政府還

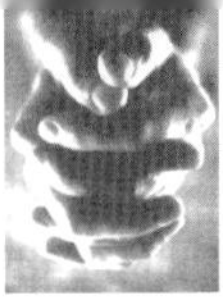

沒限制非牟利機構裡權力的誤用。

基金會容易反映出機構規模所造成的問題。它們更容易受到政府的限制是因爲他們通常是附屬的機構，沒有直接幫助他人（他們大部份都只是捐錢給其他有需要的非牟利機構）。有些議員認爲基金會只是在花政府的錢。大部份基金會的財產，不是放在基金會的財庫裡，而是應該用來繳稅的。同時，基金會並不提供直接的服務，所以沒有任何的客戶或擁護者，它們只有少數的朋友而已。

一九六九年的條務改革法案之前，就有人懷疑基金會被濫用的可能——例如自行交易，及被更小的基金會私吞。這是因爲有幾個較大基金會的贈與，被國會認爲是非常草率的，所以才會被懷疑。從國會的聽證會看來，許多限制基金會的法案，至少在某種程度上是在攻擊大規模機構的力量。新法雖然可以矯正某些濫用的行爲，但它卻是粗糙而且麻煩的條例。因爲它限制了創意性的使用基金會的基金——而外界的基金會最大的批評之一，往往就是他們缺乏創意。

我提這例子的用意是，很早以前就有國會議員警告基金會的濫用，這些警告透過從國會委員會寄出的問卷到基金會董事那去，董事們便有機會研究這個問題，進而設計能通過的法案，並且推動法案的通過。他們有機會可以得到對他們有利的法案，並且對國家有所貢獻。如果他們能儘早解決濫用的問題，基金會提出的法案甚至可能比完全由國會提出的法案來得更好。一九六九年之前，我也曾是基金會的董事，也曾收這些問卷，但我並沒想到我應該用

董事的身分對這些事提出看法。

這個例子說明了著名機構失敗董事的例子。他們沒辦法利用機構的規模來創造財富。在每個領域裡，如果大機構的董事和董事都能盡到職務裡的所有責任，來組織機構裡的人力，充分利用資源。這類自發的機構就能比政府更早一步知道需要加強的地方，提出法案，然後推動政府接受這些法案。這樣，國家會變得更好，機構本身也會變得更強壯，提供更好的服務。

這是大機構的董事的職責，如果要期待小機構的董事會做這些事情的話，是不太合理的。同時，也不能期待任何機構的行政者來做這些事，因爲他們忙著經營機構，也不太可能加入這個行列。任何大的事物都是很容易受傷的，因爲它們很顯眼，而且很好管制。但是大型機構可以聚集並利用許多優秀的人才，這也是許多小機構沒辦法做到的。這些人才中最重要的是有遠見的人，知道什麼時候需要尋求政府的幫忙，成爲有效規則的宣導機制。我認爲，這些都代表著我們需要新的董事角色。

新的董事角色——怎樣才能做得更好？

本章不只是爲了理解董事現在的角色，我的目標是建立全新的機構，可以更加服務社會的機構，比現在存在的或是可能能做到的好上幾倍。

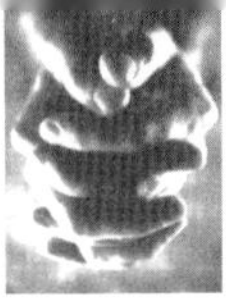

或許有能力且負責任的人會說，我所給的建議都太理想主義了，依人類的天性是不可能做到的。我們應該要提醒他們，我們能有現在的生活是因爲我們願意挑戰不可能的事。所以未來機構的進步，不可避免的，也勢必要用同樣的方法進行。

如果要朝這條路進行，我們會遇到三個困難，第一：若要提昇可以達到社會期待的力量，大都是高壓的，不管是透過政府的勒令，或是競爭者的力量。

第二：我們都太過於相信所謂的一人領導，就算是在很多董事的大型機構，他們很多人都相信，如果能夠幸運的找到一個擁有神奇力量的「領袖」，機構的表現就能夠更好。

第三個困難是來自於大家對大型機構的錯誤認知，很多人都認爲行政者和員工背負所有的負擔，董事只是他們的下手，這種錯誤的認知有一部份是因爲慣例（只有少數堅決的董事願意挑戰這個慣例）。另一部份的原因是董事們知道的不夠多，或花費太多時間在其他的事務上。現在的問題是：如果沒有仔細思考要怎麼讓大機構被管理得更好，內部的專業人員可能不太願意，董事角色或是新進人員進入原本只對董事們負責的資料庫。

這些都是很重大的挑戰，挑戰跟問題是一樣的，而問題是要被人解決的。以上三個問題是相當嚴重的，只有董事才有足夠的權力解決。

董事的角色——發起而不是反應

傳統的董事角色被描寫爲「反應」的角色，在這個角色之下，董事通常都不會發起或是塑造機構的特色，也不認爲檢視機構的行政是他們的責任。大多數的董事都是會找一個有能力的經營者，利用重大決定的時機，必須要有董事所允許的手段來維持本身的力量：檢查資料以尋找任何嚴重的不正當證據；還有確定、否認、更改交由他們處理的法令問題，這樣或許是個**反應**的角色，在以前，這樣的角色是足夠的，但是現在來看，並不足夠的。

要怎麼樣才能把董事當作正面的角色，如果他們是有能力並且熱誠的話，他們如何讓機構在可能的範圍表現得最好？

這個問題的答案就是：董事們需要給予機構裡的人員新的觀念，簡單來說就是：**沒有人是完整的，沒有人可以被所有人全面信任，我們只能在互補的人之間找到完整**。有個很有名的假定——它幾乎成了行政知識的格言「委員會沒有辦法管理！權力只能派遣給個人」，面對這個情形，我們應該怎麼辦呢

我們應該像近代的數學家對待歐基里德的公式一樣來對待這句名言，歐基里德的公式存在兩千年後，阻擋了數學思想的進步，當數學家發現這個情形，他們修改了一些歐基里德的公式，這樣才可讓數學做出不可能在歐基里德的公式之下做的事。我們現在面臨很相像的問題，我們應該要逆轉「權力只能派遣個人」的想法，我們一定要改變它，因爲它正阻撓我們要以有限的資源，從平庸的表現邁向更好表現。

新的假定就是要從董事那裡分發權理給經營主管，而經營主管是一群擁有特殊互補才能的人，並遵從：平等中的第一（在上一章討論過）的管理方式。如果董事們沒有像之前所說

的完全接受，並且經營他們的角色的話，這樣子的安排會行不通。假如董事們想要繼續留有現有的名義，那我會建議他們保留現在的單領袖制，並接受現在的平庸表現。如果董事們想要脫離平庸，讓機構保持著嶄新的高水準表現，就要知道：人們必須互補才能創造最好的效率。如果董事接受這樣的觀念，他們應該立刻爲他們自己設計新的角色，它主要的範圍是以下的：

立定目標。**我們是哪種企業，以及我們想要達到什麼**？以賺錢爲目的公司會有困難回答問題，其他的機構，如教會，大學，慈善機構以及社會機構也都很難回答。如果機構要往更好的方向發展，他們需要做的第一件事是要很清楚的說出他們要的是什麼，要服務的是誰？被他服務的人們以及整個社會要如何從那裡得益？除非機構本身可以很清楚的了解這些，不然不能達到最好的表現。

評估表現。因爲行政部份是跟機構的表現有關，因此董事用來監督的資料應該有部份不是來自行政部門，接下來，我會討論董事需要他們自己的資料來源。

如何選擇與培養高層人員。每個想要達到最佳表現的大機構，都應該要從原有升遷制度裡培養出自己的領導者。如果它擁有非常好的制度，那它可以製造多餘的領導者輸出到別的機構，它們也應該要從別的地方引進領導者以及其他受過訓練的人員，並不是因爲它自己的領導人才不夠，而是用來激勵自己：想要達到最高表現的機構應該要關心如何培養人才，分發人才，以及從別的地方挖角。但是，有些很有能力的行政者因爲忙於每天的工作，而忽略

這項重要的事，長久下來，無論短期的表現如何亮麗，卻因爲忽略這點而變成致命的缺陷。所以觀察與選擇高層人員，就成爲董事的責任。

高層行政辦公室的組織。就像上一章所講的，高層行政人員沒有辦法組織自己以及分發職責，他們可以幫其他部門做，卻沒有辦法幫自己做，他們不能幫自己找出錯誤。當然，如果叫他們做，他們也是會做的，但是卻沒有辦法讓機構表現得很好。因爲董事不是行政人員，所以他們沒有這個問題，他們可以客觀的遠見處理這個問題。

信任的新概念。在機構裡的每個人都有建設信任感的責任。行政者對機構的表現負有最大的責任，因爲機構的表現關係著信任（這一章的一開始就說過，現在大部份的機構都缺少足夠的信任）。如果信任的程度一直維持在很低的情況，這一定是內部的行政者，沒有辦法提供適當的信任。這時候就是董事的義務。他們應該負起責任，開始成爲信任的建造人；他們不是代替行政者做這些事情，而是在建立信用角色裡來幫助行政者。如果董事決定接受這個新角色的話，那麼董事的職務將會嚴重的被改造。如果改造成功，它會帶領機構與工作人員前進，董事的職務也會變得越來越有意義。

董事長

如果董事想要在新定義之下有所表現的話，需要有個很不平常的人來作爲董事長。新董事長會與現在的董事長非常不同。就如新的董事角色和舊的「反應」者角色不同。

首先，董事長必須不是行政人員，最好過去的經歷也都不要跟行政有任何關係。在大機構裡，董事長應該是個全職的職位，不管是全職或是兼職的職位，董事必須要被給予足夠的薪水——足夠補償他們來做即將到來的職務。

董事長，作爲董事的領導人，必須是由董事選出，他必須懷有對機構的熱忱，並讓董事的職務變得有趣、有創意、非常有責任感。對有能力的人來說，這個職位比起之前的「反應」者角色，將會是非常有意義的。他並不是領袖，在這個職務上，他與其他人平等，其他人也負有責任。

如果沒有擁有良好領導能力的董事長，我們就不能創造更好的機構。我相信社會有足夠的能力，訓練有經驗的人成爲董事長以及行政人員。現在有些人是合適的，且具有潛力的。我提議的董事長與行政人員的職位，會使得領導責任分配得更完善，他也會使兩者的關係變得加健康。

但我們不能假設每個人都有潛力，能夠用自己一路學習的知識，成爲有效率的董事長。所以，有必要成立董事長學校，專門培養董事長。每個新的董事長都應參加，接受基本的訓練，並定時回來複習並學習新事物。

新的董事角色不是超級行政人員

一開始，我就定義了董事（管理）與經營高層（行政）的角色，他們是不同的，但光是

定義他們的差異，不足以平息疑惑。其中一個關於新的董事角色的疑惑是：董事要怎麼進行他的工作，卻又不會侵犯行政者？

最好的答案就是：董事長應該要接受專業的董事長訓練，就像行政者也要接受行政訓練一樣，董事長不應該是沒有經過測試及訓練的舊任行政人員，如果機構想要提昇它的表現，成爲董事以及行政者的條件都將變得更爲嚴格。

他們必須接受基本的原則。例如：沒有人、絕對沒有人，在沒有董事的監視下，能夠全然的賦予經營力量。舊式行政者沒有辦法接受這個原則，當然會覺得權力被侵犯。因爲機構沒有辦法失去他們，所以需要過渡期，讓不能接受的行政者，繼續用舊的方式來經營。艾森豪將軍也面臨了這個問題，當巴頓將軍在野戰醫院責備並且摑了厭戰的士兵一巴掌，艾森豪將軍的報告便指出，任何會有巴頓將軍的反應的人都不該指揮軍隊。但在當時，他找不到能力和巴頓將軍相當的人，所以他還是留下巴頓將軍。

這個例子告訴我們，不論現在的機構，或是我所提倡的機構，有些有能力的人，都不應該成爲大機構的董事或是行政者。我所提倡的新結構有個很大的好處：我們可以很快的，並很清楚的看出哪些人並不適合領導——不管是做爲董事或是行政者。

資訊：更改董事職責的鑰匙

隨著現代機構的演變（它們是近期才開始演變的），董事之所以無法盡到職責的最大原因，是因爲資料不完整，因爲不是（也不應該是）像行政者以及工作人員一樣的內部人員，他們可能只投入了一點點的時間，所以知道的並不像內部人員一樣多，沒辦法像行政者一樣有正式溝通的管道，不能參與機構的經營抉擇，也不在機構內部的非正式溝通網路裡。這一切都是當然的，因爲客觀以及不參與機構的活動都是董事應該做的。

董事所需要的部份資訊，對內部行政人員來講也是很重要，例如，他們都需要基本摘要的財務資訊，以及外部的會計師對於財務資訊的任何發現。但因爲他們的職務不同，所需的資訊大部份都是不同的，行政人員通常對職務裡發生的事都很清楚，而董事通常都不。

董事需要知道什麼？他們需要知道執行事務前的四大功能：(1)訂下目標以及義務；(2)指定高層行政職員，計畫高層行政架構；(3)評估機構的表現；(4)對於評估的結果做出適當的行動。此外，通常還有其他在條文裡的董事職責。我們要怎麼決定董事必須知道多少資訊？誰會去取得這些資訊？而這些資訊會怎麼被呈現以及使用？

董事所需要的內容是多少呢？它該如何被呈現？

行政者以及工作人員的建議只是所需資訊的一部份而已，除了來自行政人員與員工之外，董事還需要其他更多的資訊來發表他們的獨立意見。董事可以在全員出席的會議裡或是

委員會裡檢定這些資訊，董事會依每個領域所需的資訊判斷，但，重要的是所有交給董事的資訊（不管是直接從機構內部或是外部得知的，或是從研究報告得知的），都是爲了董事的特別需要而設的，而不是爲行政人員以及員工所準備的資訊裡選擇出來的。

誰會爲董事取得資訊？董事長，或是他的屬下，會設計以及收集資料，盡力讓董事得到所需要的訊息。部份的資訊從機構裡面而來，包括內部的員工，以及直接向董事報告的獨立研究公司或顧問那邊而來。董事長或是董事們會決定如何使用這些資訊。

這些資料會如何呈現及使用？從書面的報告，到口頭報告都有可能，因爲董事會是很愼重的機構，資訊呈現的方式必須能讓他們做出決定，節省時間，並促進他們能從討論中做出判斷。總之，董事需要的資訊必須是新鮮的分析，並設計成可以幫助董事明確判斷的報告。

詳細的且有創意的資訊可以達成三個附屬的效果：(1)它會提供長期的觀察，避免董事參與行政的工作；(2)它會提供對董事職務的認知，讓董事的訓練變得有可能；(3)當合適的人成了董事之後，這些資訊會讓他們的工作變得更有意義，並且它會讓他們爲了這個工作付出更多的時間，幫助招募集新的董事人員。

要像這裡所說的提供資訊給董事是非常困難並且昂貴的，它提供了不同於反應者角色，而是「**發起**」的角色。如果要在最少的損失下，產生最大的效應，所有的人，特別是內部高級職員以及員工，都必須**願意**由董事來發起，這樣董事的判斷才會與機構所下的決定相同。我接下就要討論這個問題。

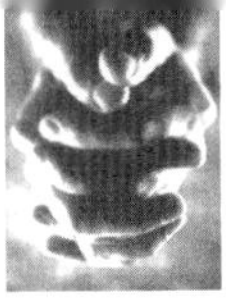

董事的判斷

雖然董事們可能在所屬的機構沒有任何職務或行政專長，但他們下的判斷不是外行的判斷。董事的判斷是非常特殊的，與其他在機構裡下的決定是平等的。

這對內部的行政人員以及專業人員是很很難接受的觀念。在醫院裡工作的醫護人員或許會問：董事的判斷怎麼會和在醫院裡的醫護人員的判斷一樣的？答案是，醫院以及醫護人員都處在很嚴重的問題當中，因爲醫生還沒有承認董事們的判斷與他們的相等的（例如醫療疏失保險的危機就是一個例子）。之前，醫生都只是獨自的開業醫師，在自己的診所或是病人的家中看病，當醫療業慢慢轉移成與機構有密切關係時（如醫院、診所、研究中心、保險公司），他們應要承認董事的判斷應該跟他們的判斷是平等的，但他們卻沒有這麼做——這也製造了麻煩。

大學與專校也有教職人員不願意接受董事的決定。美國有名的教育家馬克・霍普金斯（Mark Hopkins）認爲教育機構到最後可能都不需要董事，但一個機構化的教育系統卻需要他們，他們的判斷也需要被尊敬。

困惑的專業人員搞不好會問：以現在的董事素質，我們要怎麼接受董事的判斷是與我們相等的？這樣是很愚蠢的！你應該堅持要有效率的董事，爲了你自身的工作，同時也爲了你保護自己。特別是大機構，如果不願意提供高判斷品質的董事，都不是安全的機構，沒有行

政人員或專業團體可以自己完全支撐一個機構。

什麼是董事的判斷？它是以下特殊的董事職責的混合：(1)董事必須有與內部人員不同的超然獨立的觀點；(2)他們擁有自己的資訊來源，可以執行特殊任務；(3)沒有任何壓力或是日常經營的枷鎖，能夠保有對未來的遠見；(4)董事沒有昇遷的壓力，所以比較不會做出利己的行爲；(5)有效率的董事就像是信任的標誌一樣，可以提供內部人員所無法提供的合法的庇護；(6)董事之間沒有競爭關係，所以可以如同一個團隊來解決內部人員無法解決的問題；(7)董事們較有對過去、現在、以及未來的意識，這樣有助於掌握機構的遠景以及保持安定，他們也更能看見機構的生存之道，以及長久服務的方針；(8)董事可以引領機構的目標，當內部人員因爲日常事務逐漸失去目標時，董事可以提醒他們。

如果有精心挑選的董事團隊，而且由具有領導能力的董事長帶領，願意奉獻足夠的時間的話，他們的功勞值得到尊重的，機構的其他部門也會拿出他們最好的表現。

我相信下面的例子是這個時期董事的最大失敗。

沒人要樹「人」

當未來的歷史學家試著研究我們現在的人工製品時，可能會問：我們怎麼會支持許多能夠建設社會的機構（諸如教會、學校、基金會）卻讓他們故意不提供能夠保證我們文明的美好將來的服務？例如：培養有能力的年輕人做爲能夠負責任的人，如僕人的角色？我拜訪很

多教會、學校以及基金會，所以我很清楚，就算有機會，他們也沒有意願做這些事。培養新的人才，不會花很多錢，也不很困難，但我們卻沒看到有人明確地去做，人們總認爲它就像很多不用說出來的事一樣，自然就會發生。我們總是告訴自己，這事已經做好了，但事實上：沒人去做！

我們或許可以減輕未來歷史學家的工作，把之所以如此可能的答案寫在可以找到的地方。我認爲，造成失敗的原因就是之前所說的：董事的判斷必須受尊重，但這個情形還沒有出現。如果所有的工作都交給行政人員以及專業人士（就像現在一樣），可能沒有辦法踏出關於機構生存的非常重要的一步。我們總是幻想這一切都已經處理好；而只有強壯、有效率的董事能抓出這個錯誤，並開始行動。

董事的判斷是防禦的最後一道關卡，在機關裡，他們抵擋行政人員與專業人士的異常判斷，以及無法立定適當的目標的問題。在現行的教會、學校以及基金會裡的行政人員和員工常都無法培養未來可以背負責任的人，例如服務的人才，董事們也似乎都沒有發現這個問題。董事若擁有優良判斷力並想要建立更好的機構，將會知道，任何可以經過時間考驗的行動都必須有三個要素：(1)一個很好的想法；(2)好的人才來執行；(3)可以讓他們使用的資源。

好的董事判斷是被所有人尊重，它是針對這三個要素所做出的判斷，如果這三個要素有任何一個出了錯誤，整個行動都會失敗。董事並不擁有全部的答案，但他們能夠使用擁有的

資料來做出重要判斷，建立可以指導他人判斷的政策。

董事教育

我們的文化並還未清楚的說董事需要做些什麼，所以董事必須要從每個董事團體來讓大眾知道他們職務的社會角色，再者，有良知的董事會接受：(1)光只有了解他們的角色是不夠的；(2)他們不一定會用過去的經驗來執行工作；(3)董事會的角色必須讓機構裡所有的委員會知道他們的職務。另外，有些用來確保高水準表現的方法，對董事而言也很重要。董事是由好的動機出發，但是光有好的動機並不夠，必須加入能力及維持能力的方法。

如果董事定位自己在能夠提昇機構到達最佳狀態的位置，他們會遇到的困難包括：如何以團隊來執行這個工作。以個人的方式來執行董事的工作，與團隊來執行是不相同。

董事會必須要找一個「教練」來幫助他們學習適當的過程，他們才能成爲有效率的學習團體，他們的判斷就會像卓越的智慧一樣被尊重。但因爲從來沒有團體能夠完全的達到目標，所以教導的過程會持續下去。

雇用教練會幫助董事往最佳表現的方向前進。這讓我們知道他們接受了清楚的學習方式，而董事的表現永遠不會是完美的。但是由於他們知道自己是被信任的，會讓他們一直朝向完美的目標努力。

要從哪裡找到這樣的教練？他們要如何進行工作呢？

如果董事認爲需要教練，每個董事會都有機會去引進自己的教練。做爲董事的樂趣之一就是與教練之間的互動。我建議當董事尋找教練的時候，不應該從有團體經驗的人找起，我並不是要攻擊有這方面專長的人，只是如果只是從有「團體經驗」的人找起的話，很可能會被灌輸不合適的觀念。我建議應該從董事們所認識的人才找起，董事們可以把他們當作同事。最好的是做教練而不是做董事，可能到最後，這個人的貢獻比起任何一個董事都大。

董事從董事長那兒接受軍事上以及戰略上的領導，也會從教練那裡得到概念上的領導；他們期待教練監督董事會考慮的過程，但是他們不想在達到一致的決定前，教練強加任何的價值觀在董事會。

像我之前所說的，教練最好是從未成爲團體經驗的專家之中選出，可是當角色已經被理解之後，教練或許可以從擁有團體經驗的專家那裡，學習助於新角色的經驗。

教練的最大的目標就是幫助董事達成一致的見解。有效率的董事團體不只是聽取所有的意見，然後開始投票，他們是要做成會被接受成卓越智慧的團體決定。如果沒有機構全部的支持者認爲這是明智的決定，那董事就不太可能有太大的領導能力。部份能讓人接受董事的判定，是因有個被教練監督的團體互動過程。

如果沒有持續的教導，不管是任何的傑出表現，在任何地方都不會持久。因爲董事有義務監視機構的表現，他是最後一個能夠依靠的法庭。接下來說的是他們要如何學習。

充滿信任的社會——一個可能性

我不認爲在可見的將來裡會出現黃金時代，在那兒，每個人都有十分崇高的理念及動機。我也不確定如果眞的有這樣的社會的話，我會不會想生活在其中，但是，我卻看見及希望，龐大數量的董事出現的可能性。他們遵循該職位所包含的信任，這是現在社會非常欠缺的。

董事可以被信任的部份原因在於，他們對權力的腐敗非常敏感，並且他們對常見的權力濫用是很有效的壁壘。他們是普通人，認爲力量應該被用來服務而不是用來傷害。

所以，董事跟他們監督的特定機構裡的管理角色不。當大部份的信任都已消失，需要信任的時候，他們會是首先被想到的求助對象，因爲他們是最可能被信任的——相信他們可以服務而不是傷害。

當人們委託董事處理重要的事時，不管是特別的事或是長期的，通常都尋求有地位的人幫忙：行政人員，現役的或是退休的律師、公務員。但他們不被認爲是可靠的，他們聰明，富有經驗，卻不被大眾信任，因爲他們的工作並不給人那種感覺。除非設定自己是僕人的董事監督著他們，但是，他們是我們僅有的，因爲董事做爲僕人還未演變成清楚的角色。

站在現今的國家立場（或著具有世界觀的社會），我們正緊急需要對未來有新的看法。

核子危機迫在眉睫，犯罪猖獗，太多年輕人具有疏離感，經濟不景氣，它也好像沒有自我修復的能力，我們的環境也是處在危險之中。這份不祥的名單很長，但是或許最嚴重的威脅是，我們缺少達成共識的機制，讓我們達成協議的方法。同時，史無前例的社會構造改變得非常迅速，在這種情形下，絕對沒有辦法讓政治體在代表的基礎下達到必要的共識，只有當某些人有足夠的知識，可以找到方向，大部份的人追隨他們就對了。因爲我們信任他們，除了這個辦法之外，我想不出別的辦法可以達到我們的共同利益。

如果想要達到一個像我描述的信任的社會，而不是被操縱的社會，就像現在，在自發機構裡的董事應該大量任命，不只因爲要建立更好服務的機構，但還要讓社會上的信任發酵，這是只存於公眾決議過程裡的獨特資源。

這是不小的命令，但如果不做會有什麼壞處呢？如果做了，又會有什麼好處呢？

好處是董事可以加入珍貴的關懷的元素：講求關懷的團隊，跟操縱性質的團隊是不同的。

有力量，有想法，有人——還有關心

我在之前說過摩根先生（那位長者，他於一九三九年逝世），以現在的觀念來看，他可能是第一個董事，他擁有非常大的力量；在今天的非政府部門裡沒有人像他有那麼大的力量。他有一個想法，一個關於機構應該要是怎麼樣的概念，這是超越他的時代的想法。直到

現在，時間沒有趕上他的觀念。他知道如果要建立心目中的機構，他需要有能力的人，他知道那些人是誰，而且他在意。偉大的機構對他來講是非常重要的。

如果他身於這個時代，並保持他的作風，他將無法被接受。因爲他的生活方式、他的無情、他對政府的輕蔑，以及他沒辦法預見像他一人集權的結果。但是，在他的時代，他是個偉大的董事。

我並不是沒有經過了解便這麼說，我投入三十八年的時間在他花費很多心血的公司。摩根先生去世十三年後，我進入那間公司，當時我才剛大學畢業，那一年同時也是摩根先生安插在機構的偉大創辦人去世第六年，我有幸能夠認識當時的幾位創辦人，了解該機構經過了多大的轉變。

我當時是來自小鎮的年輕小伙子，我來的時候什麼都沒帶，只帶了我社會學教授給我的建議。他說美國的每個機構都有人事問題，我們應該要進入這些機構並想辦法解決它。從外部，只能批評他所做的事，但如果我在公司裡面的話，我就可以做些事了。經過五十年我才慢慢了解老教授當初的建議。過去四十幾年，我一直認爲這間不平凡的機構最大功臣是當初被摩根先生請進來的創辦人。直到最近我才發覺，雖然這位創辦人有偉大的功勞，但他只是次要的原因，主要的源頭是通過之前所說四項測試的摩根先生。如果當初的創辦人不存在的話，摩根先生可以找另一個人代替，他也一定會的。當摩根先生一開始接手這間公司時，他分配了很多工作給不同的人去解決當初困擾公司的大問題。當他們的工作成效被評估時，不

管是明說，還是暗示，每個人都清楚，「如果你做不來，我就找可以做的人來！」現在這句話在商界已像是座右銘一樣了。

我似乎可以聽到現在的董事抱怨：「如果我有摩根先生的權力，我當然也可以建造偉大的公司。」這時候我就會回答：「喔，是嗎？很多人都有跟摩根先生相當的權力，但都沒有像他這麼做。你現在都不願用現有的權力做事了，你怎麼會認爲當你擁有較多的權力時你會做更多的事？」摩根先生擁有的權力是很重要的，但是讓它的成就如此不平凡的是他關心——關心他機構的品質。

第二個藉口可能是：「可是我眞的沒有很好的想法，而且就算我有，我也不知道要到哪裡找那些偉大的創辦人？」這時候我就會說：「如果你眞的關心，你就會去尋找好的想法以及好的人才了。」擁有權力是必要的，要做只有董事能做的事，你當然要先是個董事才行。可是最重要的是關心，大部份我知道的董事都不夠關心，如果他們眞的夠關心，點子與人才到處都是。我知道，我曾服務過什麼都不在乎的董事，我進入摩根先生的公司是董事開始變得不在乎的時候，但他影響的動力加上他安排的創辦人都還是很強壯，我和其他一些像我一樣的人都可以做些什麼。但這些什麼跟如果董事們眞的關心之下可做的，實在相差太多。

同時，因爲我曾有幾次當過董事的經驗，我並不關心公司——關心的並不夠多。現在我清楚的感受到那些經驗——當我自己是無效率的董事

怎麼樣才算是關心機構——不管是企業、教會、學校或是慈善機構，在二十世紀末怎麼樣才算是關心？

權力是拿來服務而不是傷害的，僕人的意思是每個被機構接觸的部份，或是機構的運作，因爲服務，能變得更健康，更有智慧，更自由，更自主，讓影響所及者更有可能成爲僕人。如果無法在它的資源、人力範圍之內，來達成合理表現的機構，董事也不關心，我認爲，這時候就是要求的時候了。

如果一個董事發覺這種情形，但卻沒辦法說服其他的董事來接受他們的義務，他們也沒有辦法看見在短期間內改善的可能性時，他們該怎麼辦？

我的建議是辭職，他們可以發表公開聲明，例如亞瑟・高柏（Arthur Goldberg）幾年前辭去美國環球航空公司的董事職位。這個動作有效，它會提高社會大眾對董事職務的意識。另外一個方法是，董事可以向其他董事分享想法，但不發表公開聲明，或直接安靜的離開，就像我之前所做的一樣，我只知道我不應該繼續待著。

這是可辯論的建議，如果當所有有良知的董事都離開，並把我們的機構留在隨便或漠不關心的人的手上時，怎麼辦？這個問題有兩個答案：(1)大部份的董事會都是有名無實的，所以不會造成太大的不同；(2)這個情況會因誠實而變得更好，如果許多有良知的董事大批出走，或許會帶來有意義的改變。我相信我現在已開始在看到這種改變，我也鼓勵這種改變，

這使我對未來又有了希望。

董事的內在動機

適當的董事長、董事與工作人員在哪裡？接受本章概念的人，第一個問題就是這個。如果他們看到有道理的方向，是否有人準備好要冒險成為新的董事呢？

他們眞正的人數比他們應該要有的還要少，因爲許多社會養成機構包括教會、學校、基金會沒有以此目標培養董事。就算他們沒有足夠的訓練，我們只期望有足夠的人會願意冒險。這樣我們才能開始新生的運動。如果教會、學校以及基金會的董事開始用他們的影響力來栽培下一代的人才，很可能在下一代之內，「要到哪裡去找人做這些工作」的問題就不需要再問了。

如果我們把責任推給社會養成機構，因爲它們沒有培養董事的人才，那我們只希望能有足夠的人，有來自內在的動力，對他們現在的不適任感到不安。董事是少數試著要產生足夠的燈光，鼓舞具有冒險精神的人——在這個階段，我們只能倚靠有冒險精神的人，因爲大多數的人都等燈都亮了才要行動。可是有冒險精神的人可能現在就會行動。有些人只要聽到少數令人憂心的狀況就會開始行動，他們會把部份精力放到董事上，創造新環境來，鼓勵董事盡更多的責任，爲下一波機會做準備。

再來，願意在有能力的董事之下，經營機構的行政人員以及工作人員要從哪來？如果我們聽他們的反應，我們會認爲他們就像尋找願意服務的董事一樣的難找，「如果我的董事要這麼做的話，他不如找新的行政人員算了。」這是常聽到的反應，當董事聽到這話之後，就算是有冒險精神的董事恐怕也會打消念頭。

不管這些讓人沮喪的話，我認爲有些董事還是會願意冒險，我的希望落在年輕的一代，因爲他們已察覺傳統行政智慧的限制，有些年輕人對於腐敗權力的敏感度甚於年老的人。雖然他們知道必須要使用權力，但他們喜歡親密的同事關係，以「平等中的第一」這樣的原則帶頂的團隊，他們比較願意分享工作負擔，也較歡迎董事的監控以及權力的使用。

我們現在生活在價值觀的革命當中，（從前一個的世代的人眼中來看）有些是好的，也有些是不好的。我的想法是其中一個好的結果，會有更多的有能力的人，特別是年輕人在團隊裡工作，越來越多人覺得這樣比較安祥以及較有成就感。我們或許會看到個人主義的結尾（雖然還是會有些很想要權力的人存在）。擁有冒險精神要成爲董事的可能性之一，是當一些年老的行政人員，他們的時刻到了的時候能夠放下他們的矛，才不會被貼上「落伍」的標籤，還有其他想要避免這種情形的人，最好在他們還可以直立的站著的時候，來向他們的年輕同事學習。因爲年輕人正持著未來的鑰匙。我認識一些跟我差不多年紀的人，還能夠謙虛（並有好的觀念）的與未來站在同一邊的年輕人學習，這著實令人尊敬。董事僕人面臨的我們時代最刺激的挑戰：他們將帶領垂死的機構以及機構之內一些死氣沈沈的人，朝向卓越的

未來。

人類最大的罪惡就是他忘了自己是個王子，擁有皇室的力量。整個世界都需要被稱讚，每個人都可以抬起低的事物，可以把分開的事物聯合在一起，把遺留下的東西推向前進，彷佛全世界都充滿了希望，神聖的目標可以被達成圓滿可以實現，人類是被召集來慢慢地但堅定的引起高潮。

亞伯拉罕・約書亞・禾許（Abraham Joshua Heschel）

第四章 企業要做僕人

未來幾年商業界重要的課題就是，如何將僕人領導變成重要的社會力量。商業界要學習的東西比其他領域來得多，可能是因爲我自己的職業選擇，才讓我這麼覺得。在我的觀念裡，商業不應該只是像其他機構所做的一樣，在許多的限制下，只做好自己份內的職責，商業界應該要時常檢視自己的適應力。商業界應該可以接受許多創新想法及作法，爲了達到更高的目標而接受更大的挑戰。

本章有三個主要的論點，其中之一是給一般社會大眾，其他兩個則是特別針對商業界，在此提供一個眞正的當代案例，好讓商業界的伙伴們去思考。這三個完全不同價值的觀念是緊緊相扣的，它們在一九五八年和一九七四年被提出，並被稱爲新的商業倫理——努力追求完善。商業界不再只是被要求提供更好品質的產品和服務，而是被要求能成爲可以提供較多價值的社會機構。

無庸置疑的，政府對那些占優勢、熱門商業企業的重視大於其他型態的機構。注意政府的態度，對於那些不從商的讀者來說是很重要的。在法律的限制下以追求利益爲主的商業，被強迫需要以不斷的競爭來爭取客戶，這是粗糙、累贅且引起爭議的方法。也就是說，以國家政策來說，如果利益是目的，機構就沒有服務性，除非是被強迫的。實施強制政策的結果，就是會被法律牽著鼻子走，這就是所謂的弱肉強食。我相信，商業學校必定較注重如何讓企業在社會叢林中生存和成功，對於「如何透過完善的商業特性，協助建立較好的社會」的課題就較少提及。在這裡指出前者所提到的教學使命，是有待商確的。

於此不是要在這裡爭辯教學方法的優缺點，也不是要對於沒有良好僕人的公司給予建議。在我的看法裡，沒有良好服務的企業的問題嚴重性，低於學校、教會、醫院、慈善機構和政府。

因此，爲了特別在商業界刺激大量的自願者當個追求完善的僕人者，我思考著哪種企業營運方法下具備的特殊條件，才能和其他的機構有所差異，而能成爲一個卓越的企業。有個基本的原則：**當每件事每個舉動都規範於法律之下，刺激個人良知的影響力就會減少，除非法律能大致上與普遍大衆能接受的道德標準一致**。我們應該從禁止酒精的法規中學習到教訓。爲了抵制公認的惡魔——酒精，美國憲法在第一次世界大戰後做了修改，一九九三年此修正案卻遭否決，不是因爲大家對酒精的看法改觀，而是因爲許多人漠視此法規，如果國家硬要實施的話，國家也就會被破壞。我們現在就在大麻的案例上犯同樣的錯誤（雖然最近開始撤回法令），邏輯上說大麻是惡魔，好像沒有比酒精是惡魔來得有說服力。

從以上的案例看來，通過法令之前，我們應該先想想，努力遵守道德的自願者人數不斷地減少，產生的結果可能還是和之前的例子一樣，除非，就像我所說的，倫理道德的規範至少在基本上要是大眾所能接受的。在禁止酒精法令頒佈之前（在美國），要以自發性的道德觀念，抑制酒精誘惑是需要很多很多努力的。我們似乎因爲法令而失去了許多道德觀念，因爲我們不能兩者兼備。

這些說明不是要批評無政府、無法治的狀態，我的重點是，在美國大多數的人都天眞地認爲法律是一切，尤其是現今有關商業的法令非常複雜，結果就是，在這樣的情形下，如果你是被說服接受的，好過你是被強迫的。

我建議讀者，可以檢視以下的假設（以利益爲主或是在法律強迫下所提供的服務）：我們眞的迫切地想要以最低的價值換取利益爲主的生意嗎？假設我們努力地使我們的事業提供更多的僕人，也許自己會覺得，自己在和以利益爲主的熱門觀念過意不去。說實在的，在我個人的觀念裡，我會願意付出較高的努力，來提供較多的服務，給那些和我事業有互動的人。

綜合以上所說的，我認爲有些問題不是出在商業界沒有提供較好的服務，而是我所看到的，問題的核心不是因爲它是商業機構，而問題是出在此機構對於社會上其他人、事、物所擁有的態度、觀念和期許。教會、學校、政府和社會機構的人都不喜歡商業機構，所以相對地，商業機構裡的人也不喜歡上述機構的人。如果我們不去想商業界裡的競爭是如何的相互廝殺、醜陋並且偶聞貪污，當商業界可以提供我們很好的服務時，我們就會喜歡商業界；事實上商業界在生活作息中占了很重要的位置，而且經常沒有提供良好的服務。

有人會問，大家會喜歡這些被稱爲股份有限公司的機構嗎？不！只有當人們可以從中得到大量的服務時，他們才會喜歡此類稱呼的機構！

倫理與操控

一九七〇年二月二十六日，在瑞士蘇黎世葛林伯・杜威研究所（the Gottlieh Dutweiler Institute）發表論文。

此篇論文提到「倫理與操控」的問題，就是英文中的操控（manipulation）和管理（management）都有「manus」這個字根，和「手」都有關，這兩個詞都有塑造別人命運的含意。人們已經運用了很久「操控」這個字眼，大部份都是代表較不好的意義，它的含義是，在無意識之下完全被操作至運作的方向，直到近期，管理（management）這個詞被合理的接受。就像我所得到的訊息一樣，我們現在處於和權力、權威和決策息息相關的激烈轉換時期，任何領域及形式的領導能力和管理能力都籠罩在此之下。所有的機構都被改變的浪潮影響。機構中的領導才能和前幾年所說的完全不一樣，我希望這樣的觀念與趨勢能持續下去。

在騷動的時代，許多人希望出現自由的社會，沒有操控的「無領袖」社會——社會能由經不斷參與的共識所控制，每個活動的動機都要攤在陽光下。我想，主張這些理想情況和自由社會的人，是受到烏托邦世界夢想的影響。但事實上，我不指望有這樣的社會出現。我以我所知道的經驗來看待美國商業界的機構，我認爲，對於這樣的情況，應該要由有權威、有能力的人來領導和操控，來製造大家期望的產品和服務，因爲我們需要更多的服務，像是健康保險。但是產品和服務的品質，則是需要由機構來維持。如果他們可以克服平庸，這些機構就可以得到有能力的人來當領導，這些領導者將會巧妙地來管理。

依我之見，所有有關「操控」的問題，不會被當成惡魔，將被完全地消除，那何不合理化部份「操控」的機制？該有什麼標準？又該如何做？此時倫理又代表什麼？在我作出結論前，我還在思考到底什麼是新商業倫理。

我無法想像沒有領導者的世界，沒有了那些可以較清楚看見邁向冒險路的人來帶領的世界。我們有什麼理由，要接受社會的約束，以及反對有能力的人爲能力不好的人服務呢？可以這麼說，有些人的服務就是當領導者，而且任何領導者扮演「操控」其他人時，是以正確的方式幫助其他人塑造他們的命運，而不會隨意地揭露其他人的動機，也不會只帶領他們到領導者想去的方向。領導者都很忠於自覺的意圖，他們最必要的藝術價值，在於讓自己儘可能地變得更可靠、更可信，他們的直覺和洞察力是無法解釋的。這個概念來自法國偉大的法學家薩萊耶（Saleilles）。他指出，法官事實上是依靠直覺下決定，再想出完善的法律理由作審判。科學家也是這樣發展研究，所以領導者也應如此（不管商業界人士還是行政官員、政

治家、神職人員或是教師都包括其中）。我比較能想像任何事都需要完全合理解釋的世界，但無法想像乏味、無創意的世界。

所以，我持續的研究，就是爲了找到一條路可以帶領人們走出混亂的局面，讓其他人可以接受自己，並讓世界變得更好。當我以自己特殊的眼光來看世界時，我發現我無法透視全世界，我只看到當下由偏見和態度所過濾的世界。每當如此，這個討論的過程中，許多事情都是由我的角度去看，但是每件事都是有理可循的。

因此，從我的角度看來，美國的商業界完全不在專業水準上，沒有情感的支持，沒有高水準的道德來掩飾短處，而且因爲它是處於約束最少（很少專業倫理）的領域，它處於包容貪污和不良道德的低標準領域。它和要求完善的高標準領域有很大的差別，這兩個極端之間的距離非常遠。

任何領域的表現，會依人們各自所負責的領域，而有所不同。對於教育、政府、宗教、慈善機構和健康服務，商人和其他領域的人一樣，都會盡力做好自己的本分，但沒有一個人是做得非常好的。

從我非常嚴苛的眼光中看來，平均來說，以合理、適合及有效的方法來檢視時，實際操作世界中所有的領域都表現得不出色，沒有一個領域是做得非常好的。「操縱」的討論在西方社會令人相當感興趣。要如何才能做得更好？我們有辦法可以做得更好，遠比現在的一般的水準做得還好，因爲現在許多的領導實在是很貧乏。

在我看來，現代社會中要做得更好的問題出在：人們要表現得更好，如何從機構中得到較好的服務（尤其是大機構）？

至少，在我的國家裡，大型機構對於塑造商業的運作有很大的影響，在國內關於商業是什麼（像是次文化）也有很廣的選擇範圍，其中可以找到許多關於我們所探討的主題「人爲操控」，關於大公司如何有所作爲，在未來他們該有什麼樣的改變。

在此我要舉三個美國大企業的實例，他們有今天的成就是因爲在營運歷史的關鍵性時期，都有個經營英才來帶領（不是創始人），機構都因此個人的價值而享盛名。這些優秀的人才在各自的領導時期，個個都有很適任的領導和管理，也帶來獨特的概念性的權力——以自己的特色來劃分和建立機構的特色。

美國最大的製造公司（編按，作者著作本書時）通用汽車，領導天才阿弗瑞德．史隆（Alfred Sloan）的特色是以特殊的組織眼光來培養管理人才的能力；席爾斯公司（Sears Roebuck）是最大的行銷公司，傑李斯．羅森瓦德（Julius Rosenwald）爲公司帶來特殊的人情和信任的觀念；AT&T是最大的大眾公用事業（也是我的舊東家），維爾（Theodore N. Vail）透過不斷的科技革新，建立服務支持系統。雖然維爾經營AT&T已五十年餘（維爾是三人中發跡最早的），到現在仍是由他掌管公司，他的個人價值還是屹立不搖。他的價值雖然曾遭受過威脅，但是五十年是個很長的時間，這其間對商業界和公司來說，他人的力

量與影響力和他的影響力相比，實在是渺小了。較晚發跡的史隆和羅森瓦德的情形也是如此，現在通用汽車和席爾斯都仍是「他們的」公司。這三家公司都克服了「平庸」（mediocrity）的問題，因爲三位優秀領導者帶領公司走到現在的地位。

我不是要表揚這些公司，也不是希望大家的未來以這些公司爲模範和典型。他們和一般機構一樣，在發展的過程中有缺點和弱點，但是在公司發展的關鍵時期，他們都有很大的進步，對於建立公司的方法都有所貢獻。這樣的成功方式是否能再次出現，端看在公司內由哪些素質的人領導和服務。

對於領導者的考驗從未改變過，那些來作評斷的人都說些什麼?評斷者的標準已有些微的改變，而且會越改越多。未來有更多的「大眾」會更注重滿意度，他們檢視的強度會一直增加。商業機構的規模越來越大，越來越複雜，而且革新的步伐有時相當驚人。因爲這些理由，大公司的領導變得相當複雜，領導者要更關心公司的發展，面對更多的大眾，其重心也會更明確的放在培養可靠的團隊上，而不是任何事都由領導者來決定。以前許多公司的領導者都由創辦人決定，但他們所要做的和現在的領導者不同，現在的領導者工作較困難且角色較難明瞭，比較不易從外面或字面上的意思來說明。

在美國大公司最高領導者的角色，已從高階的決策者轉移到資訊系統管理者的身上，領導要靠較多力量來達成目標，加上不斷的努力，需要給予決策者更多的自治權，接下來，就要靠大量的信賴和廣泛的資訊來支持。另外，如果領導者個人的表現良好會使支持的力量變

得更大。首先，領導者的自尊心和良知是從足夠的資訊中建立的，這些資訊可以引領他們和告訴他們該如何進行。第二，同儕間的社會壓力，其它人的表現會影響自己，大家也知道獲得資訊的門路，這可以讓他們知道其它同事在做什麼。最後，高位職員的權威在好的公司很少用到提及，高壓的權威已經很少使用了。

這是充滿希望、令人鼓舞的趨勢。在政治民主的保護下，自治管理機構有極大的自由。但在美國，這種形式的機構不是由政府制定的，也不是公司民主化的產物，而是由知識成長而成、市場不斷給予壓力和一些優秀的企業經營者所撞擊出來的結果。政治上的民主當然是必要的條件，但這樣的民主並不能保證什麼事，唯一可以確保的良好結果是：由大量有權力、自由且有能力的人有機會來領導和服務，領導文化會不斷增加與強化。當個人做出正確的事，就會爲社會帶來高水準的倫理。這雖不會使社會變得非常完美，但可以爲社會帶來高水準的倫理就已經是一件好事了。

我相信決定性的創造是對當今多變時代的挑戰。我們對挑戰的回應不只是會改變周圍的事物，就我所知，它也會影響商業公司，試驗性的第一步已經出現了。

商業界要如何來因應新的情況呢？對於他們所期待的，操控管理者的功用該如何嚴陣以待呢？

在些許的混亂之後，新的商業倫理就會出現，現在我所能做的就是思考這會是什麼樣的新倫理？我只會將我的推測，限制在有關商業倫理問題和公司營運的部份。有許多的商業倫

理問題值得注意，我所針對的就是基本性的問題。

新倫理

讓我們來看看兩個最主要的組成元素——工作和人員。很簡單，但近幾完整的說明，新倫理就是：**工作因人而產生，人也因工作而存在**。換言之，公司是因爲能提供人們有意義的工作而存在，有意義的工作就是能提供產品和服務給顧客。

商業接下來將會變成僕人機構，服務生產者與使用者。起先，新倫理會把這兩者視爲相同價值，隨著經濟成長，人們會變得較敏感，所能接受的「事情」就較少；新倫理中服務的需求，對生產者來說，比使用者更重要，這樣的工作意義會比提供產品和服務來得有趣，當然，產品和服務還是得在一定的水準之上，但在大量需求的時代，這些就不會是首要的。這個觀念不只帶來更好的社會，也是未來顧客能接受服務的唯一方法——服務別人比被服務來得重要，而且，不是只有金錢就有足夠的權力要別人替你服務。此外，當使用者找到相信服務者的溝通方式，他們會得到更好的服務，新的顧客道德也會隨著新商業倫理而產生。我的時代和新一代求變的年輕族群較接近，他們相信能力較好的人不會勉強接受未來流行的倫理，許多有能力的人會很輕易地就因爲一些原因而拒絕工作。

上述的概念不是今天才出現，但是現在有許多人以此爲公司倫理，事實上這樣的概念是很老舊的，至少已有二千五百年了，就我所知，最先的概念是來自於佛教的崇高倫理：有好

的職業，就有好的生活。

對於管理者而言，倫理觀念必須能提供好的機制、增加生產力或是減少人員的替換率。一般的作法，如提高工作參與度或是利益分享，如果運作得不流暢，又會變成控管的制度。實際上，在工廠內推動「參與民主制度」是由歐洲首先倡導，尤其是大型工廠。我不認爲這個方法在我國可以盛行，我國的工會太精明而不會允許這個作法，而且這個方式會忽略許多基本的事務。

以操控爲基礎概念的操控方法受到攻擊，因爲他們是明顯的攻擊靶，但是只要移除操控的證據（假設可以）對個人生活就不會有任何影響。在過於飽和的工業社會，人們花費許多時間工作，只有當機構能具備有意義的倫理目標時，才有可能移除「操控」。商業機構必須適應這個目標，其餘的就是要展現經營者和領導者的能力，使公司能從現在的重點（產能）推進到想要完成的重點——幫助社會成長。同時，他們還需要面對其他社會機構給予的表現標準。

十七世紀英國商人喬治・福克斯（George Fox）提出新商業道德倫理——誠實、可靠、固定價格（不隨意削價），他這麼做是因爲領導上的需要，而不是因爲能賺更多錢。當時許多商人都貪污的情形下，這樣的作法確實使公司獲利更多，也使公司獲得較多的信任。對那些人而言，新倫理標準雖是最基本的要求，但是他們也必須擔心，新標準對他們來說強烈了些。

新倫理是有點激進，商界可能都會有點害怕，而現在已遵行新倫理的人，好像還是沒有做出很大的道德義務，那是因爲有資格、有才能的道德領導者，要使周遭的人信服，不是很簡單的一件事。如果新倫理像預期中一樣，伴隨有價值且不間斷的改革壓力出現，那麼它眞的即將會出現。

很快的，我們可以看到所有機構內，有多少被指定的經營者，可以有創造力地來推動公司，且在這期間，有多少有力的新力量可以較完整地運作。我打賭美國的商業界會有新領導者接受這個挑戰，但他們處理進行時，不會選擇公告於世，也不會虛張聲勢，如果夠聰明的話就會不宣告任何事情。古老的訓誡告訴我們，說到要做到。新一代的商業人士要學習另一種新的流行解釋：「不要說到做到，只要做不要說！」。因此聰明的商業人士要緩慢地開始進行，試圖地改變公司的人員，如果這種新解釋是可行的，就該與其他人分享。它將會慢慢地在實踐中被重視。

這個觀念會給予大公司有勇氣去做倫理改變，只要有人開始進行改造，就像福特汽車創辦人亨利・福特（Henry Ford）開始設立製造汽車的生產線後，其他類似的公司最後也都做了一樣的改變，這就是所謂的新商業倫理。

部份商業界已經開始了項程序，努力地配合一些年輕人才，他們有鮮明的個人特色，需要給予刺激才能達到互動。必須給予這群非常有能力的人才自由，讓他們用自己的方法做事，他們才能達到所謂個人成就的滿意度。小規模公司進行這這個方式較容易，大公司要學

的就是創造多樣化環境的分權制度，不同類型的人才能活躍發展和表現自己。公司的領導者和他（她）的團隊都要能提供這樣的環境，讓每個個體都有個很清楚的目標，讓他們在需要時候都能得到支持，讓員工覺得他們是公司的一份子，卻不會失去自己的特性。如此一來，貢獻於公司的力量就有所提昇（如果有人想要擴大自己的事業，卻又不失自己的風格，那就要選擇較有力的公司）。第一步就是提供多樣化的環境和對人才的渴求，而考驗是，許多有能力的年輕人才很難被挖角，也很難被誘惑。

第二步也較難做到，就是要建立完善的培育機制，幫助那些有意和潛意識中有意成長的人，當整個環境受到較多的鼓勵時，大多數的人都想要成長，許多大公司都有所謂的人力資源部門，會依個人的特色重新設計工作內容，這說明了，重新分配人力來生產產品或是服務，不是因爲會有更好的利潤，而是公司需要這麼做。這些特殊的迫切需要，公司內可能會因爲由有能力的年輕人來擔任管理職而產生壓力。

隨著人們的經驗增加時，動機就非常重要。對公司而言，通常他們的責任就是創造利益和服務客戶，還有就是使員工的生產力提高，提高員工工作意願。新倫理的主要目標就是提高員工的效能，員工就會看到顧客擁有很好的服務，這就是遊戲規則。當然，如何在幾千人的大公司內推動這項工作，就是一門藝術了。

這不是件容易的事，但不會比大公司中其他要做的事來得難，最終他們還是得接受，這是件必須去做的事，接受之後他們就會相信這是對的，如此倫理就會出現了。

當進行之際，那些要求立即看到完美成果的人或許會說，這樣的做法根本沒有起任何作用。只要還存活著，就會遇到許多必須評判的標準，這樣就有可能慢慢地從舊方法推進到新方法來運作公司。當然會有混亂的時期出現，但這也就是商業領導領域有趣的地方。

我們已經可以接受每個人都有自己的生活方式，下一步可能是認知，每個人都有資格以自己的方式來使自己的工作變得有意義，這就是管理者的責任，管理者要盡力地提供此資訊。「生活方式」可以是接受救濟機構的金錢，「有意義的工作」就較像是受雇於有新倫理的公司，實際運行新倫理就會將社會導向高道德水準。

除了一些少數的學者，學校和職場是被區隔開來的，至少談到新倫理的實踐方面。或許我們可以試著讓機構成爲可以工作也可以學習的地方（學習一般知識和深造都可以，只要是需要的人都可以在此學習），如此需要新型態的領導者，可以實現這個理念，讓許多優秀人才樂意成爲公司一份子，讓公司在許多方面都擁有充滿活力和明確目標的人。有些美國企業就是有這樣的領導者，他們願意接受挑戰，創造公司的優點。他們需要的就是足夠的動機，讓他們願意這麼做。現代的年輕人也是都忙於建構動機。

那些不了解的人，眞的不能明白在美國大公司內部工作，新倫理的企業文化，在未來會帶來什麼樣的影響呢？當個公司管理者完全接受新倫理時，可能會被問到「你爲公司做了什麼？」，答案可能會是：「**我在公司內部幫助人們成長**，當人們較堅強、健康、自信、有較

多的自主時就會有較好的能力；另外，我們也和製造與販賣商購買任何想買的貨品，這些是我們願意付出的，我們很用心地在做，也希望做好，我們也很成功地達到了一般的水準。當有人抱怨管理制度時，我會暫停，不再聽閒言閒語，而會用一貫的方式管理公司。我們會改變目標，堅強、健康、自主、自信有能力的人不代表只在操控下才會產生，事實上，他們看待這些事像遊戲，也不把它當一回事。結果，我們的公司變得非常強盛，我們會被稱爲卓越的公司，如何知道這一點呢？因爲最好的年輕人才都在公司內，我們選擇強者中的強者，一旦當他們進入公司，他們就不會想離開，其實任何的公司只要做到這點，都可以成爲贏家。」

這是烏托邦嗎？

我不這麼認爲。大多數美國企業都有能力和資源可以接受新倫理，很堅決地運作他們的推論。我相信他們之中，也有一些人有獨到的眼光，願意用創意帶領新倫理，而不是被新倫理帶領。這就是新倫理的形成過程。

從長遠的歷史角度來看，一九七〇年代被視爲是追求權力、權威和操控的時代，人們如何能得到好的服務是後來出現的新觀點。當公司反抗理想中的動機時，他們沒有必要更仁慈，當他們接受愚昧的重商主義時，也沒有更有利。這也難怪美國文豪愛默生認爲，「這是惡魔的誕生」，他措詞小心地說：「改善社會最厲害的力量是自私和買賣。」

我預測，在時間的壓力下，傳統的美國企業會因新倫理變得較有彈性、適應力、較人性

化，對於市場也較爲開放，也因此在商業界，良好服務的概念會較清楚，會比其他的機構來得具體，也能較快地解決運作上所出現的問題，不會排除操控的方法來解決問題，而是以昇華操控的方式。另外，它像有魔法般地，對於人們能如何在社會中生活和工作，有相當大的貢獻。

如果實際上可以普遍地被接受，那麼機構和期望就會有很大的結合，這麼一來，傳統社會對於商業、教會、學校、政府、和慈善機構的期望就會有混亂的情形產生。如果情況發生了，我打賭，這樣的混亂會讓商業形式的機構會成爲很重要的角色，且是有史以來從來沒有過的。有個活生生的見證，就是美國把郵局從文職機關變成股份有限公司，而有些少數積極的私人公司也積極地進入「學習」領域。這樣的改變，不是因爲商業本身的價值，而是因爲商業比機構有較好的適應力，較能掌握機會。

無論是今日意識型態的壓力，或其它壓力，當任何形式的社會真的想完成一些事時，它會傾向取得對它有利的事物。經營者會找到最有用的東西（不管它們是什麼），必要時他們會自己創造全新的，這都和意識型態的色彩無關，「你如何做到人盡其才，物盡其用？」變成是現今每天的口號。

我承認我是有點偏見的，如果我再度年輕，我還是會將目標放在美國大企業，這麼做是因爲我的國家是被商業支配的社會（它不是一個主要的權力概念，但是商業的存在就是會很輕易地造成混亂），社會上的任何進步，有一部份都是來自於商業的力量。典型的商業已發

展得很完整，就我的經驗來看，我進入公司工作可以讓自己更好、讓自己成長且讓自己受培訓，好過我希望能從外部去影響它。我會選擇進入大公司，是因爲它的運作滿意度較高（因爲社會上受爭議的問題仍然需要解決）。另外是因爲我相信，如果我接受了挑戰，要對付在機構中不可避免的操控問題，這表示這些問題和情況需要小心地和有創意地來解決，這也就是需要新倫理。在我職業生涯的最後，我得到的個人價值系統會比我選擇可以掌控和較沒有操作問題的工作時來得多。

這是最終的考驗：一個人的人生結束，最後得到了些什麼價值？

就如我看到的，操控是不完美世界中不完美的一項。這是社會問題，但它的順位不在第一位，但是改革者的熱情，將它擺在首要的位置會使問題更慢解決。平庸的觀念（包括自我服務）反而才是影響最大問題點，在無領導者的社會，不能只是迴避它就可以了事，平庸的觀念還是存在。

要降低平庸觀念是緩慢、困難及一對一的過程，在其中較沒有能力的人要能學會相信較有能力的人會很努力、很盡力地來服務他們。當有機會時自己當個領導者時，得以有能力、誠實，準備好自己可以服務他人，這是相當重要的。

由較有能力和誠實但卻不是最有資格的人來服務，幫忙降低其平庸的影響，是在管理上運用資源中較棘手的任務。我相信這是可以做到一定的程度，只要人員和機構用心來創造好

的社會，就會帶來清楚的力量，讓他們可以努力地、專注地來改善社會：完善就會取代平庸。

由小變大的備忘錄

（以下的備忘錄是由一家小公司的執行長和投資者所寫的，該公司產品和服務上都有極好的品質，享有很好的聲譽。這家公司很快速地發展到它現今的規模，如果它能在接下來的發展過程中，繼續保持現今的品質，它將會成爲卓越的大型機構。在我看來，這是可行的，如果它的領導者遵循以下的原則：(1)改變小公司內單獨管理者的模式，集合許多在其他大公司中擔任管理者且有能力的人 (2)讓公司內的每個工作團體都成爲社會向上的力量。）

大公司和小公司的差別，在於公司是否能在成員細心看顧下，良好地持續運作下去，如果公司是在一個人的管理、想像、喜好和判斷下而成長茁壯的，就像你們看到的那樣，那是很難看到它持續成長，這就是告訴你不要搞不清楚，大部份的立即危機，就是一旦你這麼運作公司，當有一天需要改革時，很有可能會惡習難改。另一個危機就是，你一天天要做領導者的壓力會隨著時間增加，不會因爲你希望它減少就會不見，但最大的危機就是，公司不再成長，只會維持在現今的品質上。我認爲，你應該要將危機減到最小。

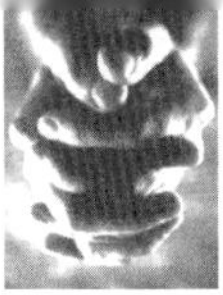

我猜，你的公司會因爲我們的傳統想法——想辦法要擴大規模——讓危機發生的可能性也變大。很快地你又要開始想其他的補救方法，讓公司一邊可以降低危機，一邊可以持續成長。我建議的補救方法是你開始改變自己，將你的努力重心轉爲**建構組織的結構**，發展管理的程序，來減少以前那種日復一日的行政運作。這是要成爲卓越大公司、邁向長遠未來最基礎、最良好的第一步，公司會是由一個值得信任的優秀領航者來管理，由大伙兒組成的團隊來做決策（這個團隊由同輩中資格最老的人來帶領）。這樣執行下來的結果就是，對於大量有能力的人來說，那是一個會爲他們著想且超具吸引力的公司，會使他們想留下來，持續地盡心盡力爲公司服務及持續地保持品質。這時，你的目標就要轉移，從以前天天只專注於運作和擴大公司的熱情，轉爲爲建造一個自主的機構而努力，其中自主的幅度與標準你可以拿捏得很好，這樣你可以擁有一生中想要的大規模的優秀企業，反之，如果你還是依照現在的方法做事，你離夢想就會越來越遠。

我不是要說，做到這些一點都不難，而是想要表達，我看過很多和你一樣，具個人特色的公司老闆，他也很有智慧地接受改革的觀念，但是在面臨到要實際運作時，就開始膽怯，因爲無法期望所有人都能跟你一樣，可以將自己一手建立起來的事業移交到另一個似乎看起來沒有經驗的人的手上，或許他連基本上都無法達到你的能力。但是，如果你一直保持你原來的模樣，你就會感到壓力，有時候會被迫做一些事。

如果你認爲上述目標是値得的，接下來你要做什麼呢？你的第一步就是先不要超出你的運作範圍，這只是一連串帶領你緩慢邁向建立機構者的第一步，每一步都應該是提供你一個平穩的平台，讓你可以很平穩地向前，沒有經過思考的動作對於你所建造的事業，都是沒有保障的風險。

就我所看到的第一步，已經出現在我們的談話之中，你可能認爲，我像個諮詢者，可能會告訴你關於這些事的步驟。你想要知道，你該如何留住百分之八十最近你新聘請有能力、高潛力的人，我會回答，我不認爲任何的諮詢會給你問題的答案，你應該從你的團隊中指派一個最好的人選來幫你尋找答案。當我很認眞地表達這些想法時，這對於想要建立一個機構的你來說，是很好的第一步。既然你希望諮詢者可以給你這類問題的答案，那麼你還是停留在你現在的角色，扮演獨自建立公司和獨立經營者的角色。因此，如果你找到一個團隊中最好的人選來幫助你解決，對於要成功地從小公司變成大機構的問題，你就向前跨了一大步，自己當問題的解決者，反而會使你更直接地得到答案（所有小公司也可以這麼做），這樣你也會找到建立一套管理程序的最好辦法。就這樣繼續下去，你會改變自己的角色，從一人獨裁的小公司管理者變大機構的經營者，可以管理的領導者和可以運作公司的行政主管。讓我提出一些理由，可以讓我建議的第一步看起來言之有物：

●這樣的任務對你團隊中最有能力的人來說，他會找出最重要的問題，或許你不需要留下百分之八十你認爲最有潛力的新進人才，或許還可以從他們之中剔除百分之八十。你不一定要這麼做，而是我認爲，所謂必要的團隊工作不是你單獨一個人建立的，而是要從受雇於你的人建立，你對於他們是非常了解的，所以你需要先假想一些還沒發生的問題，正確的指派人選應該是不管你問了什麼問題，只要一會兒的工作，他就能給你解答。

●當問題出現時，你可能希望所指定的人選可以給予你一些建議，或許在諮詢資源中心可以給予許多有用的資訊，但在當下你需要最好的答案時，這些資訊沒有一個完整的答案，而自己的團隊卻會找出最需要的答案。

●要你從最好的人才中指派一個人來解決問題，而不要你去尋求諮詢者的最主要原因，或許是因爲在像這樣的環境下，要上位者找出符合實際問題的答案會比在最前線工作者去尋找困難得多。一些類似像法律、科技或是資金的問題要尋求專家的建議會較易實行，但是任何和企業文化深深相關的問題，像是在行政團隊中要選擇未來員工的程序，如何做就比發現問題還要困難，即使當外界的諮詢者可以僥倖地給予正確的答案，但他們還是不能解決問題。

●就我所知，最安全又可以改變任何機構的方法是，建立由很有能力的人組成的團隊，他們會用充滿創意的方法去找出受爭議的問題，並找出最好的方法來解決。他們能參與這樣的工作，會比他們只是被定位在行政單位中的一份子來得高興許多，且對公司來說，這樣的

角色會使他們更顯得有價值。像這樣有影響力的團隊人員有可能會變成企業中的管理者（公司中最有價值的資源），你總可以找到有能力的管理者，他們會是你最有力的團隊，會幫你找到並解決公司中的問題。再者，由這個團隊來經營和帶領公司，對於想要將公司從一人管理的公司改變成爲大公司中，是很好的準備步驟。

●相對的，你可以在這時緩慢地改變你的角色，從答案的尋找者和執行者慢慢地變成決策管理者。當你做到如此時，你就會變成有能力且專業的管理者，慢慢地在公司內也會占有一席之地，然後再持續地尋找和發揮你的才能（持續地說你想說的，做你想做的）。如果你選擇這樣的方式，你眞的會發現，經營機構（包括使管理者的作用活起來）眞的是有趣的創意挑戰，就像你現在知道的，它是公司運作管理的一部份，它會讓你選擇持續地研究下去。

在第二章〈機構要做僕人〉和第三章〈董事成爲僕人〉中，我約略地描述了一下我認爲最好的管理運作方法和管理者在公司內的地位。上述我所提的，實際上並沒有單一模式，如果果眞如此，我想我就沒必要在這兒寫這個備忘錄了，我來寫指南手冊還有用些。這裡所提到的都是有根據的，來自於我的經驗，我有信心地在這兒推薦，這些方法實際操作時，它會是很好的典範。

但是，我上面所建議的，是只針對商業上層的組織而已，如果你眞的希望你的公司和其他大大小小的公司有所區別的話，你就要連公司內的最基礎的東西、指的是工作團隊都要有所留意，製造能適應時代的團隊，它也會像我所建議的上層組織一樣，被有所評斷，而對於未來優秀工作團隊的本質，我只能做猜測而已。

我對現代職場以及美國、歐洲的工作團隊之實驗過程當然很熟悉，我不相信關於職場已有足夠的基本理論，頭幾年你可以從中選出一個理論當作是基礎，設計所謂的優秀工作團隊，所以我建議你或其他人可以活用這些點，如果他們要建立對未來商業有用的典型，就需要以這些基本理論當作基礎，然後運用原有的經驗，跟隨著他們自己的直覺判斷。公司經營者的直覺，是實驗的開始，基本理論會像實驗品一樣被研讀，然後接下來會是什麼，沒有人會給你忠告，相反的，當你帶著自信，描繪一張進入未開發土地的路線圖時，它會是你的靈感滋養品，

二十五年前，哈佛商學院已故教授羅特林斯伯格（Fritz Roethlisberger）寫了一篇煽動性的文章〈工頭、專家，與犧牲者的雙關語〉，這篇文章——主要描寫不可能發生的典型工頭情況：一個人因爲不切實際的期望，想做一個不可能的職業和建立一個不可能的公司，最後這個工頭因爲一連串的事（因爲別人特殊的意圖）而使他做到了。這位工頭必須和美國工會周旋，因爲他是工會的一份子，看起來是不好對付的棘手人物，身爲工頭的他通常是達成目標中的要角，且是最直接的第一手處理，後來因爲工作要求逐漸增多，他漸漸有所覺悟。羅特林斯伯格教授的文章在工業界引起了相當大的討論，但對於當時問題的解決並沒有什麼幫助，現在我相信，如果一個人要在未來建立卓越的公司，尤其是大公司，他就需要對同團

體的工作、團隊和領導者做一些事情。我有如下的建議。

首先，將會有所謂的工會，一些美國的工業還是在不受工會的管理下運作，現在他們已體會到工會的重要性，有工會的商業活動有時會設想如果沒有工會的理想情況，兩者的態度有明顯的對比。未來想建立卓越公司的人，就需要接受這個觀念——工會是帶領優秀工作團體不可缺少的條件。對於大公司的領導者也是一樣，他們要學習如何和大工會對應，總而言之，他們要將工作團隊變成對個人、對公司及對社會是一個有益的力量。

我所說的並不代表我贊同現在工會的地位，我還比較贊同現在一些社團法人的存在，這兩者其實都應該要變成社會的僕人。以這些機構的角色是可以做到的，對一些有影響力的批評需要很大的堅持。現在我很簡單地說，如果你想要帶領你優秀的小公司變成卓越的大公司，你就應該要幫助工會成爲公司內重要的一環。

我認爲你必須假想，只有當員工感覺到承受公司的服務，令他們的生活變得豐富時，他們才會同樣地回饋公司，你的公司也才會存活下去。這不代表工作不會沒有問題，只是它代表著員工的目標會因爲工作而達到（和薪水較無關）。

我想這個假設將會開始運作，由工頭帶領的管理和安排工作，也會讓整個工作團隊成爲更有凝聚力的團體，小團體的成員會成爲一個社會共同體。團隊工作的安排可能會是由公司的行政部門和整個工會來參與，而不是團體領導者（像是工頭）和工會管事的期望，他們只是被視爲共同母體的代理人，如此一來工會和公司的爭執也會隨之增加，一旦工會和公司起

衝突，團體領導者和工會管事當然也會受牽扯。

基本上這是整個團體的考驗，團體領導人和工會管事是被團體所接受，且要帶領他們成長爲人性化團體的人，如果大家因爲人爲因素而使產品和安排不受滿意，這就會變成是參與核心——管理部門和工會——的問題。管理單位認爲基本上要關心商品和服務是否很好，而工會認爲基本義務就是要關心工作者在生理和心理上是否得到適當的報償，但他們應該對彼此的基本義務都要互相分擔。如果工會和公司這兩方無法解決這項難題，將會有仲裁人出現，到時候的罷工或停工就要藉助於所謂的國際制裁。但不管發生什麼事情，整個工作團體都應是有凝聚力的共同體，其中包括團體領導人和工會管事，所以他們都應該避免讓爭議擴大。

所以就讓我們這麼想，管理單位就是擁有人的代理人，成果的受益人就是當事人、贊助者和顧客，工會就像是員工個人在公司內身心及法律程序上的利害關係監護人，兩方都在合法的基礎上幫助團隊，團隊是整個機構組織的基礎石。

上述所說，就像我之前提過的，不是照著計畫來就可以完成的，那些只是建議你們可以先把傳統的觀念放在一邊，然後想想看商業的新概念。如果你可以爲管理領導者建立新典範，如果你可以安排好工作，讓那些有力量的共同體（團體領導人和工會）都能在其中發揮功用，你就不需要費盡苦心地尋找中間的組織，增加大公司計畫中的負擔和阻礙。

企業管理者引領社會制度

幾年來我對我們的大機構提出了強烈的要求，就是使這些重要的機構變成可以被社會肯定的僕人（不管是主動或是被動）。當然有些大學、公司企業、或教會的領導者已準備好往這個方向去執行。

一九七四年，我得到一個明確的回應：「我們想要知道該如何成爲這類機構？」

這回應不是來自我們之前所猜測的地方——教會、大學、醫院或是社會機構。它是來自我所期待的領域：商業界，一間大型的跨國企業公司。我會有所期待，不是歸因於商業本身會帶來任何好處或優點，而是我知道這些機關中，企業總會以一些理想的藉口和情緒上的理由，來解釋他們自我滿足的現狀，導致他們比起其它的機構更缺少專業的諮詢。依賴著救濟的機構面臨每個證據都顯示自己的缺陷而無法否認的情況下，有些時候他們看似努力不懈的工作和自我督促，然而實際上卻不會採取任何行動或措施加以改善。如果是企業面臨到同樣的情形就不同了，有的時候他們也會頑強地辯解與表明他們的德行，然而他們在私底下卻會無聲無息地採取一些改善的措施。

公司的領導者粗略地閱讀過我書裡的某一章「機構要做僕人」，便決定想要探究該如何讓它們的公司可以邁向益於社會之路。因此這間公司的董事長親自跟我接洽與商討，然後安排我跟公司裡的每一位領導者做面談。面談過後，我列出以下幾點建議，可以給這些領導者

做參考。在做過些許的更動後，我也把這些建議交給實際在這間公司裡掌管的管理者。

給領導者的建議

在這份建議摘要中，這是關於領導者如何建造公司的**新社會制度**（new social policy），對領導者而言是相當詳細的。

在這類制度的說明上，它包含了最低限度的指標。大多數的說明以有關這間公司社會上的表現爲開端，然後成爲新的訊息而流回領導者這方。如此一來，這些資訊將可提供領導者之後管理公司的數據，對於建立較明確的社會方針也有更大的助益。

爲了社會性的審議，按慣例需列出項目的題綱。這會讓領導者有機會學習主要顧客的看法，再爲公司幾個部門編列這些項目較適當。領導者要評斷公司的社會性成果時，會有一套較健全的準則。

主要目標就是在一年之內收集到足夠的資料與數據，再加以分析，可預見的未來，領導者之間對於公司該有的合理表現，能達成共識。

公司社會性的運作方針（Social Policy，是一九七六年的範例）

一家公司最普遍的經營方針就是在經濟方面要有所成就（不論是以遠程還是近程來論），所有當事人，例如員工（還包括管理階級）、賣主、公司所有人、顧客、供應者（商）、教會、大學和政府的相關機構皆把它視爲社會責任。不同國家的企業皆對**社會性成果**抱持不同的看法。

經濟成就的標準已有完善的規劃，以總體現況來說，公司經濟層面上的成果相當不錯，需繼續維持下去。

而有關**社會性成果**的評量其迄今爲止仍沒有明確的規劃。因此，接下來這首要社會性運作方針的說明是一重要步驟進而使這些標準更詳盡，讓不單單只是母公司還有子公司能一起按部就班去評量自己的成果。

一、公司需關注在發展成爲引導社會活動的角色，從這時開始所關心的事不再單單只是去遵循或是想脫離法定規定的念頭，甚至要以精心製作與可應用實施的新穎措施領先在法定規定之前。

就這一點而言，公司的每個重要部門需向領導人做出簡報，第一次的時間是在一九七五年的七月，這個簡報需每年執行一次，包括過去一年的：(1)說明管理的新法則或是新規定，在這個時期**社會性成果**變得有其影響力；(2)公司的近況就這些新法則或新規定而言，象徵這些新措施亦在這範圍中自發地生效。

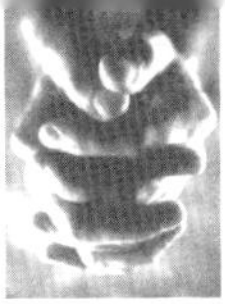

二、公司的核心幹事需策畫出進行評估的概略系統，添入剛剛提到的主要要素，如此一來可以編建出一套系統，適用於每個國家的子公司，公司的核心幹事將維持充分的應變措施，評估公司擴展的實際情況。檢閱這些最高管理者調查出來的結果之後，他們需向領導者做相關的報告，**最遲不超過一九七五年七月**。領導人可以提供專業上的相關要素以便給予支援，接下來就是分析這些報告，裁定調查報告的數據是否對於策畫**社會性審查**（social audi）可以提供足夠的基準。有關細節的方針將會從商討與審議浮現。

三、爲要求符合上述幾點，公司每一重要部門需建立一項任務，強迫以小組研究。小組由五位員工與五位管理者所組成，他們將會卸除下一般性的職務三個月之久，讓員工參與活動，彼此相互影響共同研究。這類研究的目的是爲了供應將來可以提供準則，實際參與的員工都會有恰當的職位。他們與公司最高管理者一起檢閱所有他們調查出來的結果之後，所有的研究小組需個別的向公司領導人報告，**報告期間最晚不可超過一九七六年一月**。公司領導人可以提供專業顧問以便給予支援，接下來就是分析這些報告與規劃，提出更詳盡的運作方針，且適用於每一間子公司與公司職員。

四、最特別的是，這組團隊將要研究在公司裡最高管理團隊的有效功能，以及之前如何在子公司裡開始著手計畫與提案。其中有談到一種可能性，就是有關最高管理團隊中可經由管理協商出結論來，即在相等的事務上可讓同輩年紀中最長者來指揮。與公司主要管理者一起檢閱調查出來的結果之後，這組團隊需個別的向公司領導人報告，**報告期間最晚不可超過**

一九七六年二月。公司領導人可以提供專業顧問以便給予支援，接下來就是規劃更詳盡的運作方針，其中是關於公司裡權限與職權的分配結構。

五、公司核心幹事需提供研究小組充分的陳述，助於前兩點關於公司組織的研究、書面報告的撰寫與建議。如此的協助並不會影響到報告與建議的主旨或本意，因爲公司高級主管需再次檢閱這些報告與建議，**這些報告與建議是需每個團隊小組以個人的方式向領導者做簡報**，以便領導人日後策畫公司方針。可想而知，領導人會考慮來自公司最高管理者的觀點，以便日後做爲判斷公司的方針。

六、公司每一重要部門被要求：(1)在其它商業與機構範圍裡的趨勢與發展上要有所意識，(2)參與在各個國家中良好且完善營運的社會團體與協商會，最後(3)在每年七月需向領導人報告前年裡有關財政的困難，以及任何涉及運用在公司的議定。

最後給領導者的建議

這些建議一開頭的時候就已提出來了，首先最主要的就是開始著手收集一連串新且有規律的資訊給領導者。在這裡建議的程序是要先建立所有詮釋過的數據，這些數據對於領導者與或管理者，在公司運作方針判斷上的需求是截然不同的。因此，領導者應開始自行建立獨立的消息來源，助於詮釋新的數據。在剛開始採取這項措施時（即要求數據與取得獨立的消息），在未來很有可能會妨礙管理者。不過只要有一次實際經驗之後，再加上定期領導人與

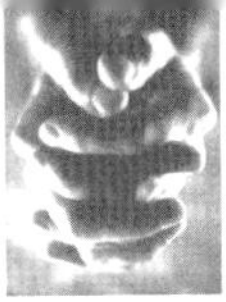

管理者之間的商討，管理者就會了解他們能夠有把握地去管理。

如果領導者需要一個對社會更有責任的公司，現在就該開始執行以上的程序，成爲更有責任感的領導人。這需要使管理者習慣於名義上的（也因此相對地有較少的責任）領導者的觀念做些調整。領導者應虛心接受指教，當他執行本身的職務中犯下錯誤，就需面對並處理問題。提高公司品質的結果是對公司每個人都有好處，包括將需做適度調整的管理者們。

第五章 教育者要做僕人

坊間流傳著一個關於前衛建築設計師法蘭克・洛依德・萊特（Frank Lloyd Wright）的故事。當他將工作室設立於威斯康辛州麥迪遜近郊時，他應邀對當地婦女俱樂部的成員演講，演講的主題是「何謂藝術？」。

萊特年輕時，身形岸偉、令人印象深刻，外型十分傑出，聲音充滿磁性。當主持人做了開場介紹後，他從口袋中取出一本小書，開始朗讀安徒生的童話《小美人魚》，他僅花了短短的數分鐘便朗誦完畢。他讀完之後合上了書，看著他的聽眾說：「我的朋友們，這就是藝術。」然後便坐下。

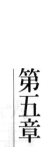

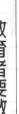

這個故事呈現了我所認爲的當前國內教育問題的核心：百分之八十五的人是透過經驗獲得的學習成果最佳，但現有學校教材中卻充斥抽象觀念，有許多人認爲學習是有困難的。

伊凡・依利奇（Ivan Illich）的名著《非學校化的社會》（*Deschooling Society*）的確撼動了一些事情，但是整個社會對現有的大型教育機制已經投入太多資源，以至於像他倡導全盤革新的方法，似乎不可能實現。然而，還是有一些因「我們需要的教育」以及「我們現有的教育」之間的鴻溝而產生的不安情緒。同時，也有人質疑是否有任何具影響力的機構，能夠

客觀全方位地檢驗目前教育界所做的一切設定，策畫出足以將「合理性」及「可能性」的極限向外拓展的新課程。

在我所關心「僕人領導學」範疇之內，我找到了教育產業的三個主要毛病。

首先，現今的教育拒絕（我相信它是如此）提供有潛力的人明確的領導能力養成計畫。不僅僅一般的教育工作者對這點顯得被動、消極，而且我懷疑某些有影響力的教育工作者不單是在詆毀領導能力，同時可以說是「反領導能力疫苗」的掌門人。抑制領導能力成長的抗體是如此的強大，以至於似乎沒有任何的方法能夠與其抗衡。

大學教育是階級流動的一環

我對目前教育程序中的第二個憂慮是：教育工作者對於社會階級流動的態度。我在其它場合曾引用我昔日大學校長對於民主的定義：「一種能使來自低社會階層的才俊，有機會向更高的社會階層移動的機制。」他將他所管理的「大學」視爲是民主過程一部份。此外，還有人將教育水平高低對等於收入水平高低，這種將「教育程度」與「收入高低」關聯的作法，更凸顯這項憂慮。

我希望看到中學及大專教育都能爲貧窮的學生提供機會，培養他們，讓他們能回到故鄉，成爲弱勢族群的領導人。這個建議有賴於人們相信，貧窮的境況（特別是針對忽視兒童這一點）是我們這種富裕國家的國恥，如果要改善這種情況，**那些成長於弱勢群體中的天生**

領導者，會組織他們自身的力量並為自己找到出路。對於這些人，學校所能提供的最佳服務，也許不是將他們同化到較高的社會階層，而是幫助那些有價值取向的人，方便他們去發展領導能力，使這個階層的大多數人能有更好的安定生活。每個人都應有選擇自己生活方式的權利，事實上，這也是弱勢群體中年輕人有權利選擇希望的方式去提昇自己。但我會主張，教育能幫助人們接受挑戰，學習如何領導自己的人們。

我對教育的第三個憂慮是：我對價值的教育，感到混亂狀態。當學校顯然不再以道德規範的支持者自居時，因爲學生的需求，有關宗教方面的課程也有了顯著的成長。因爲如此，宗教服務及宗教活動便相對地減少。這也產生一個問題，難道學校唯有教導學生其價值觀爲何，而不涉及教導學生如何判斷自己應該成爲什麼？這是否就是學校與大學眞正稱職的角色呢？難道學校不該更積極地關注於價值的澄清，使得學生能取得最堅定的準則，做出他們一如以往的選擇——縱然學校自己知道其價值觀是什麼，又有何妨呢？

我相信教育工作者置身於這個價值亟待澄清的嚴苛訓練中，他們擔負二項主要的責任。首先，他們承襲了「認證」的角色。值得玩味的是，傑佛遜在擔任維吉尼亞大學校長期間，一直拒絕爲學生頒授學位。他認爲學位是虛假做作的。第二項責任是對許多學生來說並非必要的大學教育已經膨脹到買方市場主宰的地步。並且「認證」與「買方市場」等等因素讓傳統大學受到令人不安的束縛，也使得創新更形困難，縱然創新是非常重要的。學校董事會對這個問題已經妥協，並且將實際的學術政策控制權交給了教職員。

以下的四篇文獻並非涵蓋所有的範圍，但它們的確是在眾說紛云中，考慮了上述的問題。這是鼓勵在學校中培養僕人領導的努力，希望能激發學校的僕人領導觀念。

教友學校及攸關「權力與權威」的事項

（一場學校董事會講座之談話記錄——教友教育委員會，西城學院，一九七三年）

整個教育的流程在未來的幾年似乎將面臨劇烈的變動。正處於教育快樂時光的末期。我們經過了一段對各級教育都持續投入驚人資源的過程。在這個過程裡，我們很明顯的相信它是我們所有能做的事件中，最穩健的投資，卻很少人有這個意向去仔細拆解並檢驗這些假設。但是二個事與願違的情況產生：第一，柯曼（Coleman）以及一些專家之間一連串的論戰，引起了許多人質疑就教育投資本身而言，究竟能達成什麼樣的成效？第二，如果教育是我們天眞所認爲的萬靈丹，生活在惡質化的社會，社會結構也應會隨著教育而更堅實，而非更加脆弱。有了這種事與願違的情形，也就產生了令人痛苦的挫折感，我們沒有別的選擇。當我們對於物品或服務也有同樣的現象，通常我們會有其他的選擇方案。甚至當我們決定放棄某樣東西時，沒有了它我們依然能夠支撐下去。但我們目前的教育被認爲是會產生不良效果的，就如同許多批評者開始宣稱的一樣，沒有教育我們會無處可去，因爲社會認定，最好

是把人們留在學校裡，直到十八歲、二十二歲或更大年紀，此刻，我們沒有比教育更好的方式安置他們。這也是將社會結構建築在有限責任體制的迷宮裡，而非建構於社區之中所產生的後果。我們有這種需要許多單位悉心審視的結構，他們唯一的功能是判斷該做什麼，我們的價值爲何？並且給我們忠告——也確定我們聽進去了。但如果我們沒有這些，像是被遺棄在巨大群體強制約束的壓力中，脆弱的教育體制或許在未來的幾年必須承擔大部份的衝擊。我認同聖經傳道書中的傳道者所說的：「天底下任何的事物，都有屬於他們的季節以及適合他們的時機」。唯有重新打造，有些私立學校才有可能存活。就將從我們目前混亂的價值觀之中開始進行，所有的權力及授權的觀念也都將接受進一步的檢驗。

權力與權威

牛津英文字典中用了二頁半的篇幅解釋「權力」，在聖經修訂標準版的用語索引中，甚至花了更多的篇幅——而力量（might）這個相關字，也用了爲數眾多的篇幅。這些字的早期記錄，以及它們所呈現的觀念，人們已經有了先入爲主的觀念，它也是今日的大熱門觀念。

權力這個字有許多的意義，但在今天的討論中，讓我們將它視爲是高壓的力量——不管是公然地脅迫或是祕密地操弄。此外，讓我們將權威定義爲授予合法使用權力的認可。

希伯來先知撒迦利亞（Zechariah）的響亮名句：「上帝說，不是因我的力量，也不是因

我的權力，而是因我的心靈。」它告訴我們在古代的智慧中，至少存在著心靈終有一天會凌駕在力量與權力之上的期望。在我看待事物時的短淺目光中顯示，在我們公然檢驗行使權力這個點上，已經有了某些進展，現代的破壞機制，會使得權力行使的後果更加劇烈。

過去幾個星期以來，我反覆思索權力與權威的問題，以及他們與大專教育之間的關係。相較於其它議題，我已經找出二個我們必須首先面對並解決的基本議題。我相信透過對這兩個議題的探索，將有助於提供絕佳的洞察力，以協助解決目前在各級教育中每天所面臨的權力過度使用，與權力過度反應的現象。

議題一：設想某些人知道其他人所應該學習的東西，並且將他的判斷加諸於別人身上的作法是被接受的。

我會聽到一些反對的意見：除非某些比較有經驗的人願意去教導他們設定這個議題，否則怎麼會有一些教育組織是爲了年輕人而組織的呢？我不知道這個問題的答案。但我的確相信當人們在中學的年齡時期，他們已經大到足以去了解他們所擬定的假設，而且它可能是錯的——同時對某些人而言，也未必是好事。

因爲我現在被委任的一份工作，使我深入了解到目前一些慈善基金會的問題。而且我剛

讀了一本有趣的書，是馬里蒙・康寧金（Merrimon Cuninggim）的《私人的金錢與公共的服務》，他最近才卸下丹佛基金會主席的職務。康寧金博士在擔任基金會主席之前是神學家。當我在讀他的書時，我一直訝異，爲何像他這種背景的人，在處理這類主題時卻沒用明顯的神學觀點檢驗基金會。然而，在接近結尾的地方，他做到了：

> 基金會必須去營造出對自身的認知，一種源於其自我的了解，有道德意涵的信念。這是對脆弱的認知，相信自己有罪。當它應用到基金會時，它就是一種體認——如果你願意，便能有意識地接受的價值觀——體認出施捨也可能是潛在的不道德行爲。耶穌應該曾經說過「施比受更有福」的話，雖然這是當時並不在場的門徒保祿（保羅）敬獻給他的話。當耶穌總結他自己所賜福的事項時，仁慈並不在列，但祂仍然相信仁慈——那就是善心的撒馬利亞人的故事。但祂不只一次的用承受痛苦來指明施捨有其道德上的危險。

康寧金博士所說的施捨也同時適用於教學或任何其它協助人的角色，包括醫生、護士、社會工作者。這些領域的協助者都假設自己比那些領受者本身更知道何者對他們是最好的。我並不是說這些協助者有時或通常不知道什麼是最好的，但如果是強制的情況之下，不管是公然或祕密地，那就有罪惡發生的潛在性了，就像康寧金博士所說的罪惡伴隨著施捨而來。我從事過許許多多基金會服務的工作，切身的經驗使我確認社會服務員的工作是容易腐化的

角色——因爲他們同時也是領受者。最近剛出版的醫院權利法案一書，說明醫院管理者已經深切地體認到醫護者的角色，也可能是潛在罪惡的證明。

所有慈善機構的問題部份是出自於他們非營利型態的善心假設。任何理想主義式的自命不凡都可能有道德上的風險。我的一位社會學家老友曾經非正式地評論一家大型機構員工的人際關係品質，他綜合歸納說：「員工人際關係的品質與體制理想主義式的自命不凡程度成反比。」

我已有豐富的大型機構的工作經驗——企業、慈善團體、大學、教會等，我的經驗更加印證了理想主義式的自命不凡有道德風險。企業較公然地使用嚴格高壓的方法，比起其它的體制，企業對於權力與權威二者的分野，算是比較不含糊的。在我看來，眞正的試驗在於憐憫之心被用到何處？在一個討論會上，有人曾經問我一個問題：「如果你眞的是糟透了——士氣低落、被羞辱，而且你已準備就緒，要努力的重獲新生，但除了眞正的憐憫之外，沒有任何的助力來幫助你重生。請問要在那一種體制當中，你會有最好的機會重獲新生呢？」我立即回答：「在企業中，在大企業——任何一個大企業。」

如果某些權力的使用是無法避免的——在學校或其它地方（我想它是無法避免的），那些有脆弱良知的人該做什麼呢？我覺得他們至少要做兩件事：第一，他們要警覺無論是做什麼，行動都有罪惡的潛在性（如康寧金博士所說的）。必須告知自已以及所有因權力的使用

而影響所及的人。以學校來說，就是學生、家長、教師、管理人員、非專業雇員——任何目光所及的人。第二，要確定體制內的權力均衡達到最佳化。如果教師們擁有權力（因爲他們必須有），則學生、家長、管理人員以及非專業雇員等也必須要有某些權力。在此綜合歸納：當各方都擁有他們所扮演角色的足夠權力時，那才是最堅強的體制。當一個或多個部門擁有太少的權力時，則是最弱的體制，因爲那將導致某些人擁有過多的權力，使得權力腐化的影響力走向絕對化。

我要提醒你們，當我提供觀察心得時，並不是要蠻橫的告訴你們應該如何去思考。相反的，在此提供你們我的想法，並希望你們能說出你們的想法，透過這樣的對話，使我們所有的人更有智慧。

議題二：事實上整個的教育系統都仰賴高壓手段：首先是法律要求到學校接受教育直到十六或十八歲；接著是藉由認證內所建的強制性延伸學術教育，從高中文憑一路延伸到博士學位或更高。

你是否思考過如果廢除所有義務教育，且所有教育流程中的認證作業被法律禁止——就像伊凡·依立奇所建議的一樣，那教學將會是什麼樣子呢？或許它會藉由賦予教師更好的機會，去教育那些眞正想學習的人，因此能在教師的獎勵方面，產生顯著效果。但對於學生而

言，效果將會是什麼呢？

年輕時，我曾受邀幫助一批年齡從三十五到五十五歲的人，他們的工作危在旦夕，因爲導入新科技，他們得做基本的代數運算——但他們不會。我一週兩晚教導他們。在第一次上課時，我發現他們對於算術非常的生疏，因此有幾堂課被用來加強這方面。接著我找到了一個介紹代數的方法，完全沒有用到教科書，而他們只花了幾堂課就趕上了大部份中學約一年的進度。

當時我認爲造就了教學法的一大突破。就在同時，我遇到了一位大型中學的校長，告訴他我的發現，請教他是否覺得我的方法優於當時通用於中學裡的笨方法。他的回答是：「這裡面有一個你所不知道的因素。你所教導的是一群想學代數的人，而我們的問題是我們必須把代數教給那些不想學的人。你的方法對他們是沒有用的。」多麼悲哀的回答呀！在強制的教育下，不管是用法律還是認證方式，還能期待些什麼呢？整個的教育資源有多少是被投注在教育那些沒有學習動機的人身上，而非投入要教他們什麼。這是多糟糕的困境啊！

寄望於未來？

我已經舉出權力的兩個問題：自命清高的道德風險，以及整個教育流程中高壓政治的程度。我們至少能做到的是將道德風險及高壓政治告知學生，同時協助他們了解這些是現實生活的一部份，必須學習如何去處理。我們能做得更多些嗎？在那看來黑暗且漫長的隧道盡

頭，是否會有亮光呢？我懷疑這隧道會是黑暗且漫長的——但對於相信「光明」的人而言，在那兒一定會有一道亮光的。我要請你們注意丹麥平民高中。它訴說著倍受壓迫、沮喪又窮困的人，如何靠他們自已的努力在逆境中成長，成爲負責任的公民。

有些人或許會不假思索的說十九世紀中葉的丹麥和一九七〇年代的美國截然不同。但它們都有一個共通的元素：需要重新提振年輕人的心靈。兩個社會的情況有極度的相似：倍感壓迫。這種壓迫感的成因以及結果或許不同，但四處瀰漫的壓迫感十分相似。我相信解決之道是一樣的：提昇年輕人的心靈，幫助他們建立可以成功地與環境鬥爭的信心，找出必須走的方向以及必須取得的能力，並且開始著手進行。這才是中學教育眞正的任務，而且時機已經到了。

關於這點，當學校已被他們現有的職責搞得焦頭爛額，奮力在求生存的情況下，我們該從何做起呢？你們的情況比不上丹麥平民高中創始者昆特維所面對的嚴苛。你們從開始就有一些東西，而他什麼都沒有，除了他自己願景及他的心靈之外。

我的建議是在一開始不要做任何會嚴重抵觸現有職責的事，否則會危害到你的存活機會。但是要加入一些自發性的東西，足以提昇人類心靈的東西。試試看你自已是否感到倍受鼓舞，急切地想進一步去嘗試的願望，是否會佔據你的心靈。

魯佛斯・瓊斯（Rufus Jones）的傳記《生命的摯友》書中，有幾個非常特殊的段落是出自他一九二九年在倫敦的談話。「我不再想要死抱著教友社團及維護它的傳統。我們正處於

危機當中，而我們可以選擇做一個高舉火炬的人或是悉心呵護這個小火苗，讓它可以燃燒得更長久。」我不知道魯佛斯・瓊斯這個偉大的人物在四十四年後的今天，針對我們的學校所面臨的這些問題，他會對我們說些什麼。

以不變應萬變？

我確定魯佛斯會告訴我們一些關於**改變**的事。而且這也不是什麼新觀念；所有在場的人都知道有改變的壓力。在學校已做了改變，有時候還十分劇烈，某些甚至可能是慘痛的。我們知道必須改變得更多，同時我們之間的某些人可能不知道自已是否能存活，縱使是在改變中存活下來，也不知道自已是否能以一個良善的心在調適後的情境中堅持下去。我明白這是個嚴重的問題，在全心投入改變的同時，我們也需要有一些反思。

有本源自中國的書，是世上最古老的書籍之一，比孔子的年代更早，書名叫《易經》，意即「變易之書」。《易經》是關於改變的哲學，教人要順應改變，並將它視爲你天性中不可或缺的一部份，別以爲穩定才是好事，變化是威脅，顯然和我們當代大多數人士對這個問題的看法迥然不同。

二次大戰時期，北京曾被日軍佔領，在當地有一個小小的德國僑社，有一位漢學家衛德明（Hellmut Wilhelm）爲使世人能瞭解《易經》，做了非常多的努力。爲了使智慧的光芒在

黑暗的時期也能持續的燃燒，衛德明爲德國同鄉講解《易經》。這一系列的八堂講座課程，都有英文的譯本。讓我引述幾段衛德明對於古代中國人變化觀的見解：

> 思索自身經驗中簡單而基本的事實，會使我們立即領悟變動才是常態。對於思慮不精的人而言，奇異現象的特別之處，完全在於它們所呈現的力量本質。這只是一種將它們抽離其動態的連續性，並且將它們區隔爲穩定單位的抽象想法，但它是一直持續的變化與成長，只要生命本身整體的方式有效地被把握。如果被中斷了，其結果並非死亡，充其量也不過是生命的另一個面向，是生命的逆轉與顚倒。在中國人的思維中，變化的反義是「應滅卻增」、「應興卻衰」。變化是自然的規律與發展，唯有去對抗自然才可能反轉它自己。變化的觀念並不是烙印在奇異現象本身的一種外在、有規範原則；它是根據情勢的發展，自然而產生的內心意向。要置身於這發展的趨勢，是大自然的已知數；要認可並追隨它，是責任同時也是個自由選項。安全是要採取正確立場時的清晰指引，當事情是朝正確的方向前進時，安全感便得以確保。在協調有責任感的人士來影響事情的觀點下，改變不再是陰險狡詐的事或是無形的陷阱，而是符合人性的基本次序。人類所被賦予的也因此不會是個小角色。

這或許能使我們找到今日的位置，讓我們站在變化的過程中心，以負責任的態度看待自己，縱使此刻處境也許十分艱困或迷惘。但我們所做絕不僅是救贖行動而已。它會啓始於奮

力去求生存，如果單單是以生存爲目標，它是不可能成功的，得包括永恆維護的角色。我們現有很多東西都是好的且應該被保存。更重要的是能再一次的建構一些運作夢都無法想像的東西。**它將是自發的且會提昇心靈**。

幾個星期以前，在一個寒冷而明亮的早晨，我們在新罕布什州驅車前去參加集會，我們注意到有些車子載了狗，並且在車頂綁了雪橇，我們知道附近應是有雪橇比賽。記憶頓時跳回五十年前，於是在集會中，我告訴那些孩子們以下的故事。

場景是寒冷的元月清晨，位於蘇必略湖南岸威斯康辛州的小鎮中，當時正好是星期六，人們在冰上舉辦一年一度的狗雪橇比賽。他們在冰上插上小松樹，標示出全長一英哩的跑道路線。因爲陸地上的陡峭斜坡，整條的路線清晰可見。

那是一場青年組的比賽，有各色各樣的參賽者，有許多隻狗拉著大雪橇的大男孩，卻有一位不滿五歲、用一隻小狗拉著小雪橇的小傢伙。他們在哨音響起後出發，這個小傢伙和他的狗很快就被甩在後頭，根本難與別人匹敵。接下來一切都進行得很順利，直到，大概是在半途，第二名的那一組開始超越原本領先的那組，他們走得太靠近了，以至於兩隊的狗兒們打起架來。這時候，其它各組也追上來，他們的狗兒也全都加入戰團。看來似乎沒有人能引領雪橇突圍而出。很快的，在距離我們位置約半英哩遠的地方，只剩下黑黑的一團沸沸揚揚的一群孩子、雪橇和狗，唯一的例外是只有一隻小狗的小傢伙，這個紛亂的局面反而使他有

了個更寬廣的平台，他是唯一撐過這一關、同時也是唯一抵達終點的人。

每當我思索許多令人厭煩的問題以及使問題的答案複雜化的時代壓力時，這個好久以前的簡單畫面又鮮活地浮現在腦海中。我從中得到一個明確的教訓：無論是多艱鉅的挑戰或任務，看來多麼不可能、全無希望，如果你相當確信你的路線，那就繼續堅持下去！

學校董事會考量的案例

在來自不同大學的二十五位董事會議中，會議目的是協助他們如何以學校董事會董事的角色主持會議的課程，我提出一個假設案例作爲討論。這個案例假設學員們是契斯維克大學（Cheswick University）的董事會成員，而我是以可能捐贈者的代表人身分與他們會面，捐贈者提議贈與一千萬美元，但附加相當嚴苛及不尋常的條件。經過兩個小時的討論，一些會議記錄摘要會附在案例說明之後。

給學校董事的案例

你是契斯維克大學的董事會成員，大學秉持應有的傳統智慧來運作，目前已取得十分優異的成效。你們的財務狀況及募款潛力足以讓你們承襲以往的作風，繼續一段時日，同時像大部份的大學一樣，對於創新，你們採取一貫的態度。

當收到一筆一千萬美元的捐款時，它附帶了下列的特殊條件：

一、你不能將這筆捐款的任何金額加到學校的財產中，現在或將來都一樣。

二、你不能將這筆捐款的任何金額挪用到現存計畫的預算或創新之中，現在或將來都一樣。

三、兩百萬元可以用於分析什麼是培養年輕人服務今日社會及被社會服務的最佳方式，年輕人如何在機會中成長等問題；以及用於設計一個全新的教學計畫，在契斯維克大學中達成這個可行的目標。（所謂的「服務與被服務」，捐贈者所指的是學生的教育能在真正符合他們的心理與物質需求下，培養他們對現今的社會做出有建設性的貢獻。）

四、當這個計畫完成，如果經捐贈者確認是全新而且是可行的，八百萬美元的捐贈餘款將會到位（加上先前兩百萬元的結餘款），做爲導入這項新教學計畫的資金需求。

五、你們可以聽取現有管理階層、教職員及學生的意見，但不能使用此捐款的任何一筆錢去支付這項意見聽取的費用。也就是說，除非是經捐贈者認可的新設計，並且經由學校董事會確認後開始去執行，否則這筆捐款的任何部份都不可以使用在契斯維克大學校內。

六、有關這筆捐款使用的所有決策，只能透過學校董事會。

七、如果你們同意上述條款，接受了這筆捐款，並不意味你們有義務要做任何的行動。然而，任何未在上述條件之下支付的捐款餘額，在第五年年終時，都將還給捐款人。我代表提供這筆捐款的捐贈者，我到這兒和你們討論這件事，看看你們是否要接受。

討論

董事：如果捐贈者們假設契斯維克大學依傳統觀念來看，做得還不錯，而且他們也假設學校董事會的成員都是正直的，難道不能也假設我們已經成功的運作這個學校，培育出能服務現今社會及在機會中成長的學生嗎？否則就沒有資格做爲學校董事會成員了。我認爲捐贈者是在找尋某些受人關注但卻不清楚它們在做什麼的學校。爲什麼這個提議會被送到這兒來討論呢？

捐贈者：捐贈者所關心的是，最好的大學沒有好好培養年輕人服務現今的社會及被社會所服務，並且在他們的機會中成長。他們挑選你們是因爲你們學校體質很健全，並且他們只是在問：是否有意替大學找出更好的方法去幫助學生。如果你們有興趣，他們願意協助你們去建置它。

董事：但是到最後我們所找到的方法，可能要花費遠比八百萬元還多，這種情況之下，我們如何能在財務上支應這筆錢呢？

捐贈者：捐贈者向你們提議是因爲貴校的體質已經很健全，而且能夠充分在財務上自給自足。當運用先期的二百萬來找到更好的方法時，他們假設你們會願意去建置它。他們是這麼說的：「如果你們找到更好的方法，並且願意去建置它，那我們會準備投入另外的八百萬元。」很明顯的，這不是要解決平時的財務需求。捐贈者假設你們目前運作良好的募款作業

會持續發揮功效。

董事：如果做了徹底的改變，我們將會有一大堆的事要做，譬如入學規定；如果以學生的年紀、經濟背景、學術成績等來區分爲例，我們的招生對象從同質性的學生群體變成異質性的學生群體。要做到這些捐贈者所要求的，或許我們就不能用這筆錢有效的招收成績前百分之十的優秀學生。接著也許在課程上要做徹底的更新。但你們說我們不能用這筆錢支付參與的教職員、行政管理人員以及學生。我假設我們可以付錢給董事會成員，對吧？

捐贈者：是的，如果你們接受提議，二百萬元支付給你們的學校董事會。可以付給任何參與這個工作的人，除了自己的學生、教職員及管理人員之外。

董事：那眞是個奇怪的限制。捐贈者到底想藉由它達成什麼目的呢？

捐贈者：捐贈者們要學校董事會成員把接受這個提議當成是他們的問題。你們沒有義務要採取任何的行動。只不過是有人提議出二百萬元給你們找出更好的方法，來培養學生服務社會及被社會服務，並且隨著機會成長。如果你們不想或是無法在契斯維克大學找到新方法，捐贈者或許會找另一所願意嘗試的大學，並且給他們八百萬元。

董事：我會接受這二百萬元。

董事：但我不知道要如何啓齒。我不確定，在捐贈者背後所想的，我們是否可以被一千萬元收買。他們是不是想藉由我們創造他們心目中的大學呢？

捐贈者：捐贈者只有兩樣東西：（一）、**大學需要更努力的培養年輕人服務現今的社會及被社會所服務，並使他們在機會中獲得成長**，及（二）、**錢**。他們不知道怎麼做，但他們認爲某些高素質的學校應該可以找出辦法。於是，只要哪個學校願意做（並且捐贈者對它感到滿意的話），他們會提供學校當局八百萬元。

董事：**這個提議帶有不信任的味道**，我不太喜歡這一點。

捐贈者：捐贈者不信任一般典型大學的管理架構，因爲他們的學校董事會是有名無實、被動的角色。他們相信如果大學管理當局能循著正常的程序，找出這個他們清楚看到的問題的解決方法，這個問題早就解決了。他們所看到的這個需求並不是晦暗不明的，因此如果眞的要找到更好的方法，一定得改變某些做法。他們所建議的改變是要學校董事會轉換到扮演更積極的教育領導角色。

董事：難道教職員們不會表示抗議嗎？

捐贈者：捐贈者們是以領導、而非強制的角度思考這個問題。對教職員來說，我們沒有建議他們一定要做些什麼。我們所提議的只是提供學校董事會一筆錢（做爲第一步），但他們不能將錢付給教職員。學校董事會成員自己必須承擔責任找出解決之道，如何把事情做得更好。教職員、學生以及管理人員可以貢獻他們的心力，但唯一的限制條件是他們不能從這些捐贈者的捐款中取得報酬。

董事：**這些捐贈者是在挑戰我們了解他們心思的能力**。

董事：我懂了，你們找到我們確實是有不凡之處，我們也相當確信是如此。

董事：以目前手中所握有的資源來說，我們眞的是盡了最大的努力，同時我們也確實相信我們所做的一切。現在，你找到我們，並且提供了一些錢，但卻是一筆運用起來很麻煩的錢。而且已經對如何使我們學校能做得更好有了一些想法，讓我們無法實現這些想法的唯一因素就是錢。當你找到我們，並說你們需要一些全新的東西時，我就有一點懷疑，它讓我想知道捐贈者是否覺得錢可以買到所有的東西。

董事：那眞是胡鬧！

董事：你看，二百萬的支配權完全交給特定人——學校董事會。

董事：是否捐贈者們眞正想說的是，像我們做得這麼好的學校應該把一切都丟棄？在我們過去所做的種種，一定有某些東西仍然助於我們未來幾年的發展。

捐贈者：在這個提議中，我們沒有建議任何東西該被改變或被丟棄。如果你們願意的話，你們可以保留目前的計畫。但如果你們依循這個提議，建置了新的計畫，一個以更好的方式來培養學生服務的計畫，那你們現有的計畫可能無法在競爭中存活下去。

就捐贈者們對目前高等教育情況的看法而言，它是被閉鎖在一連串需要被以新方法檢驗的假設之中。因此，他們願意投注二百萬元，看看是否強而有力的學校董事會能檢驗這些假設，並且建立有別於教職員委員會的常設機制來找到更好的方法。坦白的說，他們不相信學校有你們所說的那麼好，這是就它所擁有的資源、人、物力，以及什麼是合理且可能達到的情況做評斷。**他們相信某些有實力的大學應當下定決心，奮力去打破看似巨石般的成規**。他們要求的只是，學校的董事會成員是否願意試著找出更好的方法？**他們非常明白教職員流程遲緩以及管理人員領導能力的缺乏，因此不願意在他們身上投資這二百萬元**。

董事：難道他們建議我們以學校董事的身分，在明顯不信任我們的教職員及管理人員的方式下進行嗎？我會反對這個提議。因爲它對我們大學的負面效果大於正面的意義。

捐贈者：經過這麼長的討論，我感到有些訝異。我們已經花費了兩個小時。你們做爲學校董事會成員，**完全沒有想到先不採取任何直接的行動，而只要將這個提議傳達給你們的教職員、學生及管理人員，並且問他們：「你們覺得這個提議如何？」**不要給他們做定奪，只要問他們的想法。或許你們之中的某些人可以用小組的方式坐下來和他們一起討論。你們充當我現在的角色，做爲捐贈者的代表人。試著向他們解釋爲什麼願意提供資金的關切團體會提出這樣的提議。同時仔細的聆聽，就像我仔細的聆聽你們一樣。這樣的程序或許能達成你們身爲學校董事的二件有價值的事。

第一，它能提醒你們學區中的某些人，他們尚未得知有一些負責任的人十分看重教育，但卻不信任一般大學能明智管理自己的能力。而且，近來這樣的人在私人捐贈者及公共基會團體之間，似乎愈來愈多。**他們仍然會提供資助，但他們會問更多的問題**，並且立下新的限

制條件。而這些人是教育界的諍友。大學被視爲是個十分有影響力卻過於無政府主義的機構。一百年前，只有百分之一達到大學入學年齡的年輕人被大學錄取，社會大眾並不十分關注大學究竟是個什麼樣的體制。但今日百分之五十的年輕人參與某種程度的專上教育，這個體制的結構以及它對價值觀的衝擊就成了大眾所關切的議題。將這個提議提交給學生、教職員及管理人員，你們也許可以增加有效的溝通——有助於所有與大學利益攸關的人——了解到並非所有手握資金捐贈權力的人，都認同於大學目前的發展情況。

第二，接著你們可以學到某些事情，幫助你們做爲學校董事會成員來決定如何因應這個提議。做爲捐贈者的代表人，我探訪了許許多多的學院與大學，並且我聽到了一些你們平常聽不到的事情——我相信如果你們與教職員一起探討這個提議，就會聽到的事情。當你與教職員們一起致力於這個作法時，或許你會爲所聽到的感到驚訝。

某些教職員，不會是全部——也或許不會是大多數——但會是顯著的一部份人，會同意我以捐贈者代表人的身分所提出，用以支持這個提議的主要論點：

一、目前大學的教育計畫不足以培養學生服務社會，同時在他們的機會中成長。並且這個落差是很大的。

二、就目前大學的管理架構方式而言，它不能用來解決上述的落差。

三、唯有管理當局——學校董事會能展現強而有力的領導能力，才可能在最短的時間內讓大學在穩健的路線上，恢復公眾所信賴的體制。

支持這三個論點的教職員會告訴你們，**目前大學組織架構中的根本缺陷就是「教授治校」**，然而大多數教職員個人主要不是忠於他們的學校或甚至學生，而是忠於他們的紀律、他們的專業、名聲，以及與他們有一般相同認知的同事。有洞察力的教職員知道這一點，捐贈者們也知道這一點。同時捐贈者們也明智的接受他們不可能、也不應該運用他們的影響力試圖改變這些對教職員們有支配地位的忠誠度。捐贈者們也知道學校董事會賦予教職員過多的權力，使得學校的行政管理人員無法根據教學目標來領導他們。所以學校董事會必須承擔更多的領導責任。

在教職員之間，一個有趣的觀點正成長，那就是他們接受學校董事會必須是很強勢的。他們不確定學校董事會該怎麼做才能強勢，但他們知道學校董事會必須是強勢的，才能維持大學做爲一個自由的島嶼，並在其中產生有創意的教學。

現在某些教職員所體認到的，所有學校董事會成員應該知道的，以及被捐贈者們絕對信服的是：如果愈來愈多的公眾認爲學校董事會只會在那些不足以培養學生服務社會的教學計畫上做做樣子的話，這個號稱「自由的島嶼」將難以爲繼。

這個提議的目的主要是要賦予很強的大學董事會（那表示它有很強的教職員），一個新領導能力的方法，新領導能力將會塑造公眾對大學新的信心。**董事會責無旁貸的任務是塑造堅強的體制，透過對紀律有絕對忠誠度的教職員的努力，用可接受的方式服務大眾的需要。**這件事情本身絕不是簡單的任務。現在，如果可能的話，假設你發現一小部份能言善道的教

職員要求你們接受這份提議，同時，也是有可能的，假設你們大部份同樣能言善道的教職員反對這項提議，你，做爲學校董事會，便有領導方面的問題了。當所有人都贊同你的意見時，這樣的領導一點挑戰性都沒有。

人文教育與工作的世界

一九七四年春天我以悟得．偉爾森（Woodrow Wilson）資深研究員的身份在賓西法尼亞州卡立索的狄更生學院（Dicknson College）住了十天。以下是我離開之前的演講。

我開始準備這份講稿之前，花了幾天的時間來熟悉狄更生學院的一切，同時我也了解的確很多學生對於未來工作與事業的展望有著超乎尋常的關注。而這樣的關注也同時帶出了一些問題，大學的經驗是否足以培養學生在離開學校之後，有能力面對現在的情況。我曾經被問過，他們希望我能提供使得未來更有保障的解答。對於大多數的這類問題，我沒有回答。答案是因爲我是另一個世代的人，沒有經歷過現代所見問題的人，另外是因爲我相信大多數的這類問題者沒有答案，除非自己在情境中去冒險體驗，在直接面對問題時學習因應。

如果一般的假設是認爲學生在人文大學的學校經驗與他後來在社會所扮演的各種角色——不管是在賺錢的職場、或爲人父母、或做爲一個公民——之間是有十分緊密的直接關係的話，那我覺得談「人文教育與工作的世界」這樣的主題顯得有些矯情做作。我看不出來有這樣的關係存在，同時我也慶幸自己是生活在這樣的關係似乎是不可能的世界裡。我不是要談專業的教育，例如爲工程、醫藥或法律等的專業做準備，或是談一些大學部裡會講授的「奶油麵包」之類有關生計的主題。很明顯的，學生期望從那一類的課程中得到他們所學一切的詳細原理；它是對於未來職場所需技能的直接預期。

就一般經驗顯示，沒有太多的人文教育可以被用於職業之所需。同時我也無意在此堅稱理應如此。我所要論述的是，在健全的社會中，每個有能力受完整教育的人應當先接受通識教育，不要直接將他們對應到任何特定的社會角色，只是一般性地向他們全部介紹。專業及職業教育隨後再加於通識教育之上。

由於堅持這樣的主張，我和許多堅持這種看法的人一樣，都遇到了相同的困擾：在目前情況下，「人文教育」的定義是什麼？是否我所下的定義能被轉化爲，教職員如何能設計出更好的人文教育，以及學生如何能更有效因應教職員的新設計？

在近代，人文教育苦於未能有適合於當代的定義。你們學校簡章中的定義是我所讀過比較好的其中之一：「因爲知識本身的緣故，但同時也能以務實的態度，引領人們參與社會，追求社會公義及個人尊嚴。」這一期《狄更生學報》社論談論這個問題時，引述了前任校長的話：「偉大的教育設計不是假裝去滿足，而是激發人們對於資訊的熱切渴求；用以擴大心智的容量，而不只是儲存知識，無論它多麼的實用」。我個人的偏好是將目標以更作業化的

方式表明：「用以培養學生服務現代社會以及被現代社會所服務。」我的意思是說，一個根據教職員所選擇設計的教學計畫來運作的大學，會影響它的學生成爲社會上更有建設性的建構力量，比起沒參與大學教育的情況下，更能幫助自己找到合理的需要，不管是心理或物質方面。

我以這個方式說明目標，是因爲我相信攸關所有教育的新規範條款正在生成，而且特別是在私立的人文大學方面，如果這些大學能用我所建議的作業層面方式，好好培養學生服務的能力，這些大學將比較有能力承擔我認爲是不可或缺的必要角色。這與一般用來定義通識教育目標的語言，意涵有所不同。

如何實現目標方面，我能有一些有價值的東西與你們分享的話，那全是因爲我有過一個不尋常的機會觀察及參與範圍十分寬泛的現代體制。如果通識教育要更好的培養學生的服務能力，在我看來，它需要開始教導學生們四年到八年以後將會置身體制的眞實面貌。

在我的生命歷程裡，我們的社會已經由小農主宰的社會結構轉變爲由大型的都會化體制主宰：大型政府機構，大型企業，大型大學，大型的慈善機構等。複雜的結構由於太過新穎，以至於我們尚未對它們全盤的衡量，而且我也懷疑我們尚未學到如何培養人們與它共存，迎接它所帶來的挑戰。隨之而來的是與我一起成長，令人震驚的許多「必然」——這些「必然」使得生命少了一些威脅，縱使某些造成「必然」的假設被證明是有問題的。

接下來的幾分鐘內，我試著去溝通被體制束縛的異想天開看法，它是從我特殊優勢的立足點上所看到的。我不想用近乎推理的方式來做，因爲那太浪費時間了——更何況我不善於此。相反的，我要讀一段摘錄自英國作家卻斯特頓（G.K.Chesterton）的早期作品，它符合我要討論的「人文教育與工作的世界」這個主題的情境。契斯特頓撰寫時，我正值少年，同時也是電腦時代正要接管我們之前：

> 世界上眞正的麻煩不在於它是個不合理的世界，更不在於它是合理的。最常見的麻煩是那種近乎是合理的，但又不全然。生命不是不合邏輯，但卻是個邏輯學家的陷阱。它看起來只比實際情況多一點點精準，多一些些平常；它的嚴謹是明顯的，但它的不嚴謹卻是隱藏的；它的狂暴蟄伏以待。

因爲我已經參與了世界上的諸多事件，我發現它的野性的確蟄伏以待。我看到模稜兩可的世界。但我同時也知道一個人認爲的模稜兩可，卻是另一個人認爲的規律之事。我們每個人都是透過自己獨特的有色眼鏡看世界。讓我告訴你們一些從我獨特有色眼鏡中所呈現的模糊幻影。咖啡、香菸、酒、大麻以及海洛英都是毒品。如果使用過量，都會對身體產生損害。一旦使用成癮時（它又十分容易成癮），海洛英非常具有破壞性，因此少有人會質疑對它的嚴格管控。咖啡相對來說是這麼的溫和，因此少有人會提倡限制咖啡的攝取的。在當中的第三者，可以說大麻較不易成癮，況且比起其它的東西，爲害可能較小。然而香菸和酒卻到處可以取得，但如果你與大麻有任何的關係，卻可能被關進牢裡。

動詞中的「修正」（correct）與「改造」（reform）常被指爲刑事體制上的功能，然而說是犯罪誘導，可能更能正確的表示一般將罪犯監禁之後的結果。人們認爲有靈感及創造力的社會貢獻者會留下解放的影響力做爲他們的遺產。

然而，一些重要的事證顯示，接踵而來的迷信盲從，會使得教導變得晦暗不明。二千年前拿撒勒人耶穌身受其苦，柯特・陸文（Kurt Lewin）也面臨類似處境。他是偉大的實證心理學家，卒於一九四七年，留給後世一系列「群組運動」的足跡：感官訓練、交心治療等。它甚至出現我和我太太二十年前就開始的研究計畫上。當我們完成並從事其它研究的幾年之後，有人又把這項研究報告拿給我們做複審。當時它已編輯成冊，寫好使用說明，準備要申請版權，藉以取得這項研究的法律權力。我永遠不會忘記那近乎恐慌、驚嚇的表情出現在那位拿報告給我們的人臉上——當我對他說：「你爲何不把這個丟在一邊，然後開始做別的研究呢？」

幾年以前我曾經擔任過一個大學董事會的顧問。那段時間有來自於學生的強大壓力，要求放寬學院的住宿規定，當董事會討論這件事時，我在其中。董事會成員之間，堅持維持舊有嚴格規定的是兩位被認爲是花花公子的董事。

最近幾年，我與兩個大型機構負責人有過兩次極具啓發性的對談。我是以諮詢顧問的角色，聆聽一位流露挫折感，但非常能幹的總裁談話，他正試圖領導他的（一家大型且具影響

力的機構）走出一個惱人的問題。我大概聽了足足一小時他如何使體制能務實地解決問題的種種失敗。當他終於說完後，我做了類似以下的陳述：「對於你的兩難處境，我沒有答案，並且根據剛才你告訴我的，你已經將所有可用於問題的解決之道都用盡了。但問題卻仍然迫切的需要解決，在這種情況之下，除了重新啓動諮詢，來更深入了解問題，希望藉由進一步了解找出過去沒有想到的行動方案，除此之外，我看不出你們還有什麼選擇。」接著我花了較長的時間來陳述我的立場，當我在說明時，我發現到他的脖子逐漸變了顏色，我知道當我說完時一定有什麼事情會發生——它眞的發生了。他瞪著我，拳頭狠狠的敲擊桌面，同時逐字地大聲咆哮。他大叫：「我不想了解任何事情，我只想知道怎麼去解決它！」

在第二個高階主管的例子裡，我到他那兒是因爲我在他的機構裡發現了一個十分嚴重的情況——一個非常大的缺陷，亟需導正。這個案例，當我陳述完立場之後，我得到了一段像這樣的溫和話語：「這個機構內有很多有問題的事情需要導正。但任何一個時間點上，我只能處理它們之中有限的一部份，而且讓我晚上還能睡得著覺、第二天回公司繼續上班的唯一方法，就是假裝大多數的問題都不存在。對於你所提到的那個問題，我也打算這麼做。我現在的工作還算可以忍受。」

任何置身於一九六〇年代末期學術界的人士，都應明確體認它的狂暴蟄伏以待。就像其它的體制，學院與大學很容易忘記他們的歷史，在那兒曾經有過狂暴的初期階段；一九六0年代末期不是第一次。在一九六九年初，我參加一場有二十五位大學校長參與的非正式會

議，他們在一起討論一些議題，包括當時的學生抗爭。其中有兩位高傲的堅稱：「這些情況不可能發生在我的大學內。」但六月之前，這兩所學校的校園內發生抗爭，兩位校長也因而離職。

我提供更多有關這方面的奇聞軼事給你們。以上這些是我在過去幾年琳瑯滿目的經驗中選出比較有代表性的，都能爲五十年前卻斯特頓的敏銳觀察賦予意義。

學生們所必須學習處理的模糊部份是在他們培養服務現代社會的過程中，如何面對問題是很高明的藝術形式。但要期望別人給他們答案，同樣也是不切實際的。我在一開始就說過，這些日子學生們問我的許多問題，我認爲都是無法回答的。當然在某些情況下，我仍然可以根據我個人之既往經歷，隨機應變自我歷練一番，但前提要件在於你必須先有足夠的警覺、悟力在必要時刻，掌握契機，先知先覺，啓迪自惕！你必須認知到的是，唯有你早已有所準備，時時刻刻警惕在先，準備面臨任何突發之挑戰、釐清眞相，拆穿幻象之情況下，眞相才有可能得以釐清，你才能化解對方的「挑戰」，一個人在面對生命中之各種挑戰狀況下，所必須具備的「篤定」，不是那種在事先凡事按部就班、歸類入座之標準答案，如果那樣面對世事，你必然難逃潰敗之惡運，因爲任何突發狀況都可以使你一蹶不振，幾乎每一個人所欠缺的，而且是大量欠缺的篤定沉著就是自己做好了萬全準備，如此，你才有可能在不預設答案之情況迎接新的狀況，展現篤定又正確的臨場反應，使你的現場表現取決於客觀的現場狀況，而非你主觀所提假設。我深信大學文學院各系所的課程，基本上而言，足以誘導

原本經驗不足者如何悠然面對新的狀況，以自信面對不確定，但，雖然我已說明了大學文科系所的課程利於對人對事的準備，但不表示它包含全部應有的準備。

現在我們姑且假設我的概念是正確的，而且學校當局在其傳統之大學文科、文學院所提供之課程，可協助學生們更篤定地面對新的事務與狀況，因此他們可以更適切地服務社會以及享受社會之福祉，但是學生們在準備上有所欠缺，有所不足，我希望純以組織內學生之定位，而非以教育界人士之身份立場來探究此一議題，探討事情之經緯始末。

身爲組織理論學者，我是理想主義者，這一點任何人只要一閱我以「僕人」爲題的三篇論文，所論述者分別是：領導統御、制度以及董事的服事原則，就可明白。但由於我同時又具備顧問師的身份，所以我又主張步步爲營，凡事循序漸進，因爲我的專業在於釐清事實眞相，開悟啓智，而非提供教誨式宛如公式化的答案。我一向致力於耗神竭力去理解謎團，抽絲剝繭，以合乎邏輯準則之方針見縫拆線，釐清事實，所以，就此地面臨的問題而言，我認爲你們正在接受顧問師提供有創見的諮詢服務，在此一前提假設下，我的建言如下。

首先，我認爲你們需要專業字彙說明目標。就此而言，我可以爲你們提出的目標是「使學生們具備爲今日之社會服務，以及善加利用今日社會所能賜予他們的一切福祉之能力，使之爲此服務與享用作好萬全準備」，當然你們也可爲自己找到更好的教育目標，但我仍然敦促你們能願在放棄我的建議之前，先思索一番，絕對錯不了。我之所以如此肯定，是因爲我認爲此一萬全準備必爲日後之大勢所趨。我們已經可以開始看到社會資源日趨耗竭，掌控政

府預算的要員們，開始比往昔更嚴謹地監督所有機關、學校，包括大學及高等學府在內之經費，看看表現與其目的是否相符，這些掌控財務預算之要員們，可能仍然會循往例繼續對那些少數供養精英學者之機構提供經費，支持如故，但我認爲掌權者可能不再願意再對存在宗旨遠超過實際績效的表現機構，提供補助經費了。

其次，我不認爲教育方針可以立即取代你們現有的目標，因爲在我看來，學校方面大概尚未準備如此展開施教動作，所以，請容我建議你們先對有興趣的學生與老師，開授一些相關課程（一開始不必全面開課），觀察其回應，在開始時，人數可能不會太多，但我在此地倒眞是接觸到了一些學生與老師，我深信他們會積極回應。

一開始，貴校至少必須能找出一名顧問師支持，又具備下述三個條件：

一、矢志致力於協助造就一些「願爲今日社會貢獻一己之力，以及自今日社會中合理受惠」之學子，爲此一宿願奮鬥，雖然老師皆學有專精，但更願爲上述新目標而挺身而出，奮鬥到底。

二、對以下兩個要件有徹底之投入，而且有徹底的理解：奮身致力於解開人生日常中所遭遇、面臨的一個又一個的謎團，令人困惑之問題；邁入人生新經驗的過程中，認知理解到個人本身之稟賦、資源及資產，在化解人生之迷惘、遺憾的過程中所占舉足輕重的分量。

三、他們已下定決心貫徹到底，確保校方認可此一決策，使其同僚至少不表異議。這雖

是一大艱困的挑戰，但我已參與其間，打過那場戰，事實上，事在人爲，只要有一個教師願爲之奮鬥夠了，至於他是教什麼的，文法科，還是理工科，不是重點。

找到有抱負的老師之後，第一個重大任務就是在大一新生報到之後，立即爭取到一群精英學生加入設有學分的學科共修之，這位挑大樑的教員必須用下述內容向這些學子發聲：

現在各位已取得狄更生（Dickinson）學人之絕佳機會，其宗旨在於形成一緊密結合，矢志團結的學生團體，你們共同的努力方向在於接受重要的運動及密集訓練，未來各位責任與目標如下：

1.大學生活就是小型的社會，你在這個小社會中，所能扮演的角色與你日後離開學校進入大社會之後所扮演的角色，在基本上而言，足堪比擬，就經歷方面而言，亦復如此。

2.在教師顧問之主導下，學生將共同檢視大學生活對他們成長經歷的影響，學習如何去規劃及管理自己的成長，包括目前以及畢業後不同階段的成長在內。

3.學生要討論大學生活中如何對大學資源作最大可能之利用，相互磋商並且向科系指導老師尋求諮詢，以利日後出社會之後適應無礙，如此學生日後在合法享用社會資源時，不致於受到挫阻或遭受打壓。

4.學生可共同組織起來，有所作爲，爲他人服務，從這方面而言，可在學生階段就對他人有所貢獻，另一方面也可學習、認知高品質僕人與低品質服務給人的觀感，這兩者的差別有多大，此一認知對當事學生日後在人生事業上之規劃，其俾益之大是可想而知的。

5.必須強調，就是同學們將此一入世受惠及施惠之「志事」的重要性放在課業後之第一順位，遠在其他課外活動或社交活動之前。這正是此一學科之重點所在，學生們可藉此機會養成利用時間、自我鍛鍊精進。同學們參與此一學習歷程的績效，需定期加以檢討。

以上的課程安排，大體而言，可無差別地推介給所有大一學生，我本人在這一方面略有所得。我深信只要有一名夠份量、夠水準的教員願意投入，出面輔導，雖然不見得有很多，但必然就有一些學生願意參與其事，己利利人，爲日後的規劃強化助力。

另外有一個觀念是，在校園之外的才是眞正的社會，在校園內則是另一碼事，校園生活是爲日後的社會生活預作準備的，我不認爲如此。事實上，學校本來就是眞實的社會，學生們在學校時又在唸書又在經歷人生，說學校是個眞正社會，其不公不義與任何其他現場、環境，或社會相較之下，沒有一絲一毫的遜色。

就我前述的入世受惠及施惠之兩大人生本領而言（我之所以稱之爲本領是因爲不論是受惠或施惠均時須具備嚴格之萬全準備），是爲了使一個人要想在一切弔詭難測、不公不義、隨時隨地可以壓倒公平與正義的現實人生中，保持自己有所作爲。站穩腳步向前行進，進入社會之後，使自己爲社會所用，發揮價值，在校期間自我的精進及磨鍊，自然要比進入社會之後才去摸索，一天到晚被盯得滿頭包要好多了。我覺得在大學階段文法科課程之修習期

間，趁早經歷磨鍊，要比高中畢業後之任何時機均爲適切。

當然，可能要耗費不少工夫才能導正學生了解座談會之標題，因爲此座談會之主題是「人文教育與工作中的世界」，必然有不少人以爲我要針對文法科的大學課程提出新理論，或論述其對工商業或其他行業之相關性，或是對特定職業的職前教育的意見。廣義而言，文法科教育的最大益處在於文法科教育並非任何一種專業能之養成教育，但對於專業職能而言，具有普遍之適切性，學生在之大學校園場景中生活與學習，客觀而言，相當眞實，和眞實社會相去不遠，可與人生任一階段的磨練相並論。此外學校必須明確地致力於教導學生在爲其所身處之社會盡心盡力，同時自其中受惠，將大學之生活經驗視之如一工作實驗室。

身爲各位不請自來的顧問，我希冀規劃出一種可讓各位朝向提升文法學科與在工作中生活兩者的相互關係，使此互動關係更緊密地結合，而且是其對大學資源最低耗用及對學校當局之課程安排沒有干擾之前提下有所作爲。我回想起，有次演講時，曾有學生說：「果當年我還在唸大一時，就有師長對我講述這些大道理就好！」

學校當局對於人力資源之運用

悟得・偉爾森基金會（Woodrow Wilson Foundation），自莉莉善款（Lilly Endowment）贈與處取得一筆經費之後，執行了一項多達七十五個大專院校、而且多爲文法學院參與的企畫案，來自工商業及政府單位的精英分別以偉爾森研究委員的身份在校園進行交流。一九七四年秋季時，來自七十個參與學校的代表匯集於威斯康辛州展翼會議中心，共同分享他們參與的心得，以下就是我本人在會議中心開幕典禮的發言內容。

在我看來，由莉莉善款的目的在於支援偉爾森基金會資深學人的爲期三年企畫案，爲期三年，基本上是健全的觀察期間，這筆善款可以促成一個機會，一個可供研討、學習及如何完善利用資深學人之人力資源，爲學生們謀取最大的教育裨益，以期無論是對資深學人、對學校當局與學生間之協調而言，乃至於對其他系所，對校方而言，均可成就珍貴無比的成果，當然，最主要的受惠對象仍是學生。

在日後必須再度對於此一企畫案提供資金時，時間大概在一個月之後吧，到時應首先考慮自何處募款，我在現在仍無概念，那些捐款可能之機構及單位之人員，到時將如何評判這種性質企畫案之價值。目前所能向各位提出的最佳獻言，就是將我所知有限的資訊全盤托出，並且依據我自己的親身經歷，提出一些如何能讓資深學人對大學生之服務發揮到最大限度，超越一般的期望。在我看來，唯有如此，方可以確保此一企畫案，長長久久。

我相信資深學人企畫案，已經有了個好的開始，但儘管如此，好的開始不必然意味著資深學人之資源已經做最有效的利用，如果我的判斷正確無誤，我敢斷言此一企畫案之遂行的主動責任乃是落在校方肩上，而非落在偉爾森基金會之上，因爲基金會方面頂多也只能提出一些建言而已，以下我將就對校方的發言作一宣示，我現在要論述的是，學校當局要如何

做，才可能將資深學人的到訪對學生發揮最大的價值？

我對專精領域各有不同之社會精英走訪校園後，對學生們所可能啓發之貢獻加以歸類，大致可以分爲三大類：(1)有些大人物級人物必能吸引一大群人，使學生們即時了解時下流行的新聞話題；(2)還有一些高級份子對校園主要的貢獻是促使學生們閱讀他們的散文詩，在校園內舉辦音樂會，舉辦開放式之演講……等等。(3)各專門領域的專家學者、科學家等等，除了在高等教育與其專長相同的師生之外，不太可能引起社會大眾對他們專業領域的興趣，當然有時走訪校園的學者，也可能經由前兩種方式對校園做出貢獻，但對校園之貢獻，不外乎，就是上述各種方式或途徑，這些專家學者全部有機會可對校園奉獻心力，只要校方有意願，有雅量接納他們，他們就可以在學校的機制內扮演正面的功能。

一般而言，沒有人特別將偉爾森基金會資深學人歸納入上述分類，只不過若干資深學人恰巧有機會在上述一個或兩個分類活動中，有卓越之表現機會而已，在此情況下，這乃是一大恩典，不折不扣的恩典，當我在閱讀完報告之後發現，其實，美國各大學企圖以上述傳統歸類方式，讓傑出學人對校園做出最大可能之貢獻，而且有時此一企圖，觀眾在現場結束時，報以熱烈掌聲，觀呼不已，這也不必然意味，那些貴賓已展現了最大的貢獻。

就我自己的情況而言，當我一度具備資深學人之身份時，校方的回收問卷結果顯?示現場觀眾之回應極爲熱烈，但從我的觀點而言，思索一個像我這樣的資深學人可以爲大學生們做些什麼？我不相信我十足有效的被利用了，我在校方仲介下做的，還比不上原本可輕易達成對學生的助益。

當我研究了資深學者的背景之後，我認爲自己可以算得上是非常具有代表性的資深學者。我在名單上發現了一位比較不尋常的人士，就算他是前參議員馬格魯特・柴斯・史密斯（Margaret Chase Smith），他原本可以理所當然地被歸併三大類中的第一類，他的名氣必然可以吸引一大堆人潮聽他發表高見，以其他方式對校園作出貢獻，但是，資格，尤其是我們其中大部份人的資格條件，正是此人力資源企畫案之宗旨之一。我們必須是去工商業界或專業領域，或政府機構有充分歷練的俊彥之輩。假如學校當局是自己出資邀請，有資格被歸納上述三大類的高級知識份子，而且能被邀請走訪校園的名望人士，我看我們之中有幸被邀請者，必然寥寥無幾，因爲我們可能無法在一般預期的高級資源人力中大展長才。最近我曾另獲邀請以學者身分走訪校園。因在某些地方，還有第四種分類可供我的專業領域使學生直接受惠。我現在就將像我這類人力資源可以發揮的最大功能，及必要安排作業在此作一敘述。

我自親身體驗中深知，無論是任何一所大專院校，其中若干學生社團之成員，日後必能在社會上榮膺重任，大放異彩，前途一片光明，日後之成長，不亞於甚至超越今日的社會賢達、資深學人的顯要地位，這些學生中之精英份子已矢志要服務人群，他們努力奮發，背後並無任何分數、學分或學位之誘因可言，他們現階段的目標乃在培養日後擔任更大社會責任

的能力，正確地作出直覺判斷，足以將高級知識份子與泛泛之輩作一明顯區隔，足以彰顯此一區隔的能力，一般而言，在大學求學階段有潛力的學生們，對於本身的潛力也只不過是隱隱約約地感知，當他們進入社會，起初對於自身在這方面的潛力也是所知有限，他們之中有些人日後將這些潛力發揮到極致，但並非個個如此幸運，最後脫穎而出者不但已付出極大代價，就社會而言，亦復如此，世間豈有不勞而獲之事？如果老師有心挖掘優秀的學生，予以及時鍛鍊，假以時日之後便能成大才。基本上跟發掘及栽培運動選手並無差別，這些學生在大學時代的成長可以和運動員在專精運動項目的表現，一樣地耀眼亮麗。我曾一再親自目睹無數次。

也正因爲有潛力的學生値得資深學人予以輔導茁壯。但是如果學校方面並沒有任何持續性之建制，夠水準的學生如何得以善加利用資深學人走訪校園時所帶來之啓迪，一切只是「走馬看花」，有「曇花一現」，「教育」的啓示效果仍是極爲有限的。我曾以訪問學者之身份前往，校方已將若干這類學生齊聚一堂，以聆聽我的專業現場，但我也曾前往無此前置作業配置的學校，且與校園一般學生交談過，不過我向各位保證的是，我所可提供給學生們的啓迪開示，其效果是非同小可的，而且請記住，我相信本人在此一企畫案中所邀約的各資深學人諸公而言，是十足具有代表性的。

當然，以運動選手培訓養成計畫作爲模範加以比擬，不見得非常妥適貼切，但，我在此想強調的是，在我看來，日後在社會上擔當重責大任的學生必須接受特殊輔導，才有可能智

慮熟成，正如同有潛力的運動員，其天才仍然必須有教練從旁輔佐，有朝一日才有可能締造佳績，在田徑場上大放異彩。另一重點就是校方的態度，學校當局也能認知，學生成長是校方責無旁貸的責任。

我已經指出過，這類水準級的學生必須篩選出來，就運動員之選拔而言，是比較容易的，因爲他們入學之前，有這方面的成績可供了解，但就日後能在社會上成樑成棟者而言，豈是一眼可以看出來的？甚至學生本人也不見得自知稟賦在先，所以當然必須由老師向學生們闡述此一概念，使學生得以認知，並在自覺有此稟賦的情況下，適切回應。我已經與相當數量的大學生交換意見，深知若他們有此潛能，他們必然知道我的用意何在。

我指的未來能在社會上承擔重責大任者一詞，你當然也可解釋爲領袖級人物，這不是職業的分類，與當事人從事何種行業無關，此一潛力，有可能潛伏在日後的律師、醫師、工程師、企業人士、科學家身上。領袖級人物不是去課堂上課可以造就出來的，但這是可以輔導協成之天才，以校園爲實驗室，學習如何負責。

學校當局不能仰賴資深學人推醒學生對於他們自身潛能的覺悟，資深學人又不見得原本就是教育工作者，他們有何能耐叫他人覺悟呢？此外，學人們又沒有在制度層面建構師徒關係存在，讓學生發現自身潛力。使其接受資深學人之輔導乃是校方責任，再者，資深學人的定位並非角色的模範，他們出現於校園，對於有潛力的學生是一種特殊智慧源頭，特別是能敏銳認知學人的卓越經驗的學生。

第六章 基金會的僕人領導學

對基金會而言，最困難的服務方式可說是基金的贈予。基金會若想做好服務，必須不斷地評估接受基金會捐款者的反應。企業、大學、教會和醫院等，然而接受這些機構服務的人，評量其服務價值態度都很直率。然而，除了稱讚以外，基金會很少聽到其它有關基金會的評語。基金會通常對於批評都感到非常的不自在，因爲，拿基金會錢的人幾乎從來不會抱怨。在沒有批評的情況之下，基金會很難改善它的服務。

我認爲基金會所犯的錯誤，在於基金會認爲他們的生存是一種權利，而不是特權。他們是有權利，是合法與否的問題。服務於基金會的人——包括董事及職員在內——他們是有特權（privilege），而不是權利的問題。所謂「特權」的概念應被更清楚的界定與強化。

我曾擔任七個基金會的顧問，規模有大有小。我的經驗告訴我，在多元化的社會裏，基金會具有的潛力。所有的現代機構裏，基金會是最能夠受到董事會的領導影響。因爲如此，基金會有機會成爲僕人領導學的典範，成爲其它機構學習與模仿的對像。

基金會董事

有關基金會法律、財務與程序方面的文獻很多，而我所關心的是比較不爲人知的一面：基金會對社會大眾與機關的影響。我對這個議題的興趣，來自於我對非政府機構的關切。隨著時代的變遷，我們對非政府機構的要求也有所改變，這些機構包括大學、業界、教會、公益單位和慈善機關。在現有的組織規劃之下，這些單位的行政人員與職員無法適當地回應社會對他們的要求。在這種情況下，董事們必須採取主動，以對應這種新的局勢。

就我所知，基金會董事是少數能在短時間之內，提昇美國社會品質的人。

我對基金會的偏好，源自於它們對我們的多元社會提出了迫切的貢獻。我認爲基金會不論規模是大是小，都能夠扮演有用的角色。重要的是，基金會都能夠持續它們對社會的影響，爲了生存做必要的調適以及維持足夠的自主權。

如同其它義務機構一樣，基金會的存在與社會大眾和政府對它們的喜好程序有著密切的關係。但與其它機構相比，基金會的存活期較不穩定，因爲它們似乎是稅務特權下的產物。此外，基金會被認爲是一種次要的機構，因爲它們不直接提供公眾服務。基金會基本上是一大群能將手邊非特定款項，用於多種社會公益的董事。這是非常特殊的職務。基金會所給出去的錢不但可以做很多事情，也能讓基金會成爲一個品質、誠信與效率的榜樣。

基金會最大的權利在於基金分發的決策過程，這項決定幾乎就是基金會董事的特權，因爲基金會的職員通常不具有大學教師或醫護人員的自主性。此外，基金會是新的機構，沒有什麼傳統可循。由於基金會沒有特定的服務對象，而且基金會的業務是金錢的贈予，而非服務，基金會向來很少聽到與它們工作有關的抱怨。如此一來，董事們所聽到的批評，大多來自於不要基金會錢的人或是沒有拿到基金會錢的人。這些批評對基金會日後決策的修正與發展，沒有很大的影響。

言之有物的批評能使所有的機構和所有的人，把份內的事做得更好。基金會不是沒有受到批評，但基金會缺乏言之有物這一類的批評。因此我們對於某些社會賢達人士質疑基金會是否有存在的必要時，並不感到意外。由於這些情形，基金會董事的義務遠較其它營利或非營利機構的義務來得更艱鉅。就基金會而言，**董事就是代表這個機構**。

對於從事基金會幕僚工作的人來說，他們了解到向基金會申請補助的壓力是與日俱增。他們曉得要判斷一個申請案的價值是不容易的，他們也知道因爲經費的限制，不得不回絕許多申請案。一些敏感的人把這種工作稱之爲「腐敗的工作」，因爲向基金會申請款項的人，不管多麼有來頭或多麼有社會地位，都免不了要向基金會低聲下氣。對基金會的職員來說，這種高高在上的感覺，是一種嚴重的職業病。並非所有在基金會工作的人都會染上這種病，但是得病率是滿高的。過去曾有一位基金會的職員建議，把在基金會服務的年限定爲十年，以減少弊端。

康寧金博士提出：「施捨也可能是潛在的不道德行爲」。此一見解雖然有待商榷，但我在基金會工作的經驗使得我贊同這個立場。我之所以引用康寧金博士的話，並非要責難基金會，而是要讓人們曉得基金會的工作有多麼的困難和危險，而且也要讓人們曉得基金會的工作性質。此外，對於處理款項申請的行政人員來說，他們的負擔是最沉重的，而通常董事們都不會接觸到這個工作層面。

既然基金會的工作人員很容易受到外界的影響，那麼就必須有其他的人來監督他們。如此一來，基金會董事們就成爲這個機構誠信的孕育者與守護神。爲了扮演好這個角色，即便是在小型的基金會裡，董事們必須幫助他們的行政人員來面對款項申請人。爲了達到這個目的，我們可以把專門處理董事事務的職員與專門處理款項申請的職員，做一個明確的劃分。

就我所知，基金會通常在法律、財務與程序方面都還過得去。有關基金會日後發展的問題，則取決於它們是否能夠建立並維持一個相當的品質、誠信與效率的水準。

這是什麼意思呢？一個具有相當品質、誠信與效率的機構的證據應該爲何？誠信可說是遠見，也就是說基金會必須在還能夠自由行動的時候，預測它們將會碰到的情形並加以處理。不過，基金會處理款項贈與的行政人員，不太可能在這方面採取主動，而基金會董事們也不會認爲採取主動是什麼大不了的事情。董事們對他們所扮演的角色應該要有認知，而這個認知會促使他們採取主動。

如果，正如同我所言，基金會董事們就是基金會本身，那麼基金會董事最大的義務就在於採取主動，建立基金會的誠信。我們過去未能把握機會建立誠信，那麼下個機會的到來可能比想像中的要快。根據我的經驗，基金會董事們多半不認爲那是他們應該扮演的角色。他們大部份的時間都用於開會，討論獎助款提案以及討論政策問題。不過一個商業性質的董事會傳統的做法，是把行政工作分配給各層級的職員。當官僚惰性發生時，通常的解決之道就是在行政金字塔的頂端，添置一位行政人員，而這個人會爲這個機構帶來一番新氣象。

這種做法目前受到很多公司行號的質疑，這種做法也不適合基金會使用。在這種政策之下，在基金會處理款項補助的幕僚，通常都找不到也留不住人才，而這些人往往都是品質誠信與效率的象徵。

某些頗有才幹的人會任職於基金會，他們當中有些人對前面所提到的職業病具有足夠的免疫力，使得他們在基金會的事業既長久又蓬勃。但是，有太多的變數使得這種事情不常發生。

基金會董事們在職員的協助之下，要策畫贈與人員的適當工作結構，而此一結構將會吸引並留住人才。董事會在這方面所做的小小投資，將會有很大的回收。

基金會被視爲機構中的榜樣，有機會成爲這個混亂與沮喪的世界裏的一個理性的聲音。這個理性的聲音過去究竟何在呢？當年輕人的大學入學率從百分之十五增加到超過百分之五十的時候，有誰注意基金會的工作、有誰聽取基金會的心聲？

的確，大學入學率的增加是拜政府補助所賜，而入學率的增加大多出現於公立大學，可是政府並不是社會上最佳的工作監督者，基金會的職員可以幫助董事成爲受尊敬的監督者。

自第二次世界大戰以來，來自政府、基金會、業界以及個人的補助款，已成爲大學的重要經濟來源。對基金會而言，它們大部份的款項都給了大學。由於捐款人通常會架空學校行政體系，某些大學在這段期間，因爲領到補助款反而變得更脆弱。

大學的教授、系所和學院，有時候有如企業家，他們較少對自已的大學負責，反倒向外界提供款項單位的負責。如此一來，捐款人便能夠左右大學的一些政策，大學行政人員的角色則變爲接收並分配補助款項的人。至於補助款要怎樣使用，他們通常無權過問。因此，在某些情況下，捐款人反而變成了大學的行政人員。

領到補助款的大學教授，不管是一個人還是好幾個人，有的時候會帶著他們的補助款跳槽到其他大學。大學所扮演的角色已被貶低爲這個過程中的仲介人，很不幸的，基金會助長了這種趨勢。基金會最能夠來幫大學改善這種情形，但是基金會董事們必須要承認這個問題也是他們的問題。

董事們對基金會的責任，在於他們要有新的態度，那就是基金會既不屬於公家，也不屬於個人。形容基金會最好的說法就是託管，也就是說，在法律範圍之內，董事們根據他們的判斷把基金散發出去。如果董事們可以不再把他們的角色視爲私人性質，而把他們的角色當作是託管，那他們就可以開始建立有效的方法。

基金會如同其它的機構，不論營利或非營利機構，它們的董事所扮演的角色，在最近受

到了矚目，而有關基金會的文獻也愈來愈多。這種對基金會的關切，我認爲是大眾在衡量它們的總體品質與表現的時候有了不同的標準。到目前爲止，如果某個單位在它那個行業的排名很前面，那我們就認定它是優良的。而現在呢？我們基於這個單位的人力與物力，考量他們爲社會所提供的服務。當我們這麼評斷的時候，一些排名好的單位可能就未必是績優單位。

這或許可以解釋爲什麼人們會苛求一些優良單位。在這種情況下，人們對於沒有納稅義務與市場的壓力的基金會，可能會抱有非常高的期望。除非大多數的基金會能夠成爲其它單位的表率，否則我們目前所知道的基金會可能不會有長遠的將來。

審慎與創造力：基金會董事之職責所在

基金會與其它機構有下列三點不同之處：

- 基金會是唯一某些賢達人士認爲完全不應該存在的機構。社會上對其它機構雖有諸多批評，但還不至於要取消這整個機構，而基金會是唯一的例外。這種反基金會的心態在美國國會中也可見到。
- 在所有不同種類的機構裡面，基金會的決定是最容易受到人們的質疑。某些賢達人士讀到基金會的款項贈與報告時會說：「如果我要捐出這些錢，我會選擇更好的目標。」他們或許會批評其它機構的某些方面，但他們不太會說如果他們可以全權負責這個機構，他們會做得更好。然而，他們對基金會卻這麼說。

●基金會是唯一完全不受市場影響的機構。其它的機構如教會、業界、學校、政府機關、醫院或博物館，都有自己的市場。也就是說，他們的顧客對這個機構的成功與否有直接的影響。基金會只要合乎法律的要求，而個人若要表達對基金會的不滿，唯一方法就是透過政治方式。

以上這些情形出現於各種基金會。既然基金會的存在與社會人士和政府對他們的態度息息相關，既然基金會能夠爲我們的多元社會提供寶貴的服務，今後基金會政策的制定，必須要透明化。考驗基金會政策的方式有二：**審慎**與**創造力**。

首先，所謂審慎的考驗就是要做到小心謹慎。某些機構可能會變得好大喜功或叛道離經，如果市場認爲這些發展是不恰當的，它會給這個機構一個警訊。如果這個機構的作風還不是太過份，就可全身而退。可是基金會在缺乏市場考驗的情形下，一個粗心大意的指控就可能永遠沾污了基金會的名聲。

美國國會於一九六九年通過稅務改革法案之前，曾經有過一陣子，對基金會的定位搖擺不定。一些大基金會所做的捐款決定，被大多數國會議員認爲不負責任，所以在稅務改革法案當中，國會對於基金會的活動加以限制。

要謹慎並不難，也就是說，對一個天生謹慎的人，謹慎並不困難。如果基金會的工作人員很謹慎，要做到謹慎也不困難。可是對基金會而言，如果審慎只是唯一的考驗方式，對基

金會的生存會有很大影響。人們一旦認爲基金會做事不審慎，便會有立即的反應。

另外一個值得考慮的就是創造力。所謂創造力就是要激發對社會有用的想法與做法。創造力會牽涉到風險、實驗與努力，與審慎相反。比方說，亞洲的綠色革命（Green Revolution）與基金會的工作有某種程度的關聯。基金會可能比人們認知中的更具創造力，可是當我們看到大多數基金會的工作報告時，卻感受不到。然而，基金會目前所迫切需要的就是創造力。認爲基金會不具創意的想法已是根深蒂固，批評基金會的人說：「某些基金會的工作具有建設性，但仍不脫窠臼。」一個例外就是亞洲的綠色革命，人們會說：「我怎麼沒有想到這個？」換句話說，對於眞正具有創意的基金會工作，人們不太可能去批評。

以亞洲的食物需求爲例，傳統做法可能會把西方的科技、肥料、種子、工具、取水的方法引進到亞洲，我們過去這麼做，卻沒有收到效果。最後解決這個問題的是一項新的發明，是一項植物基因改造和接枝工程。這可能就是對基金會創造力的考驗。有可能發生以下的狀況：創造力的考驗促使基金會尋求解決問題的方法，而審慎這項考驗得出的結論卻是告訴基金會，也許不應該用它們的基金，去影響解決問題方法的選擇。

我曾說，要一個審慎的人小心是不難的。要眞正具有創意的人有創造性也不難，但是我們要給他們支持、支援以及不要讓他在做事時受到限制。可是爲了發展創造性所做的行動，卻往往會被認爲是不夠審慎的。因此我們可以這麼說，**基金會的存亡取決於，具有影響力的人們是否認定基金會能夠同時具有審慎與創意**。要同時通過這兩種考驗是很困難的，不論大小基金會，都會面臨這種嚴厲的考驗。

小型基金會的董事常會說，如果我們有大型基金會的職員，我們會變得更有創意。可是職員的多寡並不是問題的癥結所在，問題癥結是在於基金會的結構。大多數的基金會都有結構上的瑕疵，董事們通常都不認爲規劃能夠經得起審慎與創造力考驗的機構是他們做董事的義務。這個基本的問題存在各種基金會。

基金會董事最關切的事情有一項：身爲董事，在不受外力的影響之下，他們要讓具有影響力的人們認同基金會的工作是審慎又具創造性的。基於下列原因，基金會董事必須要有自己的顧問，且必須要有採納或不採納他們專業職員意見的能力。

董事會需要獨立顧問的主要原因，與基金會一項特殊的情形有關：基金會長年受到非營利組織申請基金的壓力。非營利組織是否能夠得到充分的基金，部份取決於基金贈予。換句話說，取決於這些機構如何處理他們與基金會的關係，以充分獲得他們的資助。基金的贈予已經昇華成爲一種藝術，在一些大的機構裡，有些職員的工作就是研究並撰寫基金申請函，與基金會的職員拉關係。小型的機構沒有這種人力資源，於是便求助於顧問公司，這種情形使得基金會的職員疲於奔命。

這種不斷的壓力，對基金會的人員來說有不良的影響，這種危險若發生在其它任何行業都會被認爲是職業病。來自基金申請人的壓力，扼殺了基金會職員與董事的創造力。我們曉得不受問題影響的人最能夠發揮創造力，基金會職員不斷的受到來自於申請人的信件、電話

的轟炸，實在很難培養或發揮創造力。這不是說基金會應該避免接觸這種經常性的壓力。這種與捐款申請人的交往必須維持，因爲他們所提出的申請案有部份是受到基金會的支持。小型基金會可以延聘一位顧問來幫他們處理這方面的事。重要的是，所有基金會的董事們都不應該跟基金申請人有直接的往來。當然，董事們會參與基金贈予的決定，但他們個人不應該與基金申請人有任何接觸。

基金會在對待所有的申請人時都應該審愼處理，原因是申請人所提出的案件能夠經得起審愼與創造力這二項考驗的並不多，而董事們也不應該指望他們日理萬機的職員們能夠爲基金會提供創意。如同我所講的，創意的培養與發揮需要來自那些不受到這種壓力影響的人。

如果像我所說的，基金會在經費的使用方面必須有創意，那麼董事們便有設置以處理申請案件爲獨立業務職員的義務。這些獨立職員的任務是爲基金會提出具有創意的計畫，並且與基金申請和決策過程完全隔離。在一所大型的基金會裡，如果有二組完全獨立的職員向董事會負責，這種做法可能會奏效。

反對這種做法的人會說，這麼做要花更多的錢。但我的回答是，錢當然會多花，但你能不那麼做嗎？如果一所基金會不論大小，想要通過審愼與創造力的考驗，他們就必須由專人專門處理由基金會本身提出並具有創意的計畫。

對董事們來說，維持一批直接向他們負責的職員，照理說能夠讓基金會更有效的服務社會。基金會的結構應該讓它們更能發揮本身的實力，以通過審愼與創造性的考驗。對受到市

場影響的機構來說，這種創新要負擔很大的風險。但基金會在這方面的風險較低，因爲他們沒有特定的市場。如果基金會董事們認爲他們對社會的義務是資助具有創意的計畫，那也許第一步就是在他們本身的組織結構上發揮創意。

目前所有組織學理論都與大機構有關，然而，基金會是個例外。基金會不論大小，都有著同樣的問題和機會。對他們來說，審愼與創意是同等重要的義務。

在這篇文章的開頭，我列舉了基金會與其它機構不同的三個原因，如果基金會能夠變得更有創意，第一種狀況將變得微不足道，如此一來基金會便只剩下一個主要特徵，那就是不受市場的考驗。基金會或許能夠與這種狀況共存，但既然我們目前不認爲基金會有足夠的創意，而且上述的三種狀況情形也滿嚴重，認爲基金會應被廢除掉或者受到嚴格的限制見多識廣的社會人士，有朝一日可能會如願以償。

對董事們來說，這種悲劇可以分爲二方面：

1.如果基金會消失了或受到嚴格的限制，那些本可將基金會發揚光大的董事們將會良知不安。

2.那些本可爲基金會所扮演的審愼又具有創意的角色、並提供領導人才的董事們，會因爲喪失這個機會，而導致個人生命喪失發光發熱的機會。

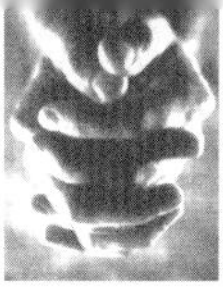

第七章 教會的僕人領導學

我是研究組織學的，研究如何辦妥事情，研究作事的方法，怎麼樣做才會事半功倍。「宗教」這個字的本意是**再結合**的意思。宗教所關心的就是把人類和宇宙重新結合在一起，消除這二者之間的隔閡。

我對宗教的觀感與神學無關，我能夠對神祕的宗教嘆爲觀止便已心滿意足。我不覺得要爲宗教尋求任何解釋。我碰到許多人，他們對宗教的關切表達方式與我相差很多。對我而言，教會是人類信仰的機構。身爲機構的一種，教會與其它機構相比，差異不大，教會與其它機構一樣。

下面三篇短文中的二篇原刊登於朋友雜誌（Friends Journal），第三篇是對天主教的聖方濟學校修女會的演講稿。在我看來，這三篇文章都是講教會要如何盡其本分，也就是如何加強教會消弭天人分離的能力。

在談到僕人領導學與教會這個主題，請諸位要留意我對教會以及他們爲社會所提供的服務的廣泛關切。對於需要幫助的人來說，教會是必要的。但令人遺憾的是，在大多數的情況下，教會的表現似乎並不足夠。在這一方面，教會可以接受別人的幫助。而且他們在受到外

界幫助的時候，可望成爲僕人領導學方面的借鏡。

論二十世紀末之心靈醫療尋求者

有人說：先知料事如神，言之有物。與過去的先知能夠相提並論的當代人士，在談到當前問題的時候，都會提出較好的建議。先知之所以地位崇高，是因爲人們對他們的話有所反應，如果人們對他不理不睬，他們的才能可能會凋零。

如此說來，造就先知的人是尋求他們意見的人。就目前而言，尋求這種建言的動機，以及回應當代先知所說的話，可能就是我們成長的轉捩點。

不認同這種說法的人強調，他們對過去的先知較有信心，認爲當前的先知不了解他們的狀況。我們無法和一位已過世的先知互動，但我們可以跟一位活著的先知溝通，所以英吉牧師說：「所謂信仰就是選擇一種較爲崇高的假說。」

這種看法，似乎受到貴格教派領袖福克斯那個時代的支持。在貴格教派創始之前，許多人期盼具有新觀念領袖的出現。因爲有了這種期待，福克斯的宗教運動才會日漸茁壯。

我們的時代與當年有顯著的不同，許多人在尋求建言，可是卻不知道該聽誰的。過去二十五年當中，建議的數量與種類激增。提供建議的方式包括靜坐、生理回饋、心理輔導等。

尋求幫助的人對於能夠幫助的單位種類之多感到困惑，而且很不幸的，他們不能夠了解到尋求幫助的結果是爲了解決一個人的道德困境。

福克斯對尋求者的服務之所以這麼有名，是因爲他提出的道德標準，而這種道德的力量一直延續至今。福克斯最大的貢獻不在於神學，也不在於對受難者的照顧，這不是說這二者不重要。對我來說，**貴格教派的傳統之所以能夠長久，在於該教派多數的信徒能夠擁有民胞物與的心以及對社會的責任心**。由於受到福克斯的感召，某些當代機構，尤其是商業機構，有了顯著的改善。

我們與福克斯的時代相比，遠受到公立以及私立機構的影響。這些機構都在尋求新的使命，藉以提昇他們對社會的服務地位，降低他們造成困苦與不公的影響。

理查・格瑞葛（Richard B. Gregg）在四十多年前曾說：「基督宗教需要能將人類團結理念付諸實現的社會計畫。」今天來說，這種需求更爲迫切。目前我們對尋求幫助的人，所提出的是一種新的主動性，它就是：(1)尋求幫助的人必須要負責找到，並回應能指點迷津的當代先知，使其能爲社會提供更有效的服務。(2)尋求幫助的人對於人們隨口所說的建議不要做太多的回應，因爲對他們的幫助有限。對於這些尋求幫助的人，我們可以仿照「無名戒酒會」，成立名叫「無名追尋者」（Seekers Anonymous）的組織，參與的人都是無給職，經費來自於尋求幫助的人。對於那些參與的人來說，治癒來自於參與的過程。

「無名追尋者」（Seekers Anonymous）在意義方面就是宗教所說的「再結合」，目的在於結合人與天之間的分離，癒合人天分隔的情形，重建人類在社會中所扮演的服務角色。

某些具有力量、遠見、品格、能力與衝勁的人，目前正積極的考驗我們對他們領導方式

的回應。在眾說紛云的情況下，我們努力的要認清那些才是眞正先知的意見，那些意見才能夠幫助我們。我們當中究竟有多少人在情感上、在心智上做好準備？我們彼此之間是否給予對方足夠的鼓勵，使我們更具備服務社會的能力？

卡謬最後一次公開演講的結語說：「據說，偉大的思想像和平鴿一樣靜靜地降臨在這個世界上。如果，我們專注的聆聽，我們會聽到微弱的振翼聲，那是溫柔的希望之聲。」

那些身爲尋找者組織一份子的人，將會聆聽那翅膀拍動的微小聲音，並做出回應。在仔細聆聽的情況下，新的先知會產生，這位先知會幫助他們了解到服務是達到天人一體的不二法門。在面對當前問題的時候，在面對當前許多機構未能有效服務社會的時候，天人一體的概念能讓我們目標一致，並具備容忍痛苦的能力。

「不要追隨前人的腳步，要追隨他們所追求的。」——百世豪（BASHO）

「要從昔日的聖壇中擷取火焰，而不是灰燼」——強・喬理士（Jean Jaures）

領悟的藝術

以下的文章刊登於一九七四年十月十五日的朋友雜誌中，名爲〈今日貴格派教徒的思維與生活〉。它著眼於那些我認定是福克斯在十七世紀英格蘭成立貴格會（即教友派）時，所展現之領導能力中的主要元素。《美麗新世界》作者亞道斯・赫胥黎（Aldous Huxley）在

〈長生的哲學〉一文中提到福克斯：「被新教徒聖靈改革者們賦予不朽意義的各種神祕傳統已經擴散，一如喬治・福克斯創立教友協會時，依著自身的經驗所領悟到的宗教氛圍。」

福克斯在年少時便是誠摯的眞理追求者，在他的日記中有對早期經驗的記載：「我已經拋棄了所有神職人員以及號稱豐富經驗的人；因爲我發現他們中間沒有任何人能根據我的情況與我對話。而當我對他們及所有人的期望破滅時，再也沒有任何外在的助力可以幫助我，也沒有人能告訴我該怎麼做。緊接著，是的，緊接著，我聽到一個聲音，它說：『會有一個人，甚至是耶穌基督本身，祂能依你的情境與你對話。』我聽到這個聲音之後，我的心靈的確欣喜不已……。而這些我是試驗性地領悟到的。」

在福克斯四十年的領導與傳道之後，接踵而來的是一連串迫害福克斯及其追隨者們的動蕩時期。數千人身陷囹圄，數以百計的人在黑牢中喪生。福克斯自已總共坐了超過六年的牢。在最後的一次監禁期中，他拒絕了國王赦免他刑期的提議，因爲接受了赦免，等於是承認自已有罪。他寧願留在牢裡。

依我的判斷，福克斯帶給各界人士的衝擊，最立即且永久的，主要在於倫理道德的實務面。這個衝擊十分令人動容：全新的商業道德、女權的平等、教育機會的均等，並且，在美國，貴格派教友是第一個譴責奴隸制度的教會組織，並且禁止它的教友豢養奴隸——比南

北戰爭早了一百年。

當我的文章被稱爲是「出自於貴格教派的傳統」時，它或許也適用於任何能從「這是我試驗性地領悟到的」這一句話感受力量的人。

「這是我試驗性地領悟到的」。這句話是福克斯用以解釋他在早期的傳道過程中，何以能夠獲得這般偉大的眞知灼見，那是下決心幾乎完全仰賴自己去閱讀聖經，並且接受經文帶給他的直接啓示，而非一昧地去追隨當時權威的看法——不管是民間的，軍事的，學術的，或是教會的。我所認識的「貴格派教義」（Quakerism）（當然，許多超出我的認知範圍），皆由「這是我試驗性地領悟到的」這句話所創造的意象中流露出來。這些話對於福克斯畢生的生平與思想而言，我相信是最容易被理解的。貴格教派的傳統不同於其它當代的的宗教傳統，因此很難被賦予簡單的定義；我的建議是從福克斯日記中這段話的字面意義去發掘這些傳統的核心。

傳統這般地被視爲是現今教友們的特殊契機，究竟代表什麼呢？我將以一個在組織中學習做事方法的學員身分來說明這個問題，而非以教育者或神學家的角色。

逐漸領悟的天賦，是福克斯之所以能有那般超卓的領導能力，帶領他十七世紀時的門徒去反轉基督教早期的精神及物質走向。如果少了眞正具有靈性者的無瑕特質，福克斯這樣具有多樣天賦與能力的人，充其量也不過是成爲另一個富有熱情、追隨者眾的傳道者，絕對無法擁有足以開創並引領全新運動，同時又能提昇時代新道德標準的力量。

福克斯深受他那源於猶太基督教（Judeo-Christian）根深蒂固的道德觀念所規範者。若沒有這樣的道德觀或是存有相對應的不道德觀念，可能他已經成爲一股毀滅性的力量——或許是另一個希特勒。他那令人生畏的力量恐怕早已被利用到其它方面了。但福克斯所帶給我們的新義，不全然在於道德；而是他那在試驗性地領悟的能力。他透過持續的倡導，使得一種全新且令人信服的道德意義得以生成，這項意義在當時可說是超卓的智慧。傳統的道德觀念給了他方向，而不是動力。純正的原創性靈感才是推進的動力。

靈感所賦予福克斯的，不必然是今日我們所能逐漸領悟的。領導能力，有如福克斯所展現的一般，是逐步領悟的，對我們來說，透過自身試驗的知識去領悟，在二十世紀末的今日來說，仍然是超卓的智慧。超卓的智慧也許會被定義爲能力及專業，加上可告訴人們現在該怎麼的試驗知識。有了這種超卓智慧的人便能挺身而出，展露他的領導作爲。一個人的權力得自於人們相信這個特定人士較他們更知道現在該往何處去，以及下一步該做什麼。同樣的，一旦人們改變他們的心意時，他們也會剝奪授與領導者的權力。

大部份的焦點都放在能力以及專業上（事實上也理應如此），但大多數人也都認知到用這些方式去教育的責任，而這些不全然是教友派的特有責任。教友派的傳統道德觀及許多的社會定位都是常識，雖然實際上它們或許不那麼廣泛地緊密相連。然而教導人們試驗性地領悟，對那些了解教友派傳統的人而言，或許是特殊的機會，因爲在我們這些知識份子及充滿活力的當代人中，少有人了解或是想要去了解它。

當我在這方面思考我自己的生命，我用描寫約翰・馬斯菲爾德（John Masefield）早年故事的書，其中的強烈語句提醒我自己：「再見了，學習！」我已成年，有了試驗性地領悟的一般潛能，但眞正領悟到的卻十分有限。如果在年輕時期就已知道自己擁有這種未實現的天賦，並將培養和運用天賦視爲畢生的第一要務，那該是個多大的財富啊。顯然地，福克斯的天賦並非透過良師益友而成熟。但大多數人都需要某些協助，像我就需要。這不就是大多數教育應有的面貌嗎？——比較有經驗的人教導一般資質的人，而天賦異稟者有時得反求諸己。

理性與感性水乳交融

十二年前我在麻省理工學院的史隆管理學院擔任客座教授。毫無現存的模式可依循的情況下，我開了一堂名爲「策略與決策中的直覺」的課。由於修課人數爆滿，我的課得分成兩個時段。這並不是因爲直覺的研究在當時很流行，而是那些受過高等分析訓練的心靈，熱切地想要刁難膽敢在崇尚意識合理性的堡壘中開這種課程的魯莽傢伙。但我們處得非常好，當課程結束時，許多學生都承認大幅度地擴展了對人類潛能的看法。

在這個有關意志力的知識已逐漸全方位擴充的年代裡，我覺得一些管理學院甚至已進一

步的將重心放在客觀的知識及正式分析上頭。至於人如何能強化直覺，感知客觀知識與眞正好的計畫與決策所需之間的落差，卻少有著墨。這個落差通常都是存在的，有時候還相當大。忽視管理者及其他人的正式訓練（不僅是對外在事物的直覺能力，同時也在可能是專業生涯指引的道德方面），會大大地限制了他們的自我實現。他們所擁有的一項偉大天賦，或許就無用武之地了；這樣的缺憾也對他們原本要投入服務的社會，產生一定程度的危害。

從貴格教派的傳統產生，且目前最迫切需要的，可能是幫助（不管用什麼樣的方式傳達）年輕人注意到他們試驗性地領悟的潛能，使他們能得知一些來自「意料之外」以及看似「非理性」的訊息，最終可能都是合理的。譬如，充滿驚人創意的現代藝術家米羅（Juan Miro），年屆八旬，仍然熱情洋溢地持續創作。有一次邊爲其畫作做素描邊吃午餐，一滴草莓醬滴落在他的畫作上，他思索了一會兒之後，用他的手指擴大那個污漬，整合到他的原始創意當中。福克斯也許不了解這些，就像他也許不會了解我在有關直覺的課程中所講授的一樣。

福克斯的傳統，在今日之所以如此切合時宜，是因爲全世界高度道德感的人都對領導能力有迫切的需求。他們在本質上有僕人型個性傾向（樂於提供協助，使他人變得更健康、更有智慧、更自由、更加自主，更有可能的成爲僕人），同時他們也幫助別人朝有建設性的方向行進。從造就完美的角度而言，僕人型領導學者可說是個治療師，他們經由協助別人成就較原先憑一己之力所能達到的，更大更高貴的願景與目的。本質上說明福克斯是如何以治療

師的角色來提供服務。

僕人領導學者的發展，對於教友派的傳統貢獻心力，以及有志於教育事業的人而言，都是最在意且需要的。我們不是要學習如何把事情做得更好的知識，或爲了物質資源而工作。僅僅是需要有高度道德感的領導者挺身而出，以身作則，使多數人的道德標準及能力得以提昇，並使他們能盡其所有及其所知，做出更大的貢獻。

雖然我們極需有高度道德感的領導者，但那些時時謹記這個忠告的人，他們所走的不是一條坦途，因爲很不幸地，我們生活在一個「反領導者」（anti-leader）的時代裡。一些聰明機巧、心態拘謹的人詆毀領導能力，並且極力鼓吹無領導人的社會。某些人一點也不認爲領導能力是個關鍵的問題。有個廣爲流傳的天眞假設：「偉大的制度會建構本身」。誠如一位有洞察力的觀察者所說的：「學術界的走向顯然是逐漸趨於這樣的境地：所有人只想教育那些提供領導者意見的專家，或站在一旁批評領導者的知識份子，卻沒有人願意教育領導者本身」。

當我仔細思索一九七四年夏天的美國景象時，我們似乎嚐到了這個明顯是事先安排，完全違背領導原則的政策惡果。事實上，有太多無法避免的領導權掌握在那些貪婪、自肥及腐敗者的手中。在這個人人糾纏其中，複雜的制式生活中所呈現的全貌，顯然是毀滅性的結果。對於全心投入去救贖這個「系統」中受傷者的善心人士而言，是一大挫敗，因爲「系統」

有太多的制式規範擊垮他們的速度，遠比我們提供的最佳救贖行動還要快。也許人們會分析、批評、抗議，對抗系統或痛斥掌權者，但如果在離散機構結構中的某處，沒有人有帶領機構成爲更有績效的僕人型社團的話，那大部份的努力都將徒勞無功。機構可以用法律來規範限制，也可以因外界的批評而做出某些程度的屈從與讓步，但唯有透過發自內心，具有強烈道德感的領導力，人們才可能營造出僕人型的境界。有誰正在爲下一世代領導者們（機構的建構者）做這些準備呢？

我們不僅活在反領導者的時代，同時也背負反創新的的心態。到處都是創新（有時是太過火了），在我們的小工具包內，在我們的生活方式中，在許多與我們息息相關的瑣碎細節中；那些原本應服務我們的機構，如政府，教會，學校，企業，醫院，慈善團體等，卻仍以僵硬，不合時宜，退化的模式蹣跚而行。好像這些被委以最高職責的受委託人或管理者，寧可放任他們所託管的機構，在傳統方式的運行之下，徹底失敗，而不願冒險去嚐試有機會改造傳統權力與授權結構，從而產生更具僕人導向的機構。

接受這個問題的有心人或許會問：「對於這些現象，我無能爲力；我如何才能幫助支配我們的非僕人導向機構，變成較佳的僕人型社團呢？」

對於這些問題第一個明顯的答案就是如果我們缺乏能力，我們最好是培養一些。社會就是由這些機構所組成，如果我們自覺有責任，我們不是培養一些與機構有關的能力，就是跟隨有此能力的人的領導。任何人，在某些時間、某些領域裡是一個跟隨者，而在選擇跟隨誰

時的辨明過程是相當重要的，因爲那是準備當領導者的過程。

然而在我看來，還有一個更深層的答案，那是教友派傳統的核心；也就是有能力且有道德感的人，能學習如何在試驗中領悟，使他們能很快地明瞭何時該跟隨別人，而當他們領導別人時，能以無比的智慧，持續地照亮路徑，讓別人滿懷信心的跟隨，同時也在信任中被認同。問題是如何透過教育的流程去協助更多、更有能力的人成長。我想我們必須開始進行一個全新，具現代意義的「在試驗中領悟」。然而，如果那個名詞不被定義（如我所偏好者），那人們如何能了解它的意義呢？我們都面臨著根據自身的意識來尋求該定義的兩難處境。

有一次我問佛洛斯特他那最具象徵意味的詩〈指引〉在說些什麼。他的回答是：「讀它，讀它，再讀它，它便會告訴你它的意義是什麼」。關於「在試驗中領悟」的意義，我的建議也是如此：「回到福克斯的日記中，並且讀它，讀它，再讀它，直到意義浮現。如果你是一個開放的探索者，同時又能浸淫在這部偉大的文件中夠久的話，它的現代意義便會出現，它會對不同的探索者會顯現獨特且個別的訊息。」

但不要試著和福克斯一樣！探索他的日記時，所問的問題不是「他看起來像什麼？」，「他說過什麼？」或「他做過些什麼？」，而是「他是如何學到的？」他說過或做過什麼在他那個時代是適當而有效的，但可能並不適用於我們的年代。但「他是如何學到的？」則沒有時間限制。從福克斯身上學習如何明白當代的超卓智慧。這樣也就具備了教導別人的資格。

已逝的猶太大祭司禾許，他早年成長於華沙封閉的猶太教義世界時，一定已學到了當中

的某些精髓。他說話的語調與態度有如舊約聖經中的先知親臨。有一次當他對著一群學生聽眾演講時，他間接提到了假先知與真先知。在發問的時間，有個學生問他如何去分辨假先知與真先知。他用先知般的態度回答：「**沒、有、辦、法！**」然後，他微笑著繼續說明：「我的朋友，如果真有辦法，如果我們能用儀器滑過一個先知的頭，儀器能明確的告訴我們這個人是不是真正的先知，那人們就不會有進退兩難的情境，而生命也會失去意義。然而，**對我們而言，知道兩者的區別是極其重要的。**」

我完全贊同佛洛斯特和禾許拉比的看法。在這些時代中，有能力的人「**沒、有、辦、法**」得到超卓的智慧，除非他們自己埋首於像福克斯這樣，已到達相當程度的人的著作中，然後疑惑且充滿期望的等待新的洞察力出現。他們會伴隨著客觀知識的途徑，一路分析這些知識到底。接著他們將會有一段過程，一個學習的過程，對他們而言是獨特的，透過它，他們能試驗性地接收這個能引導他們走完剩餘路程的可靠洞察力。同時他們也不會去問那個洞察力是什麼，或是從何而來。他們就單純的接受它，快樂的歡迎它，相信它，依它而行。它的可靠度不是仰賴於遵循慣例，或甚至仰賴他們自已先前的經驗。這兩者或許是相互矛盾的。可靠度，以及它所生成的信念都是存在於內心深處的奇妙程序，這個程序根植於人們言行一致的生活，以及他所信奉的道德情境中。

這種方式的風險和福克斯所處的年代是一樣的。承諾去奉行人們內心的指引是個圓滿的成就，但承諾與盲信之間的分隔線是模糊不清的，連最初的貴格教派人士都不見得明瞭。但

不論是盲信與否，由於他善於領導，福克斯早期的傳道與教導，都對他的時代產生了深遠的影響，並且留給我們可資學習的豐富遺產。

在今日，對於他這種卓越服務的渴求，和那個年代是一樣的。同時我們也能夠如福克斯一般的學習（試驗中領悟），並且合用於我們的時代，用有效率的方式去領導。

我們也可教導其他人。我們之間的任何人，只要是肯學習的，都能教導別人。我們可以有非常好的學校，如果我們能協助那些具靈性又有能力的機構建構者如他們領導者一般的成長！

我們都是有侷限性的。但我們同時也都是有天賦的。在今日的年輕人中，有些人奉行僕人學倫理，也就是藉由努力工作去取得服務當前社會及被社會服務的能力，這些人便有「在試驗中領悟」的潛能了。不管他們天賦的多寡，讓我們幫助所有符合這三樣測試的人，都能具備這項能力！

打起精神！坦途就在我們的前方！前面是安全的，我已經試過了，
我的腳也已經踩過了。——別再耽擱了。

華特・惠特曼（Walt Whitman）

建構組織的僕人

以下是一九七四年八月十二日在聖方濟學校修女會一百週年慶典致詞的一段話。承襲自聖方濟的傳統，當他的修會集會時，與會者都會帶著草蓆做寢具，因此，這次集會稱爲「草蓆參事會」。演說場所爲亞芙諾學院（Alverno College），該校係由聖方濟學校修女會於一八八七年創立。

正當你們在檢討修會的過去和籌劃未來時，我察覺到一股熱切的情感瀰漫在會議之中。因爲你們似乎是在不甚穩固的機構，傳統價值也被質疑，一般慣用的服務方式已不足取，未來顯然愈來愈難以預期。

最近我拜訪了一位老朋友，他是你們教會某個修會的領導者。我問了一個很隨性的問題：「近來可好？」我所得到的回答是：「近來可好？在這個會院裡，很好。在我們的省會院，就還可以。但論到教會其他地方，卻是一片混亂。」

如果你覺得這樣的評斷是正確的，我願意藉此機會討論，而不僅止於當成威脅。我以將近五十年的機構觀察經驗大聲疾呼，觀察與參與，而不是研究和閱讀而已。我不是說我的方式是最好的，或是對這個問題的唯一見解。但是廣泛的觀察及參與許多的機構，是我之所以

能取得這種能力的泉源。在此，我能爲各位所做的極致就是分享，分享我個人特殊的觀點，分享我對你們無法從威脅中找到機會的看法。我會與你們分享我的所有，希望這些能融入到你們原有的更細緻理解力中，並且眞正能發生作用。

讓我告訴你，爲什麼我認爲「一片混亂」這樣的評斷或許可視爲是在描述一個機會。它展現一個機會，因爲它是一個威脅。我曾經近距離地觀察過許多不同機構有能力的領導者。他們大多數都認爲長期的平靜與穩定對組織生存的威脅，遠大於偶爾的混亂狀態。所以，只要情況許可，他們會愼重其事地做些事情來引起一些紛亂，不會強到如機構創造者一般，但大到足以挑戰一個新生命。也許會有更好的方法去維持組織的生命力，但這是常用的方式之一。

我喜歡詩人惠特曼的不朽字句：「任何來自成功的果實，無論是什麼，都應啓發一些事，用以造就更強的奮鬥意志之所需」。對像我一樣的機構觀察者而言，奮鬥是非常重要的；它賦予生命，因此它是必需的。我將由混亂回復平穩的奮鬥歷程，視爲維持生命力的必要條件。

有一次我請教一位著名學校的校長，他的學校是否眞的是所好學校。他的回答嚇了我一跳。「世上沒有好學校，」他說，「但我的學校像一個學校應有的樣子。」當我要求進一步解釋時，他用這樣的角度說明：「教學是最高的藝術形式之一，而一個能建立起教學機構的人，和一個能構思畫作或譜出交響樂的人，都是無比的成功。機構的制約與教育的目標是不

相容的。」

這般籠統的概括是可議的，但依據我和許多不同的機構接觸的經驗，我會說它們都是眞的。最具天賦者原本應有最佳的貢獻，卻處處受制於機構內的生活。這可能是今日我們所正面臨的，廣爲擴散的混亂之重要因素，而這情形在你們的教會並非獨有。某些混亂的成因，或許是來自人們對於限制機構內參與，使具天賦者承擔更多的貢獻，在態度上有了徹底轉變（事實上，這也是限制了我們所有的人，因爲儘管人人都有其侷限性，但同時我們也都有天賦）。

過去的十五年中，我們已經看到人們愈來愈無法容忍這些限制了。其中，最引人注目的要算是一九六〇年代的大學了，因爲這個被挑戰的傳統是何其的神聖。學生們漸漸覺得他們過分的被利用以支持大學，大學似乎主要以教職員、而非學生的利益做爲治校的目標。某些學生的反應過於粗暴，也付出了很大的代價。我對學生的抗爭方式雖有些許保留，但我不能接受學生的叛逆行爲是非理性的說法。在其它領域中，當人們發現他們的天賦被侷限，他們的貢獻低於他們的理想時，他們會用更不可思議的方式反應。與我所成長的世界截然不同，我處處感覺到一種普遍的傾向，是拒絕去侷限做爲人自我的實現，以及爲了這個目標，公然或暗地的採取某些行動。它是面對侷限四處瀰漫時的一種新態度。

如果我們能準確的評估轉移的原因，我懷疑可愛的老教宗若望二十三世在他擔任教宗那

短暫四年裡，跟所有人一樣都和這點有非常緊密的關係。在歷史短暫的片刻中，許多西方世界的知識份子覺得精神是往上提昇的，做爲人的重要性提高了，他們聚集力量對抗壓制他們的力道。而雖然若望二十三世已經去世十二年了，他所展現的力量似乎未曾稍減。我們所有人感受的混亂，或許是因爲我們大部份人都深深地涉入在機構中，而尚未領略到做爲一個人，其實我們都有尚未實現的潛能。同時我們更進一步實現潛能的決心，也尚未完全地與機構的有力結構交鋒。所有的機構包括企業、政府、學校、教會——都因領導者沒能在新情勢之下積極地產生作用，爲了這個後果深以爲苦。

許多人悲嘆教宗若望二十三世只有短短的幾年時間從事這項偉大的工程。我卻不這麼認爲。他去世的那天，我正在爲一班聰明、年輕、雄心壯志、孜孜不倦的企業高階主管上課。我們花了一半的課堂時間討論他的貢獻其意涵爲何。我們都注意到，他去世前數日，當他知道死亡逼近時所說的：「每天都是出生的好日子；每天也都是死亡的好日子。」並且我利用這個機會來評斷老年人的用處（因爲我是在場唯一超過三十五歲的人），而我發現一個年輕人，不管是什麼領域，都不可能發揮出如教宗若望二十三世在八十歲時所產生的影響力——這是他全然正直角色的一部份。在討論他短暫領導期間的過程中，我引述了一首我非常喜歡的詩、班・強生（Ben Jonson）的〈崇高的自然〉：

它不像樹木一般的成長，

的確使人心曠神怡；若似橡樹挺立三百年，
最終軀幹倒下，乾枯，光禿，枯萎；
一日百合，美麗充滿整個五月
縱使飄落凋零在當夜——
它是光的花草，我們只看到美麗的一小比例；
而短暫的生命依然能夠完美。

我們對於生命應如何有效率的過，又如何去達成這些短暫的完美等，負有很大的責任——正如教宗若望二十三世所做的一樣。或許人們要擔負這個責任，就是必須眞實地去面對要解決的狀況。

最近當我在歐洲時，我有機會與一些天主教教友團的領袖、神職人員以及修會的先生女士們交談。和這些對話的過程中，有個非常優秀的信徒問我，我如何評估天主教教會在美國的情勢。我得花一些時間去思考，以下就是我的回答。

天主教教會在美國算是少數宗教，但我將其視爲具有潛能最大而單一的爲善力量。它沒能實現它爲善的潛能，使社會合而爲一，因爲它被視爲是居於支配地位的負面勢力。一些教會反對的議題，諸如：節育、墮胎、安樂死、離婚以及共產主義等，都是很明確且清晰的被

定義，且教會的行動都很鮮明且堅決。而教會所支持的議題諸如：和平、正義、仁慈等都太理想化而籠統，且教會的行動都是偶而爲之、也不明確。要確定的是，許多正面的善事是可被讚揚的，但它們在許多社會的影響層面上，可能難與那些負面的對手匹敵。我尊重教會反對社會上那些它認爲是錯誤的作法，縱使我並不全然同意教會的某些評斷。但很不幸的，人們對於其反對的事，唯一能做的只有中止或預防它的發生。人們必須反對他相信是錯的事，但他不能用一種居支配地位的負面姿態來引領別人。人們唯有採取有力、明確、精準對焦的正面行動，才可能引領一個機構或整體社會。我不是天主教徒，但我因教宗的領導而感到振奮，因爲正面建構的領導力似乎正在成形，這將帶給全世界新的希望。

這是針對要我評估今日美國教會的問題所做的答覆。如果今天的問題是關於一個企業、政府、慈善機構或教育，基本上，答案都是一樣的，那就是：太多精力花在防範某些事情上，而對建構更佳的秩序這件事，則做得太少。

我相信，我們必須面對的現實是，有善心的人往往更容易有負面而非正面的想法。這並不是說人類的本性是偏向負面，只是某些人已經用一種負面的說法去定義一個議題，並且展開行動去倡導我們所相信的是錯的，我們唯一能做的回應就是反對這樣的倡導。這點做起來遠比負責任的定義一個議題及開始倡導這個議題要容易得多。我們目前所處的過度動態化的社會中，有過多的議題不斷地被倡議，我們也被推擠到反對的一方，如果我們不小心的話，我們所有的精力都會被浪費在向反方移動的過程中。被這些負面行爲所吞噬的悲劇，可能是

使得對社會的領導權拱手讓人；或者如果有人成功的檢視了所有倡導的議題，這就產生了一個沒有領導人的社會。有時候，這就是我們目前面臨的兩難：這麼多善的力量正試圖終結那些他們認爲是錯誤的事，而太少的人會去注意那些支配我們機構的品質。在這些機構內，人們會再次的發現爲現況作辯解的先占心態，或是乾脆對壓制的反判視而不見，讓他們各行其事——最終的結果大概也跟壓制一樣的糟。持續或增加的混亂是這兩種反應的必然結果。

我了解「機構」這個字是有問題的。我曾經研究過這個字的詞源，它的確是有相當多變的歷史。在許許多多的歷史意義中，有一個是「助於擴充和解放的事物」。你能否想出其它單一的字，而能有同樣涵意的嗎？

在這個國家有一個習慣，就是當事情出錯時，便放棄使用那個稱呼它的字眼。如果能改變這種攻擊性的作法來保留這個字，那不是更好嗎？特別是當我們所用的是正確的字時。要保留「機構」這個字，並且建構這字對應的更偉大的眞義。讓我建議適用於我們目的的定義：「機構是一群人的結合，他們具有共同的目標，並接受共同信條的指引去追求這個目標，**並藉由相互合作來服務與被服務**，而不是由個人或在彼此缺乏認同的關係下實現這個目標。而最終，所有參與其中的人都能實現做爲人的更高成就感。」這是當我使用「機構」這個字時，我心中所想的意義。

有很多關於自我實現新需求的探討——一你們大部份的年輕人透過自己的親身經歷，可能比我的描繪，理解得更多。我想要與你們分享的是，建立全新的機構的樂觀想法，不是將

舊有的翻新，而是建構截然不同，全新的一個。新機構本身的實質，將被視爲正面的社會力量。

未來發展與產生機構的希望（事實上我看到希望已經成型了），在於建構我們現在所擁有的——在你們的情況下，首先是你們的修會，其次是你們的教會。目標是使在兩者之中建立的機構能特立於世，因爲所有參與其中工作的人，透過參與都能發現他們的天賦被認可，擴展與實現，這些是他們單獨運作時無法感受的，甚至是在慈善庇護所之下亦然。我建議你們透過實際的展示，駁斥老學究所認爲的機構侷限和教育的目標是不相容的說法，這是你們的主要任務。而且我相信你們不會藉由破壞所有的限制來完成。你們成功的展示也許加入了比以往更多的限制，更嚴厲的紀律。但你們所設計的將會是適合所有參與其中的人的偉大機構，因爲每個人的特點與個性都將到達從未有人能獨自或協同他人完成的境界。我將這點視爲這個時代非常重要的挑戰，而且我相信在我們能預期政府、企業、醫院及慈善團體能接受挑戰之前，教會和學校這兩個最基本的機構首先必須面對。運用它們現有的創新精神，教會和學校必須使他們自己成爲卓越的機構，讓所有參與其中扮演各種角色的人，都能在他們個別的參與情況下，找到他們做爲人及有利於實現潛能的方式。除非所有的教會與學校都能做到如此，否則我對其他那些自許不那麼清高的機構，就不敢指望他們會願意努力去改進。這點不同於傳統觀感認爲教會和學校提供知識與價值以應個人各別生活之所需。現在我們說的是，社會被許多錯綜複雜的機構所支配，這是全世界有史以來的第一次，在教會與學校中所

造就的生活品質提昇，對社會的影響可能比它們所要教導或致力提倡的要多。

大部份的慈善機構（教會也是其中之一）傾向於將社會問題視爲「外在的」，並且假定服務「外在的」問題，是他們之所以存在的唯一目的。如今，從機構「內在」開始（在提供服務的機構內部）的觀點正在形成，並且將它塑造成一個模範機構，這樣的模範機構是美事一樁，它本身也會成爲強大的服務力量。

愛是創造力之源

這樣的說法對你們而言，或許聽起來很奇怪，因爲，也許你們不覺得你們的修會是個機構。但不承認你們是一個機構，你們可能將自已摒除在有機會成爲最具創造力的社會支援角色之外。在愛的態度中，本來就有巨大的創造力。某些人必須以有創意的新發明來駁斥老學究所堅稱的事，用循循善誘或如藝術家完全跳脫原有框架，用更高的創意去完成作品的高等藝術形式，來取代他們視爲理所當然的機構。在我看來，無論是誰帶來創建的影響力，實務上，一定要學習如何處理機構內的限制條件，讓它們成爲機構的資產而非負債。而這又產生了一個所有希望盡力成爲社會僕役的團體所必須面對的關鍵問題：你們能確保你們機構的生活條件可以提昇所有參與其中的人，使他們比起各自爲政，沒有機構奧援的情況下，能有更高自我實現的成就感嗎？你能規劃出有紀律的參與，去提昇人們的眼界到一個比起沒有紀律去規範時，還要更高尚的目標嗎？過去，很不幸的在很多地方，紀律被視爲是歸屬感這個特

權的代價。在過去數年中和我有緊密關連的大學範疇中，「紀律」幾乎是與「被欺負」是同義字。你能使紀律成爲確保人（所有參與其中的人）有更大成就的工具嗎？

我不是來告訴你們這是很容易做到的事。但我是帶著希望到這兒來，希望能建議一個通用的策略給各位，鼓勵你們訂下目標，將你們的修會建構成模範機構，這個目標的實現將會是你們所從事過的最具挑戰性也最有價值的歷程。

簡單地說，以下就是關於建構模範機構的通用策略建議：

1.首先，必須有一個目標，一個優異的僕人型機構的觀念，在機構內接受紀律的「所有」人都能被提昇到高於他們在獨自或較寬鬆的紀律之下，所能達到的層次或更好的效率。並且「所有」就是「所有」，不是「幾乎」或「幾乎所有」。因爲機構是由人所組成，當然可能會有一些錯誤。但沒能提昇某個個人到達更高的境界，應爲視爲是無法接受的例外，這種失敗的經驗應被仔細的分析以從中學習，避免將來重重蹈覆轍。我覺得在當今，缺乏這些作法的目標，對教堂和學校來說是不夠的，對兼具教會及學校兩種特質的機構而言，是加倍的重要。

2.第二部份是，了解邁向目標時所需的領導能力和追隨方法。所有機構內的成員部份是領導者，部份是追隨者。如果機構顯然已到達僕人型的層次，那只有天生僕人型的人可以被授權來領導。一個能提昇所有參與其中的人到更高境界的僕人型機構，是沒有任何巧門的，基本上，它的型態是被那些天生的僕人領導的貢獻塑造而成的，這些人天性就是要提昇別

人，使他們更健康，更有智慧，更自由，更自動自發，且更可能使他們自己也成爲僕人。僕人秉持正義原則行事，使社會的弱勢群體得以受益，或至少不會進一步的被剝削。

3.第三個要素是組織——結構——工作方法。其中，主要的問題點在於如何處理權力和職權（詳見本書第二章）。如果機構有紀律，就像我一直主張的，若機構要協助人們達成在現代機構中才可能達成的自我實現，管理結構的配置，就成了一大關鍵。在我多方探索之後，主要結論就是，長期以來我們都緊守金字塔型結構頂端那位高階主管的老舊思想，今後，最高的職權應被平均的分置於團隊成員中，並且由平等的成員中最特出之眞正僕人來領導。

4.然而這樣的安排帶出了第四個、同時也是最後一個要素：「需要有董事」。董事就如字面隱含的意義，指的是一群人，被賦予最高信任，位於機構外部，與管理階層有一定距離，比內部所召集者更獨立客觀。董事的角色在於密切的監督機構朝目標邁進的行動，適時的提出批評及倡導，做爲辯護者或最後的仲裁者。我相信如果內部的領導權（亦即管理職權）是被配置給權力平等的委員會中，而非單一的最高主管時，這樣的安排是絕對必要的（詳本書第三章）。

因此，我所提出的機構建構策略可分爲四個步驟：第一，目標概念，這是你們唯一能提供的，接著，第二，領導能力，第三，組織結構，第四，信託人，做爲機構的觀察者，最後的三個元素正好在我的經驗範疇內，同時藉由它們，你們也能了解到所有機構的共通問題。

我提到這些，希望鼓勵你們認知你們是一個機構，縱使目前我們是活在一個有時候不喜歡被貼上「機構」這個標籤的氛圍中。「機構」不僅是字面，而且包括組織體本身，的確是應該令人討厭，因爲大多數機構都缺乏好的管理，它們的存在也大多是負面的結果。

在我看來，如果要跳脫這樣的情境，我們只有三種選擇。第一，我們放任事情的發展，接受可悲的缺憾在機構中瀰漫，並且期待某種奇蹟出現拯救我們。第二，我們可以集中注意力在順從、紀律以及其它煩擾的要素上，並且改善些許，使個人得以在機構所提供的一點庇護之下，安適地依其意願行事。我在稍早曾提及這樣的情況將造成混亂的後果，而且不論是服務於機構的人或機構所服務的人都不認爲這是個長久的做法。第三，我們可以寄予厚望，鼓勵建構全新機構，將紀律和順從這類重要的限制條件被轉換成資產而非負債。這是很重大的使命，如果你們接受它，你們將會進入未知的領域中探險。但我已經看到了夠多的成功片斷，使我深信只要你們眞的想做到，你們就能做到。然而，你們也需要一個像我所建議的完整機構建構策略。如果你們只設定去治療一些小病癥，如對於順從及紀律的惱怒，不碰觸老舊觀念下的目標、領導能力、組織結構以及董事等議題，那你們的努力將和阿斯匹靈一樣，只會有短期的鎮痛解熱效果。現在我們所面對的是一個更爲根本的疾病；我們社會上整個機構的安排是有缺陷的，因此「非阿斯匹靈式」的治療才能解決問題。依據對眞實及溫暖的人性的深切渴望，幾乎是全盤的改造可以解決這個問題。這並不是新的觀念，而僅僅是賦予舊智慧新的理解，它告訴我們，做爲一個人應如何不辭辛勞的照顧這個我們置身其中的大型機

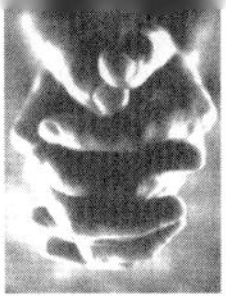

構結構，並與它保持最佳的關聯。

關懷機構

關懷是必要的動力。我們現在必須學習將從關懷個人當中所學到的，奉獻給機構，你是否曾經注意，當某些人欺騙機構時，他們內心的愧疚感，比起欺騙個人時要少得多？我們必須改變這種情況。

我們知道，關懷是一件嚴肅且高要求的事。它不僅需要興趣，熱情及關心；它也需要自我犧牲、智慧、堅忍的心智及紀律。關懷身旁所愛及尊敬的人已經不容易，要去關懷機構就更加的困難，特別是看起來冰冷、不人性化、有其自主性的大機構。

然而，如果能值得我們置身其中的社會，大多數居於領導地位的人必須關懷機構。如果一個人自認爲是負責任的，他必須去關懷他所接觸到的每個機構；對於那些他所緊密接觸的機構，必須付出更深切的關懷。

你也許正在問自己這一點：這對聖方濟學校修女會的成員、密切地接觸機構的人來說，有什麼意義呢？一個人要如何對機構付出深切關懷呢？我對你們的修會有一些了解，但尚不足爲你們提供確切的回答。在我前面所說的話中有一些共通性答案的建議，我願意在此與各位分享。

「深切地關懷聖方濟學校修女會」代表你們每個人都要獻身致力，使它成爲美好的事

物，用現代的詞彙說，是指能提昇你這個人到一種你無法在獨力或缺乏堅實關係之下達成的境界。做爲個人，以下是機構需要你做的事：**在情況適合你去領導時，你就領導；而當情況適合你跟隨時，你就跟隨**。

領導能力指的是一個人有高於一般人的能力去感知現在該做什麼，而且也願意冒險說出「現在讓我們這麼做。」緊接著就是團結一致的步驟，直到某個人又必須再次的冒險、再次的改弦易轍。自發的一致性極少能獲致清晰的行動指引。靈感則通常是出自最有準備的個人，也由於這樣立即的行動，他就成爲領導者了。

跟隨者精神是同等重要的角色，因爲它代表個人必須冒險去授權給領導者，並且當面告訴他：「我會信任你的觀點。」跟隨者精神也意味著另一種期待，那就是信任及授權領導者，將會是機構內產生力量的要素。

在服務力量已經產生的完美機構中，領導與跟隨兩者都需要共同的目的，以及對責任的清晰定義。如果責任沒有被清楚的定義，並且被樂意的接受，信任的基礎是不可能存在的。

機構內所需的領導能力與我們習慣上所假定的機構是不同的。當然它還是會有名義上的領導者，但這個人不會被視爲是「首領」。相反地，它會是個被忽視的角色，機構轉向於較爲動態的安排，在那兒領導者與跟隨者的角色隨著使命與需要運用不同才能的各項進程而轉換。我所建議的四點機構建構策略，是爲了產生高度信任感而設計的，因應這種領導方式之

需。

在今日世界中，機構能成爲出色的僕人（我希望聖方濟學校修女會能成爲其中一員），一定都學到了以儉約的人力及物力資源做僕人的方式。你們已經學到了如何堅定積極的做爲一個機構。而且我相信這需要你們共同目標的指引（不管你是怎麼定義它），你們會學到看清形勢後，按步就班的行事。雖然有時候是冒著相當大的風險，但你們充滿信心所走的每一步及充滿信念的行爲，同時也爲你們開啓了下一步該怎麼走的看法。成就更好社會的路程從來不會是在你我之前的康莊大道。我們在一個接一個的看法中前進，每一步都是一個風險。對於一個隱含少許風險的步驟，我們只需要少許的信念。

完美的機構要能在工作中展露信念。當一個像你們這樣的大型機構能做到時，我會願意將它視爲一個出色的僕人型機構。

這種看法的應用並不是難懂的觀念上。**幾千年來，我們早已熟知能成為出色僕人的人是什麼樣子。但在大型複雜的機構中，我們尚未學會如何合作**，以達到那些個人早已能做到的事。這是我們所必須學習的，而且別無它法。

稍早之前，我提到很多關於自我實現的某些層面，你們親身經歷後可能比我所能描繪的，理解得更多。我不太了解一個人必須爲他們自已做什麼，才能在人生歷程中（就算是身處逆境）也能發現他們做爲人的獨特之處。我在此嘗試與你們分享的是某些我在許多不同的機構工作的經驗成果，因爲我感覺到在這個「草蓆參事會」中，你們將面臨自己組織現存的

某些真正問題。在我看來，最重要的議題是：你是否願意接受挑戰、去建構你們的修會成爲二十世紀末傑出而有領導地位的團體，且所展現的模範動力將驅動你們的教會以及這個世界？你們將會以自身的典範做爲領導的方針。

幾年前我在紐約參加一場南非作家勞倫斯・范德・波斯特（Laurens van der Post）主講的講座。那是有關世界上一些使人厭煩的問題的惱人講座。在討論的時間中，有人問道：「范德・波斯特上校，我對你所提貴國的困境深感同情。我們在這兒能幫上什麼忙呢？」我永遠不會忘記那用優美清脆的英文所做的回答：「**栽培你們自己的花園，它的香氣自然會飄過大海，傳送給我們。**」

具成長優勢的教會

當我回想這三個片段以及第二章〈機構要做僕人〉所指具有成長優勢的教會時，我覺得像是接收到一股迫切的新預知能力，將來會有一位對事物有全新看法的人，從年輕人中出現。我所期盼的不是新的救世主，我相信上帝正在傳遞聲音，雖然目前尚未被聽見，但最終是會被聽見的。這些聲音特別詳述了當代的疏離感，提供確切但令人不安的解決方案。我所察覺到的迫切感不在於他們要將聲音傳遞到目前聽不到的地方，而是要目前充耳未聞的人，開始真正的聽見。

現在前所未有大量的人在追尋，同時，**到處充斥大師去滿足追尋者的飢渴。我期待，追**

尋者會有新的覺悟，那就是他們的需求唯有在服務別人時才能得到滿足，這點會使他們有別於樂於停留在幾乎只求滿足自己需要的人；事實上，這種人將永遠無法滿足，因爲凡事只爲自己的人，是得不到滿足的。

這種新覺醒的追尋者會轉向何處呢？當一個人放棄了只爲一己之私、不顧全體人類利益的自我中心觀念後，他的追尋方向該是什麼呢？這種新覺醒的追尋者能不能轉向去傾聽，源於人類在二十世紀末的兩難問題有深切了解的預知能力，並條列細目，定義對他人的服務呢？不管任何的機構能不能庇護這些新的老師，並且細心呵護新的教學環境，使其成爲這個時代裡有成長優勢的教會呢？還有，具有成長優勢的教會能否有獨特的機會，顯著地提昇自己到高於大部份機構深陷的平庸泥沼中呢？

及格就好

什麼是平庸呢？難道它不是指所投入的可用資源、人力、物力，其眞實的品質比起應有的與可能有的品質還要差嗎？博克漢（Burckhardt）說：「平庸眞是世上的惡毒力量」。

我相信在西方的世界裡，「勉強接受平庸」這種所有人的通病，正是出自傳統道德核心的裂縫。當摩西帶著天主頒佈的十誡下山，刻在石碑上，並得到上帝的應許時，他或許已經爲我們鋪陳了目前情境的基礎。如果我們視摩西爲人類的領導者，除了沒有我們會犯的錯以外，指出他大可像今日普遍的情況一樣的降服於誘惑，把十誡說成是專屬於層次高的人，而自己不去擔負爲十誡辯護的責任。我們不知道他當時的情況；他或許不覺得自己僅僅是容易被勸誘的理性人物。做爲一個充滿啓發性的人物，如果他呈現十誡的方法是將經驗與智慧以一般法典的型式編寫，將敏感的個人行爲準則摘錄下來，以此做良好社會的基礎，那我們今日的情況，又能好到那裡去呢？這會開啓戒律因經驗的累積而持續成長之途，同時也使得戒律的合理辯護始終是現代社會所關心的課題。由此所衍生而出的戒律仍然保留了它原本所蘊涵的宗教意義：「重新結合」。人類與宇宙重新的被結合，這可能使聰明的人因爲他們的智能而疏離，他們可以屬於這個世界並且安適的生活其中。

在原始的戒律觀念中，或許還有兩個更進一步的間隙。最重要的是「你絕不可」，而它們是相當獨斷的。當然少數的特許是很普遍的現象，要完全順從這些禁令是很難做到的。這使人們得以將能遵守這些禁令的人，解釋爲正直的人。

然而，藉由表明戒律是所有人的單一準則，無視於他們個別的能力，而不是使更有能力的人承擔更多的責任，天賦高者將得以免除他們需符合更高機會及潛能的責任。這也允許許多人看起來像是遵守戒律，實際上卻是遠低於他們應有的表現。

在傳統道德戒律缺陷觀的陰影下，我試著將僕役描繪成一個能經得起更高戒律檢驗的人，他需要在個人與機構兩方面都能恰如其分地把握服務的機會。在我希望看到更多非僕人型的人轉變爲有僕人精神的同時，我更高的期望是他們之中的大部份人是天生的僕人，能從服務中獲得快樂，並且積極建構僕人型機構。在這些機構中，位居要津者似乎有更好的機

會，但不論他們的位階如何，當愈來愈多的人都能堅持自我管理，清晰表達信念，事實上，所有在機構內擁有某種力量的人都可以成爲機構的建構者。

外部的人可以批評、鞭策以及瓦解機構，但唯有機構內的人可以建構。

對於有能力成爲建構者的僕人來說，世界上最大的快樂就是建構。

具有成長優勢的教會能否成爲造就未來的僕人型領導者及機構建構者的主要養分呢？

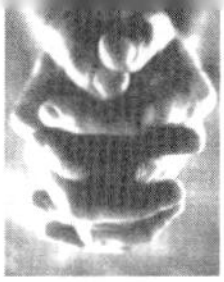

第八章

我所認識的僕人領導者

我很榮幸和許多僕人領導的偉大榜樣擁有親近的關係，僅只寫下其中兩位的事蹟。一位是我父執輩庫林（Donald J. Cowling）先生，他是我的大學校長。從他的政治與經濟觀點觀察，他是極端的的保守主義者。另一位則是和我同輩的猶太學者亞伯拉罕・約書亞・禾許（Rabbi Abraham Joshua Heschel），他和庫林不同，是自由主義的激進份子。在我個人的評價中，他們都是眞正重要而偉大的學者。

從表面上看，他們兩人相似處似乎非常少，在我年輕時，庫林影響我非常多。猶太學者禾許和我六十歲以前還沒有成爲朋友，但在他的晚年，我卻成爲他非常親近的朋友。

庫林博士的論文集已由卡列頓學院（Carleton College）出版，猶太學者禾許的文章亦出現在朋友雜誌中，它們出版的時間相隔十年以上。我從未想過將他們放在一起，並指出他們對我的影響力有多大。但現在思考起來，我是如此的幸運和他們皆擁有三十年的友誼。

在我內心深處，我相信他們雖見解不同，但彼此之間仍皆有親密關係的感覺，他們分享無價的特質：正直的道德，以及深奧的神祕特質。

一位庫林博士的老朋友在他的論文集中有趣的寫道：「你已證明他是一位獨裁統治

者」，「而我們卻不喜歡這樣」。

我的的回應是：「讓我們面對它，他是一位獨裁者。」但事實卻無法證明此項我所賦予的突出特質。此研究報告由現在學院中的學生散發流傳著，正如你所知，在學院中，我們正處於強勢領導被詆毀的時期。學生們今日必須知道他們正享受毋需建立自己行事風格的特質；他們的特質是由一位非常強勢的人致力奉獻成果所建立。強勢到什麼地步？從他當時代的人來看，他簡直被視爲獨裁者；正像我所描繪的他。一旦卡列頓學院的特質制度被建立，更多由人的改良型態就會被維持，或有更好的人會去建立此一特質，但是要建立一個像今日卡列頓學院一樣的地方，庫林博士在一九〇九年接管時，卻從溫和制度開始著手。在當時的狀況下，卡列頓學院需要具支配性格的領導者，我不希望學生忽略此一重要的歷史事實。

我在寫猶太學者禾許的研究報告時，則有不同感覺。現在我和猶太學者禾許擁有非常親近的友誼。

我非常高興他們給我的深刻影響。他們都活生生的在我的記憶中，如果他們現在能在我的身邊，他們不同的觀點可以形成共鳴回響的特質。

建立像藝術工作的人生

「你想給年輕人什麼指引？」一九七二年十二月二十三日，美國國家廣播公司（NBC）主播卡爾・史登（Carl Stern）在禾許過世前，所做的最後一次電視訪問的最後一個問題。

禾許這樣回答：「我要說，讓他們記得一切的目標，要超越無理性與荒誕，讓他們確定每一件小事都要包含在內，每一個字都是力量，每一件我們都要盡我們的能力去補償彌補世界，不因所有的雜亂、無理性、波動及失望而停止。記得生命的意義是在建立一種如同藝術般的工作。」

他在猶太神學院的學術頭銜是道德與玄學教授，同時他要對群眾講道，他以最深刻宗教感覺中的道德爲他們開示核心價值。而且，他是徹底堅持的玄學主義者，並相信唯一首要存在於當下，沒有兩個時間是相似的。「眞實的領悟」，他曾經寫：「是一種當停留於相似狀態之前的理解時刻。」

我和禾許的友誼開始於數年之前。當時的暑假，我在達特茅斯學院任教，擔任商務的執行主管團體的教席，那時我去他神學院的辦公室，邀請他來演講。我要我的學生透過新教徒、天主教徒及猶太教神學家的思維，第一手的檢驗去探索倫理這個主題。在此之後的一段時間，他接受引人注意的討論方式，不像依循他的方式的演講邀請，因爲那是一項新的挑戰。他要學習如何將倫理的觀念影響這些執行主管，且他也需要在和他們見面前進行更多的學習與準備。爲了滿足他的需要，及我自身的利益，春季我們在他的辦公室進行四次長時間討論，在這些討論當中，我與他的友誼持續並更加速昇溫。

我們要求學生在晚間的課程中提出報告及演說，次日早晨的課程進行討論。禾許通常進行兩個小時的演說，當他離開時，掌聲熱烈，這時通常也是他和我向大家說晚安的時候。第二天早上，其中一個小組對我說：你沒有看見當你和猶太學者禾許離開之時，我們幾乎黏在椅子上靜默將近整整五分鐘。最後，其中一位打破此一近乎於咒語的靜默說道：「哇，各位同學，我們已經擁有它了！先知阿摩司在這兒！他一步一步走出舊約聖經！」

接下來的幾年當中，我們有數次的見面：其中有數次是我的家人與他的家人相互到對方家中舉行家庭聚會，他的家人有親切有禮的妻子賽薇亞，及他深愛的女兒蘇珊娜。當他借我亞莫克便帽好參與慶祝猶太節日的同僚慶典，我偶爾會在神學院見到他的家人。另外一次值得紀念的會面是在訪問天主教本篤會修道院時，他與修道院校長是非常特殊的朋友，我們三人花整天的時間用餐，參與修士們虔誠的宗教儀式。

禾許一九〇七年出生於波蘭首都華沙，他的宗族與父母親雙方爲長期哈西德教派的領導，他成長於非常接近猶太傳統的世界。有傳記曾寫道：「他十歲的時候，他的家庭環境是一個聖經的世界，他已獲得精湛的猶太教法典辯證之能力，他也被介紹進入猶太教玄學——卡巴拉（Kabbalab）的世界中。眞實體驗以及了解所有實體的神聖面向，不是書本學習結果的首要目標，但是卻具有眞實生活於眾人間的累積效果，『眾人相信每一個暗示都具有一些先驗性，上帝的存在是天天都可以感受的經驗，及聖潔生活的每日目標。』」

二十歲時，他進入柏林大學就讀。一九三六年，他獲得哲學博士學位，並期許自己成爲學者、作家及老師。爾後，他被馬丁・巴伯（Martin Buber）視爲接班後繼者。一九三八年，他被納粹逼迫離開華沙，一九三九年逃往倫敦，在倫敦建立猶太學習研究所。一九四〇

年，他在美國辛辛那提參加希伯來聯合學院教師聯盟。前往紐約之前，他在辛辛那提待了將近五年。

禾許精通四種語言，交替撰寫他的學術著作，他可以非常流利的使用另外兩種語言，有人問他，他怎知道自己已經精通某種語言，他回答：「當我能用這種語言做夢時。」

他眾多的著作中，有一本以英文寫成，廣爲大眾所熟知而令人印象深刻的書《先知書》（*The Prophets*）。最後一次的電視訪問，他提到這項工作：

> 我花了好幾年的時間進行這項工作，說實在的，這本書改變了我的人生。因爲，在生命的早期，最愛的是學習、研究——因而我最偏好活動的地方是我進行研究、閱讀、寫作與思考的地方。我從先知書中學習到我必須參與人的事務，在受苦人的事務中……我相信每個人在讀過先知書後，都會發現先知書眞的是一本最能打動人心的書……如果我說對我最大的挑戰是希伯來傳統，那是從很高的視野看人的本質……今日教育的悲劇是我們常給一些簡單的答案：要自滿的，要有一顆和平的心……不！摔跤才是課題；面對挑戰才是課題。

出版《先知書》之後，重大的是他轉變爲激進主義式的生活。他與金恩牧師一起示威遊行，一則新聞報導引用他的話說：「當我走路時，我和我的腿一同祈禱。」他是關心越南神職人員協會共同主席，且他參加在華盛頓及其它地方舉行的示威遊行。在過去十年，無論在

哪裡的示威抗議，你幾乎都可以看到禾許的身影，舊約聖經當中急切的先知眞實的活在他的心中。

在這一段時間，儘管，他仍有穩定的神學作品，但他總能找到時間分給他的朋友、特別是他非猶太裔的朋友，他們知道，在安息日打電話給他，他一定在家中與家人共度安息日。他是一個有趣的人，只要在他身邊即刻感受到，他總是舉有關哈西德教派的故事，難忘他的聲音：「我的朋友，讓我告訴你一個故事。」

禾許近期的一項成就就是他介入梵蒂岡第二次大公會議，質疑羅馬天主教教會對猶太人的看法，他要求天主教不要再勸猶太人改信基督，並勿再主張猶太人須爲耶穌的死負責，他和紅衣主教畢亞（Bea）緊密合作，並多次面見教宗保祿六世。在禾許過世之後不久，教宗保祿即在講道時引用他的話。

一九六五年，他成爲第一位猶太人被指派成爲聯合神學院訪問教授，在學校的歷史中，他的課程比任何之前的訪問教授吸引到更多的學生。

他的神學寫作作品被評論家評爲相當具有獨特性，**他曾比較猶太教「一位傳令員忘記傳令的訊息」與「一個守護良好的秘密被一道無法穿透的牆所包圍著」**。他的著作是具決定性的成就，有能力恢復訊息及將牆打破，將能超越及給予猶太及非猶太預言的特質。「宗教信仰的根本是如何面對活生生神蹟的感覺，與如何面對恐懼、驚奇、及困惑，宗教開始於意識到一些我們被要求的感覺，宗教是當意識到神蹟時，我們的感覺無可比擬的深刻超乎的想像，所有創造力思考的開始。」

他終身的信念用一句話加以表達：「這就是神的恩典，活著就是神聖的。」

我常感到迷惑不解的是我與他之間連結，我所分享的既不是他的學術成就，亦不是他所獨有的猶太教神學，我們共同關心社會關懷的層次：他和他的政治激進主義與我和我的盡力重建內在體系。我們對每一件事都感興趣，都尊敬對方做的事，卻也同時知道彼此走的是不同的路，無法融合。

但我們有更穩固的連結，且對我有而言，其中有一項深奧的意義在於分享信仰，以及最高層次的宗教經驗是共同意識到神蹟的存在，正如他所說：那是一種恐懼、驚奇、及困惑的感覺，當我感覺到神蹟與溫和猶太學者的當下，我的感覺是處於溫暖的環境中，我被舉起於人們的差異之上，當我繼承觀念、語言、與習慣的界線，差異將我們分成兩半。如何維持我們更親近的友誼是共同的需求，我們分享感覺，不是因爲共同的宗教情緒及有神祕的感覺。

他有更多肉體上痛苦感覺的需求，因爲他有更多的干擾——他希望所有的歐洲猶太人能在納粹政權下生存下來。我們最後一次的會面中，我的感覺是：我將不會再見到他，因爲他看起來是如此意志薄弱，在之前，我們曾經多次勘察身後的埋葬地點。這次他痛苦地問到：「爲什麼這麼多偉大的宗教都有他們原始的神蹟，但到最後成爲社會僕人機構或是他們的宗教生活，都多專注於形式與表面而多於內容呢？」在那次最後的會面中，我考慮後的回覆

是：「在貴格教徒的傳統，去回答這個問題已超越神蹟所能回答，所以不要問這問題。在這些情境面向上，價值會重新建立。我們被要求去聽預言者的聲音，此預言在此一時間有重新建立的訊息，以致我們能支持與鼓勵他們。」我相信禾許在他的晚年也正在聽——眞的在聽此時的新預言。

在他生命最後的星期一，禾許親手把他的書籍手稿《對眞理的熱愛》（*A Passion for Truth*）交給出版社。星期三，雖然他的心臟感覺病痛，但仍堅持赴康乃狄克州登布里的旅程，在那裡，他冒著雪與雨，等候接他的朋友飛利浦．柏里根（Philip Berrigan）出獄。當他在神學院上完最後一堂課，星期五的晚上回到家中時已精疲力盡，他在睡夢中走得非常安詳，時間正好是安息日，這是每一位虔誠的猶太教徒，這是他最期待離開人世的方式。

偉大的生活方式

「偉大」的意義是什麼?什麼樣的生活方式我們可以預言一個人終其一生是偉大的?當一個人年輕時的生活方式也許可以看出端倪，當我年輕的的時候我曾被丹尼爾．貝翰（Daniel Burnham）的宣言所鼓動：「別做小的計畫，小計畫沒有魔法鼓動人們的熱血，且八成無法實現。」那時我有幸成爲卡列頓學院大學部的學生，正好是庫林先生擔任校長，在往後數年中，我知道他個人私底下的生活，正如我所看到的他，他變成少數眞正的偉人，當他還是年輕成年人時，他選擇的生活方式是一致且合適他獨特的人格，一種生活方式能帶來最

佳的屬於他的強烈特質去支撐他所面對的情境，也長期過著具建設性的生活。

他爲我而言是非常特殊的典範，我也很高興有這種機會去記錄我的感謝，因爲我樂於和已認識他的人分享我對他的評價，我也希望和仍有可塑性的學生世代分享我所認識的校長。庫林博士是負責任的人之模式代表，而負責任的人乃是以心引導他的行爲。

因爲個人的偉大不能以分類來定義，那不是與完美同義，我嘗試以一種方式去傳播我的價值，而此方式以易於親近的意義去詮釋偉大，此將超越傳統的定義。「沒有語言能說的明白清楚，但是卻相當精簡」，懷海德如是說：「得有跳躍力的想像力，才能了解現在所經歷的事情眞正的意義。」

庫林博士擔任卡列頓學院的校長長達三十六年，從一九〇九年到一九四五年，當他被指派爲校長時，他年僅二十八歲，六十五歲時從校長的位子上退休，在這些年中，他曾經有數次機會被邀請擔任其它學校的校長，來邀請他的學校多達四十多所，但他都讓這些學校失望。他總有一個好的理由，他正陷於籌措基金戰役的困境中，或當時正處於戰爭或蕭條的緊急狀態中，但眞實的情況是：他已眞實的奉獻自已的一生去建設卡列頓學院，從最小的爲興建六年的建築物內的研究單位的命名爭鬥，到規模較小的文科學院的規劃模型都一一關注，他的兩位後繼者在做法上已有不同，但如果那是一種眞理的示範，**如愛默生宣稱：「制度是使人的陰影變長」，卡列頓學院是在使人的陰影拉長，這就是我所知的庫林**。

對庫林我所知實在有限，對我學生輩這個世代而言，他就是一位校長，我將這個問題歸

因於他自己。例如他總是忙於工作，那就是庫林博士的形象，他的形象是遠離的、保守的、但不是一個不友善的人——可是在他的學生或教職員中，能被他叫出名字的卻少之又少，他全神貫注於籌措資金及建設新的建築，在卡列頓學院，他不屑那些陳腔濫調，而努力建設將其成爲一個基督教學院。

若不是因爲我做學生時經常闖禍，得到他辦公室，解釋自己所做的事，我認識的校長想必和別人差不多。在那兒，我認識校長鮮爲人知的那一面，他值得信賴，具備熱情，堅信人類心靈的自由，在那時，我實在太年輕無法完全了解校長的理念，但這影響卻不斷增長，而且不曾停止。

我爲那些沒闖過禍的學生感到遺憾，因爲他們實在無法分享我的經驗。理智上了解同情心、甚至表達同情，是一回事，但如果接受的一方明白自己該得到的只止於公平而已，那又是另外一回事。我對於最好的人生該怎麼過已有定見：做好事，得好報，做壞事，得惡果。矛盾的是人卻是得做好也做壞，才能眞正享受人生的滋味，或了解人生的意義。這個道理是在卡列頓、從庫林校長身上學到的。

我在一九二九年前往紐約，在校友的聚會上見到他，這次溫馨聚會之後，直到第二次世界大戰，我們每年在紐約都有一次到兩次的聚會，大戰打斷很多事，包括我們的聚會。通常我們會在預定的晚上準備一瓶酒，在餐廳的一個安靜的角落聚餐，當校長喝得微醺時，他總說：「你知道的，我在諾斯弗德是不能喝酒的。」

我們的聊天一直都很熱烈，一九三二年新政實施之後，我是一個溫和新政的支持者，他堅守保守主義，他絕對的獻身於卡列頓學院，而我開始變得有些激進，無法適應體制內學校的運作，我開始嚴厲的批評學院的教育方式，我提到這點，是因爲校長十餘年始終不苟同我對他提出的質疑。

經過這些年中，以合理的標準判斷，我已體會到成人在各領域的表現是相當平凡的，我現在已極少批評教育者的表現，反而更加批評他們的虛矯。不過當年我是很愛批評他們的表現，一個晚上，我激怒了校長，他回應道：「看吧！你還眞行，你在卡列頓學院眞學到了東西！」，我想了一分鐘，像吃了熊心豹子膽，我說：「是的，我是有學些東西。」他說：「我洗耳恭聽！難聽的話我聽夠了！」，我的心情混亂並提起勇氣說道：「我學到如何只做一點小事，外表上看起來卻像一件大事，或若我不是從卡列頓學院畢業，今天也不會吃得開了。」校長對此沒有回應，他只是看著天花板並改變話題，有那麼一會兒，我以爲我們的友誼已經到此爲止。

後來，有一次，我強迫他去定義，對他而言，什麼是民主的意義，那一刻，他幾乎讓我不想再和他來往。他的回答大略是：「民主是一種狀態，能讓較低階層的秀異份子晉升至較高的階級。」這次是我看著天花板並改變話題。但當我思考過這件事，不，當我沉思此事，他的回覆似乎是此人內在前後一致的表現。校長思考每一件事情都是以他能在列頓學院做什麼爲出發點，他也嘗試去做一些改變，他爲有才氣的人搭造晉升之梯，那是他基本信仰的一部份。他主張，必須讓人們自由去挑戰成功與失敗，他要幫助這些有成功潛力的人。

儘管他非常的保守，他尊重有能力的人，不管意識形態和他有多麼的不同。我一九二六年班（畢業）的同學到卡列頓學院時，已接近一次世界後政治迫害的尾聲。在這段期間，如果一位有能力的教授因他的政治立場被他校開除，校長會盡力延攬他，約翰・蓋瑞（John Gray）、在卡列頓學院教過我的經濟學教授就是其中之一。我不敢想像，在麥卡錫恐怖的年代，校長如果還在其位會發生什麼事？他想必會盡他的能力去僱用任何一位好的教授，只要他能在卡列頓學院奉獻他的工作，即使他在之前的教職是因其信念或所參與的組織而喪失。就算董事們威脅解雇他，只要他認爲是對的，他就會勇往直前，人們必須跟他很熟，才能了解他對普世的自由、特別是學術自由的強烈激情。我衷心尊敬他這樣一位有品格的人，他使我在發現其他人有缺點及錯誤時，能夠去忽略及包容。他於一九四五年退休，那時學術界對於機構的忠誠尙未消失，教授也大多將教導學生視爲第一優先。現在的大專院校校長飽受這些現狀困擾，但如果庫林校長碰到這些事，勢必更加痛苦，因爲他對機構的獻身和忠誠在當年也是很罕見的。我斗膽直言，許多領域（包括教育在內），如果更重視對機構的忠誠，職業會更加有意義。

我常納悶爲何校長會花那些晚上和我在一起。他是個大忙人，而我充其量不過是他學校的「優良產品」。我猜，原因一之可能是他在許多方面都是建造者，不只是蓋教學大樓而已。他在大學教育仍未以追求品質時就動手去做。他是以今天的水準追求品質（他常說，要建設

「西部的達特茅斯學院」），但他可不是只止於此。像個建設者一樣，他曾經致力教育品德、技能，尋找、摸索在一般水準的範圍，雖然現今不適用。

他一直和我一起探討問題，儘管有時，會令他感到不舒服。因爲我堅持不懈，敦促他審視教育的過程與意義，什麼樣的選擇可以讓學院更好。校長是個負責任的人。他覺得他有義務要做到最好，但對我的建議卻一直拖延，因爲這些年經濟蕭條，學校財務困窘。任何的革新、努力都須花錢，所以我們只能擱著再說，直到一次見面，他帶著笑容出現。原來他收到一筆五十萬美元的捐款，現在他可以做些事，但他該做什麼？我們花了一個晚上的時間討論，但結論是什麼也不能做。他做了非常傳統的事情，設立了一個講座，他已六十歲，他花太多年被牽絆在單一教育觀念、意識形態。他必須繼續經營他的學校，如同其他學校按照慣例的營運方式，儘管他曾爲大力創新的念頭興奮不已，這是個令人感傷的夜晚，我們兩人都有同感，這次也是我們那段日子最後的談話。我在他退休以後六年，才再見到校長，那年是一九五一年、我們畢業二十五年的同學會、，他來對我們演講敘舊，我們發誓要恢復當年的談話；我們的確又恢復定期聚會，稍後我會提及。

庫林博士在一九六五年十一月二十七日去世後，（當時卡列頓學院）校長約翰・那森（John Nason）是我的同班同學，寫信給我。那森博士寫道：

我坐在庫林博士昔日辦公桌前，沈思這位巨人的殞落。這個人比任何其他人對現代卡列頓學院的貢獻都大，沒有他三十六年的獻身及辛勞，卡列頓學院不會有今天，對那些輕蔑我的人，我有良好的品德素養。我不會小看我自己，但我有時坐在這辦公室，庫林彷彿仍在，我思索我如何達到他以自身設定的高標準、又該如何持續他以生命澆灌的事業？

庫林校長的父親約翰．庫林（John P. Cowling）於一八八〇年八月二十一日出生於英國的康瓦耳（Cornwall）。庫林的父親約翰（John P. Cowling）是個鞋匠，他們的康瓦耳郡村落階級森嚴。而他妻子的家庭是富農，他的社會階級在他妻子之下。這樣的層級差別導致老庫林一八八二年舉家移民至美國，定居於賓夕法尼亞。也曾一度遷移至加拿大，老庫林在板岩石場加工和教會服事，後來回到賓夕法尼亞，在那裡，他帶領數個教堂的聚會。庫林家在加拿大的日子非常窘迫，有年冬天只能以蕪菁甘藍度日。校長的女兒記得，父親總是希望在感恩節吃蕪菁甘藍。他的家庭，除了庫林以外，有兄弟羅伊及四個姐妹。

約翰在宗教方面是簡單、未受訓練的，但卻深深的信仰宗教。他很重視家庭，但他脾氣很火爆，卻妨礙了工作，他的兒子深深敬仰父親，被父親的宗教信仰影響。八歲時，他是他父親的教堂的領禱者，然而或許由於父親脾氣火爆，導致庫林校長格外自制內斂。他們家庭很窮，小孩得半工半讀。艱苦的工作塑造了庫林的生活模式。高中期間，庫林課餘時間在工廠工作，十八歲時成爲管理百人的助手領班。

受到父親的影響，庫林熱愛自由，而且有強烈的責任感。父親還傳給他樂觀開朗的精神，他一輩子都受用。他每天早上醒來很高興：「這是個美好的世界。」我看著他在經濟大蕭條的年頭，儘管爲了守住學校，肩頭有千斤重擔，他仍然樂觀如昔。

很少人知道庫林少年時期的特性或是母親、兄弟姊妹的影響。他經常提及母親，說他賺得的第一塊錢就給了媽媽。他的父親在聯合教堂證道，可能有助他進入黎巴嫩山谷學院。一九○二年他取得學士學位，一九○三年在耶魯大學取得學士學位，一九○四年取得碩士，一九○六年取得另一個學士學位，一九○九年取得博士學位。他同時在兩個研究所註冊，且成績都是頂尖。

在這幾年，他既要應付學業，又要養活自己，他還是康乃狄克一所小教堂的牧師。他很可能沒有什麼學生生活，也沒有不尋常的目的。但是無論什麼，這個時期的要求和不懈工作，本身的歡樂和良好的適應是必須的。同樣地，耶魯大學神學的訓練看來比他原來的宗教訓練效果更大。回顧他的生命，就是一個簡單基督教徒的信念。早期的宗教影響仍留在他的心版上，不是清晰的神學知識，而是情感的層次。一致的生活模式出現，一如庫林的人生經歷，都會將每個重要的經驗融入。

一九○六年，堪薩斯的貝克大學聘請他，作哲學和聖經文學的助理教授，一九○七年，他就升爲正式教授，一九○八年十二月受邀做卡列頓學院的校長，一九○九年七月後他接下此一職位。一九○七年六月和伊莉莎白結婚。他在耶魯大學出色的成績使他成爲校長。二十八歲即治理一所學校，董事會的決定堪稱勇敢。這可能出自柏頓博士的建議，他是卡列頓學院一九○○年畢業生，和庫林在耶魯既是同學、又是室友，之後成為史密斯學院的校長，更晚他是明尼蘇達大學及密西根大學的校長。庫林年輕時，交了許多好朋友。

他參與了建設建築物、經營農場、保持並保養地面清潔、雇用和解雇教職員工，以及學生的問題等細節。他對於細節有極大、極好的處理能力。他和在學院農場上設計新擠牛奶房的建築師的通信中，透露了他對於好牛奶房的仔細調查。在一個陽光充足的冬天下午，我坐在斯金納紀念教堂的陽台上，閱讀一些和設計教堂的建築師通信的信件。其中大部份是關於我在聖壇末端所面對的那個大的彩色玻璃窗。校長究竟花了多少心思在這扇窗的設計呀！我希望，坐在這個教堂、看著那扇窗戶的每個學生都能夠看出它遠遠超過字面上所形容的美，看到為這窗所獻出的愛。教堂地板舖了義大利瓷磚，學校董事想要使用較便宜的國內瓷磚。但是校長說服他們舖設義大利的瓷磚。之後，主導使用便宜瓷磚的學校董事承認他錯了。

校長注意每個細節，事必躬親，可由下列兩件軼聞進一步地說明。他剛當上校長之後，有一天，要開學校董事會議，他穿過校園看見運動場管理員正在砍樹。校長問管理員：「是誰告訴你要砍下這棵樹的？」管理員回答說：「是學校董事。」校長便下令：「由此以後，由我來決定何時砍樹。」然後他與學校董事會面，告訴他們他的決定，他們也認為他應該負責管理建築物和土地。

一位年輕的植物學教師說，他為了展示用途，用鋸子和錘子製做一些小箱子，工作了一下午。當校長經過工作的地方時，停下來，並問他在做些什麼？當他回答時，校長從口袋拿出了一把尺，仔細地測量每一個箱子，很滿意都沒有問題，沒有說什麼，就走開了。

這樣的一個人是如何對待他的員工？他絕對尊重教師教學的完整性和獨立思考的自由。我在卡列頓學院的時間，教授亞伯特・派克・費屈（Dr. Albert Parker Fitch）是自由派的神學家，多次引爆爭議。浸信會教徒是這所學院的大金主，對費屈和幾個自由派學者十分不滿，但是校長堅持他的立場。他用很大的力量去安撫浸信會教徒。費屈和其他人的自由觀點遭受攻擊，校長和他們站在一起。當費屈決定要接受紐約的公園大道基督教長老教會的牧師職位。他寫了一封給校長的辭信，內容如下：

> 在我們先前的談話中，你是如此親切，你表示，很遺憾我打算辭去教職。你還是說，在這三年半裡，我在學校的教學及代表學校校外有極爲傑出的貢獻。
>
> 我深深地受到感動，因爲如此慷慨的評價，
>
> 我個人認爲，若您的謬讚屬實，那麼有相當程度要感謝您所領導的校方。
>
> 您在極爲困難的處境當中，賦予我在課堂上完全的教學自由；這些年來，您始終忠誠地支持我。

一年後，卡爾・司密（Karl Schmidt）教授在教師會議上提出以下的決議，並獲得通

過：

我們覺得一定要表達我們的謝意，因爲不管是董事會，或是校方，都不曾爲了維繫與明尼蘇達浸信會的關係，而犧牲絲毫的教學自由。學校當局從未暗示任何一位教師講授與他所受科學訓練、個人見解及良知違背的知識。

我們藉此機會重申，我們堅信，學術自由是人類進步的基本條件，是自由國家國民的權力，是基督新教的特徵和原則。這種信仰相信，決定眞理的命題，是理性基本的權利；這個信仰也確信，科學與宗教並非無法共存；科學和宗教的信念若有衝突，不能閉上眼、不予正視，也不能讓一方扼殺另一方。在科學的領域當中，持有異議的各造應認眞檢驗各方的主張，並徹底檢驗既定的信念。我們相信，思想不應受到阻斷，啓示也並未止息。我們因此相信，學院中的外來權威不應未經調查便做定論，學院也不可與宗教分道揚鑣。

這段時期關於宗教的自由主義有許多爭辯。在田納西州，約翰·史荷波案（一九二五年，史荷波被控非法教授演化論）激發出相當大的風暴，紐約著名的傳教士亨利·愛默生·佛斯狄克博士（Dr. Harry Emerson Fosdick）因爲這個爭議離開他的教派。在一九二〇年代，爲了保護學院免於基本教義者的攻擊，校長是不留妥協餘地。那時他在明尼蘇達州說：

什麼是正統的信仰？那要看你問的人而定。正統的信仰是他所相信的，雖然每個人都有受上帝的權利，以及獨自爲所有智慧的受領者。那是教會嗎？如果這是，我不能承受美國的青年人把它當作慈善機構。正統的信仰是一個水壩，是由自以爲人類已達到思想極限的人們建造的，而且他們認定以後不會有更好的思想。他們發現專注於這個水壩本身，遠比應付水壩擋住的滾滾狂潮要容易多了。

在一九二六年，這些都是勇敢的字眼，不難明白全體教員爲什麼稱讚他的立場。

校長尊敬全體教員，也把他們當作是共同體，並且他也鼓勵委員會如此進行。然而，他也是有行動力的人，他有時走在他們前頭。某次某教學委員會負責進行課程改造。這個委員會的主席有了一個好的想法，但是這個想法相當的先進。他決定在委員會前先測試校長的想法。校長認爲這是好主意，他告訴主席說：「就這麼做。」「但是，」主席抗議：「我還沒告訴委員會，你不覺得我應該經過他們的同意？」「如果他們有他們該有的水準，」校長堅定地回答：「他們會同意的。就去做吧！」

一九四一年，校長寫了一封有趣的信給另一所正在修定管理章程的學院校長。在信裡，他簡明扼要地說明學院內權威的觀點。在他任內，學校董事會兩次成立細則修正委員會。對於校長的權威：他們也許有一些焦躁不安。但是，他們兩次都決定不予修改。有句老話說：「一個人是不能和成功爭論的。」

自從我到這裡，我們在卡列頓學院的章程就未曾修訂過。其實我們也思索非常多並且常，爲了此事甚至二度委託專案委員會處理。然而，這些委員們卻從連一張正式的報告也未呈交至董事會。董事會沒有任何的正式行動時，我認定董事會希望在他們休會期間，由我來行使的權力。我總是有信心我會得到的董事會的授權，也就是說我有權力以我自己最好的判斷力去組織整個學院的管理。做決定的時候，不負會詢問許多教職員的意見。

另一方面，我從不認爲，企圖去監督這個學院的教學是明智的。我們嘗試挑選和學校理念相同且有負責任的人。任命後，教師就會被期待在自己的職權下行使教學上的責任。我極度希望我們的老師有如一位牧師於自由的新教徒教堂中，站在佈道台上時說話的那種自由。顯然地，如果有一個老師不忠於託付給他的職責，對學校造成的影響是減分而不是加分，我們必會正視，且當做是個個案處理。而我待的這段時間內，這些年並沒有出現這類的問題。

這個計畫是兩方面的：(1)校長負責學校的行政部門，對董事會負責，(2)所有的教師在權限之內教學，且只對他們的專業構想、事實的概念、學校的理想和目標負責，當然當校長可能會特別給年輕的教師建議和忠告；這個計畫似乎是非常成功。至少到目前爲止，據我所知，全體教職員從未想涉學校行政部門的工作。

二十八歲就成爲校長可能影響了他的領導風格。無疑地，他清楚知道，教師和學校裡的其他成員有左右行政部門的名聲。因此，年輕又沒經驗的校長可能選擇一個活躍的攻勢，且找出裡頭的成功的方式。他可能喜歡這個角色，而且決定永久採用它。但是，我傾向於相信這是他的天性使然，隨著機緣巧合而益增。他是一個堅定的建造者。以下是他在上任就職時所做的演說。回顧他在卡列頓任職的歲月，許多都可在就職演說中得到印證。

並非所有我國的機構都有未來，歷史的過程是無情且不可抵抗的。每年持續改變持續增加的需求，而不能夠勝任或是不能夠適應的必被淘汰。一個程序顯然地沒有中心也沒有長期獲利，只有最好才保存… 如果基督教學校繼續訴求金錢和以做生意的聲音被裁決成功，它必須可以爲它的存在和未來生活中所要的適當的土地提供一個理由。卡列頓學院……至少將要把目前的收入增加到兩倍，而這增加的錢也就是眼前的工作，學院並不希望變成大型大學。大大地增加數量不是學校的希望。

但是他確實目的在於採取終身準備在這個沒有其他擅長的機構的這個土地上。這是他的夢與幻想。

在這個時機，這演講意義深遠。他的預言中唯一錯誤的是「不久將來」籌集資金的任務。無止境的將來反更精確。他一輩子都在募款，從那天提起籌集資金到他的最後疾病的開始。

我有個同輩，是明尼蘇達大學畢業的，他說了個在大學時代發生的故事：

大約一九二三年或一九二四年，明尼蘇達大學新校長的就職典禮，我是明尼蘇達協會的侍者，在這次就任宴會上服務。州長歐爾森是典禮的主人，美國所有的學院校長和大學校長都在場。州長歐爾森是個極佳的晚宴演說者，但是他比不上庫林博士。他介紹庫林博士為演說者之一。州長歐爾森假裝和他並不熟、說他有責任好好介紹這位講者。他說他請教他的同桌來賓，能否告訴他關於庫林博士的事。法官皮爾斯·巴特勒回應說：「不，我也不太認識他。我只能夠說我在這裡坐下吃飯五分鐘後，他就要求我捐款給他的學校」。

在場的人哄堂大笑，最後笑聲漸減弱後，庫林登場演說。他說，他想起了一個農村故事。喬是十四個孩子的父親，到地方法庭打離婚官司。法官把喬叫到面前，要他直接回答一個簡單問題：「喬，你和這個女人一起生活四十年，你們還養了十四個孩子，現在，爲什麼你突然要求離婚？直接告訴我問題出在哪兒。」「是的，法官，我告訴你，我不能夠再忍受她總是要錢，給我錢，這個給我錢，那個給我錢，她總是要錢，錢，錢，跟我要更多錢。」法官然後問了：「喬，要錢眞是一個令人討厭的事，很難再忍受下去了。喬，你講講你通常給她多少錢？」「哦！法官，我還沒給她錢呢！」你能夠想像這個故事後的哄堂大笑嗎？法官窘到五、六次脫下他的眼鏡擦掉蒸氣。

校長眞的有說故事的天才，能賦予一個過度嚴肅的場合一個輕鬆的片刻，或是爲自己解嘲。我的朋友畢業四十年了，卻還記得庫林校長曾應邀演說，並能把整個過程說得活靈活現。

一九六六年一月，紀念校長的集會在史金納紀念小教堂舉行，一位教長發表了演說：

庫林博士生性樂觀，他對卡列頓學院有遠大的夢想，有些夢想似乎是富於幻想的，直到它們成眞。足球季輸球，有益於提昇學院士氣。募款不足則是「最成功的失敗」，長久以來招生人數總是不足，他就說：小就是美。體育館實在蓋得太大，除了一九五二年艾森豪來的那次坐滿人之外，觀眾席大多是小貓兩三隻。校長也有一番說辭，他說，原始設計是個球場，至於屋頂則是個意外。

儘管幽默和包容力有利於輕鬆的接觸，但校長自律卻十分嚴格。他每天很早就開始工作，且於晚上十點才可休息，當他享受每日一根雪茄時，庫林夫人就會念書給他聽，然後他就會上床睡覺——每晚睡八個小時的健康睡眠。他有一套養生方法（他從來不生病，除了有一次當他得了腮腺炎，即便如此他還是透過窗戶給他祕書指令）。這個養生方法就是：大量的睡眠，不吃太多，喝大量的水，中午午休，做緩和的運動——如果可以，他一天走三或四英里的路，通常與他的工作有關聯。他很早就放棄高爾夫球——他說：「這個運動花太長的時

間了。」

他很少放假，每天都是工作日，當他在聖誕夜的傍晚安排一個重要的工作時，曾發生一次溫和的家庭叛變；他的家庭都可接受，家裡有個總是在工作的人，他曾說：「我學到了在學院要努力工作。」他又說：「我在從這個工作接到下一個工作中找到了放鬆。」（這可解釋爲什麼行政長官一般似乎都比其他人有更多精力與能力，他們不論何時何地都有更多機會耗費他們的精力。）校長享受他的工作，有一次他曾說：「將學院的報告書放在一起，就成了類似十四行詩那樣有趣的文章結構。」這個想法使詩人火大，但這就是校長。他眞的喜歡行政機關日復一日乏味的工作。他這個態度，也許是健康的生理，與健全的心理讓他有了這方面的根源。

他與他的妻子十分幸福，庫林夫人很溫柔，是個很可愛的人，她比她先生更容易聊生活上的瑣事，她生活的重心放在家庭，放在先生和四個女兒身上，勝過放在學院，她死於一九五一年，新的女生活動中心以她的名字命名。

四個女兒都畢業於卡列頓學院，分別是密蘇西里州堪薩斯市的Mrs. John A.（Mary Ellen）；北卡羅來納Greensboro的Miss Elizabeth Cowling；明尼蘇達州明尼阿波利斯的Mrs. Cameron B. Newell（Margaret）；密西根州伯明罕的Mrs. Cyrus H. Burgstahler（Dorothy）。

她們的父親太忙，讓她們以爲別人的父親都是這樣，他經常出差，在家時依舊忙於工作。有一天一個女兒看到他在家，就問媽媽說：「爸爸爲什麼在家？」伊莉莎白記得，小學

二年級時塡一張問卷，上面問：「你父親的工作是什麼？」她說不知道，就問一個在她旁邊的女同學，女同學回答：「他是卡列頓學院的校長。」伊莉莎白又問：「校長（president）這個字要怎麼拼？」

這個家庭的故事，使我最感興趣的是有一回這個父親決定該和孩子說說宇宙的本質，他要強調的是誠實。於是三個年紀較長的女兒進來，站成一列，她們的父親就背對著爐火站著，講課——眞的就像在課堂講課一般。這個故事對我而言，有一個特別重大的意義。因爲我有一個鮮明的回憶，就是校長站在同一座火爐前對我講課，我不記得任何其它在庫林博士家中發生的事，但那樣的學習方式，烙印在記憶裡。

儘管他的公務繁忙、經常旅行，諾斯弗德對校長來說就是家。他這城鎭和城裡的人都很熟，當他在諾斯弗德時，經常上教堂，並保持在共濟會會員的身分。美國大蕭條時，一位校友在某年夏天和一群學生隨著清道夫工作。校長關心這些離鄉背井的男孩，所以他爲了他們開了一班哲學的課程。

諾斯弗德在大蕭條的這些年是很困難的，校長務實解決問題的能力表露無遺。錢不夠用，有時只得與家長、教職員、廠商以物易物。學院的教職員有段時間內拿不到薪水，校方給的是期票，日後都連本帶利付清。不景氣的期間，每個人的信用都透支到了極限。校長想盡辦法使學院得以生存下來，同時設法不虧待任何人。

卡列頓學院在他的領導之下，在宿舍興建的領域大膽創新。卡列頓學院爲了蓋新的宿

舍，創立了一家獨立的公司，由公司擁有和管理所有的學院宿舍，因爲他們認爲，宿舍管理不應該隸屬於學院，反該扮演創造所得、回饋投資以及補償折舊的角色。董事因此可以將捐款投資於宿舍和服務設施上，是相當穩健的投資。庫林校長主張，如果學生需要金援，他們應該打工或是爭取獎學金。他也主張，如果宿舍有空位，學院肯定會有問題，如果宿舍滿滿，那麼爭取捐款就不會有問題了。卡列頓企業在他的理念下運作，並且成爲在一九三０年代大蕭條期間最好的投資。他常說，投資在宿舍上的收入讓學校免於關門大吉，因爲，當年大部分的投資都是賠錢。但是，在這之前，他費了好多唇舌，才說服學院金主通識教育委員會，這是捐款合理使用。將捐款投資於學院產生所得的產業上，這樣的做法如今已經被接受捐贈機構廣泛使用。

一九一九年時，校長是美國教育協會（American Council on Education）的第一位主席，此外，他擔任了美國學院協會（Association of American Colleges）的主席，並擔任全國學生聯會（National Student Federation）顧問委員會的主席，同時也是國家研究協會執行委員會（National Research Council）的成員，在一九一八年時，他擔任法國交換學生委員會的主席，法國政府還授勳章給他。他也擔任了美國和加拿大宗教教育協會的主席，且還是很多委員會的成員，有很多年，最特別的是在一九二〇年代，他是美國教育工作者中的教育工作者，他是教育工作建築師，但他不是個教育改革者。他確信，基督教的環境能提供最完善的教育，如有熱忱的學者及教師，以及所需的硬體設施。當年我做學生時，每天得參加半小時的禮拜，星期日下午還有主日禮拜，學生都沒有質疑過這些要求是否合理。在今天我不會推薦這種做法，但在四十年前我還是學生之時覺得沒有什麼不好，而我那時不是虔誠的基督徒，現在也不是。

庫林校長就職儀式在一九〇九年十月十八日，正式聲明如下：

我以深刻的責任心接下職務。我向您保證，我有堅決毅力且毫無保留地致力於學院的服務，維護學術水準、專注於教學，和充滿基督教的特殊氣氛，而我祈禱全能的上帝祈禱祝福我們現在開始保持不變的關係。

當我是耶魯的學生時，有項慣例，每月一次在星期天早晨舉行聖餐儀式，會先唸一段祝禱辭邀請加入這個聖禮：「所有表白或願表白愛耶穌基督者都能被接納」，邀請似乎對我代表任何一個基督教會應該有的信條，並且它全部規定在新約基本規範中。

就職演說之後四十年，他退休後，有次在紐約講道時說：「今天在世界有那麼多麻煩的問題——管理和勞工的問題、種族的問題。社會水平和特權、國家主義和國際關係——所有這些和其它問題只要依靠耶穌基本的教導，問題終將解決，理由很簡單：宇宙就是這樣造成的。」

對某些存在主義者，這也許有些天真。如果校長現今還活著，看到青年人被邀請重建世

界、帶來更多善良和正義，多加聽從他們自己的心聲，我認爲他一定會說：「當然！並且就我所知，卡列頓學院就是爲了這個目的而誕生。」從一九〇九年，就職儀式「在充滿基督教氣息裡」，到四十年後和服膺耶穌的基本教導的講道，他的信仰始終如一。

在複雜組織化的社會裡，要發揮重大的影響，必須透過說服。他認爲，耶穌的教導必須透過學校、企業、政府和教會來實踐，他尋求在卡列頓學院建立的基督教氣氛，是他所知道教育青年人的最佳手段。這就是爲什麼，我認爲，教堂是他的建築計畫的中心和爲什麼北方窗口被設計了有這樣的愛的關懷。

校長的教育理論，實質上，有以下這些主要元素：(1)常規的人文科學課程。(2)持續瀰漫於基督徒的氣氛中。(3)聘請認同這些理想的優秀學者教師，賦予他們充分的自由、得以堅持、主張並宣講他們的信念；(4)提供能鼓勵教職員和學生優異表現的設施。這是一個簡單的信條，沒有任何教育創新的重要，但了不起的機構就此崛起，提供創新者大好的機會。而且，他的後繼者勞倫茲．高德（Laurence M. Gould）博士，在一九四五年抓住機會，運用他想像力、活力，一九六二年把一個脫胎換骨的學院交接給那森博士（Dr. Nason）。

校長對國際事務很有興趣，以他那樣的地位而言，並不令人意外，但保持守派人士鮮少像那樣熱中國際事務。

一九一八年早期，他是同盟的執行委員會成員，主要工作是：強力執行和平。之後在同盟國家的無黨派分支協會任職，也是明尼蘇達州的副主席。

他身爲副主席（主持在多數會議），一九二六年六月，在芝加哥的一個特別會議中成爲各式各樣和平組織的重要代表。這也促使了他要與「禁止戰爭」的美國，一起進行反對軍事教育的合作。

他是一個特別委員會的成員，由約翰．杜威（John Dewey）教授組織在與美國社會的合作下，爲促進文化聯繫，一九二八年夏天訪問俄國，學習他們的教育系統。當他回來時，他做出了一項評估，使得他的朋友十分驚嘆。總之，他十分稱讚俄國，能結束文盲且能眞正關心人民的生活。他認爲，俄國雖曾經不自由，但是他們的戲劇、音樂和文學卻不被腐蝕。他感覺到俄國應該要有機會去制定適合他們國家的法律，如此便能及時地修改俄國人許多的極端想法。

第二次世界大戰期間，他是一個大學委員會的主辦者，且也在戰後成爲明尼蘇達聯合國委員會的主席。要處理許多會員資格和應付國際問題。

他此後一直關切聯合國和它應扮演的角色。一九五四年，他寫信給高德博士：「在我的心中，聯合國未來的地位，應遠高於『辯論社』。雖然有人堅信它是傳播共產主義的手段……聯合國組織有不可限量的可能……如果大家都認清，它只有道德領導…沒有實際的力量。」他害怕聯合國與可怕的政府或使用武力相聯。基本上呢，他是教育家、勸說者，而且，他也發現聯合國在此方面也具有巨大的機會。一九五四年，他寫了一份詳細的八頁備忘錄，他分析聯合國可以採取的行動，並主張聯合國應堅守勸說及領導，而非訴諸武力。

我也曾提到校長他對個人自由有極強烈的狂熱。我說過，我很幸運，曾見過他的仁慈以及對於人的關注。當他在人群中，他是令人喜歡的和客氣的，但他不符合一般人認爲的好老師形象，至少他對我們這群學生不怎麼假以辭色。他不常在我們面前顯露他的好惡。

他關心個人，導致他對於政府擴張的不信任，特別是當時的氛圍是保守趨勢及新政開始的一九三〇年。我知道他並不想要讓自由的水平爲了個體而喪失，我和他來往的那些年裡，我清楚了解，他不願個人自由受到絲毫的侵犯，他始終堅持這個信念。自從一九三三年聯邦憲法修正所得稅法後，他一直堅守反對立場。

一個朋友寄給我一卷談話的錄音帶，是校長的演講，當時他已經相當老了。聽他那宏亮的音量，和承襲自《獨立宣言》、《憲法》的論辯傳統，眞的很美好。這是他的保守主義較沒有建設性的一點，因爲隨著他的年紀大了，他越來越沒辦法以現實的態度面對眼前的議題，越來越傾向於採取理想主義的立場。有一回，他差點被推選爲參議員候選人，他的妻子勸阻他，說他太過於理想主義，和政治格格不入。我同意，校長是建設者，他得使用自己的方法，一旦他遠離他的舞台，他理想主義的傾向帶領他成爲極右派的代言人。然而，他原本有大好機會成爲教育領域的政治人物，卻因此擦身而過。

他擁護的立場的確是應該用來標誌理念的限度，只有在理念的限度毫無遺漏地標示出來之後，才能看清在中心的事物。但是，在他晚年時，原本是有大好機會領導美國教育體系的主流。他曾經擁有傲人的成就，足以領導美國教育界。可惜的是在美國高等教育迫切需要的

是引領大家走向新時代的時候，他沒有發揮應該有的影響力。

校長不是革新者；他是優質的建造者。和卡特・大衛森博士（Dr. Carter Davidson）寫了一本書，書名叫《學院和自由》，一九四七年出版。這是行政知識的實用概要，雖然校長的勸告受到學院管理注意，但是沒能形成新的影響。然而，他的成就重大，極少有人能與他相匹敵。

庫林校長的保守主義較具有建設性的一面，在於他在建設卡列頓成爲優質教育機構面臨問題時所展現的穩定性。這點其實還是和他對堅持個人自由的理想主義色彩息息相關。他在政治和經濟的理想主義涉及對社會當中的各色人等的關切，但是在建設卡列頓這件事情上，他勞心勞力，目的是要把一個夢想變成事實，他對自由的熱情，促使他以面對「眞實」的個人特定的問題，表現他的理想主義。

庫林校長的理想主義在他突出的職業生涯有極爲不同的表現方式，但他的理想主義其實源自他父親的影響。在一九三九年一次對話當中他提到：「我在一個講到奉獻和忠誠於國家便熱血沸騰的家庭中長大，我指的『國家』是指這個國家奠基的信念、原則和理想，其中最重要的是我們的建國先賢們主張，每個男女都是單獨的個體。」當他將這麼濃烈的信念實踐於實際的個人問題時，他卻是視狀況決定行爲的人，意思是非常人性、非常務實，非常現實，而且以目標爲中心。當他把這個道理應用到抽象的社會時，論到社會的經濟和政治層次，甚至論及學院的教育哲學，他卻是個傳統主義者，他根據原則行事，近來的歷史和經驗

似乎對此影響微乎極微。

在這兩個極端，或者有可能在不同軸心上，某一點是在自由社會完成者的責任。一九三六年他到明尼阿波利斯團契資金委員會演講部分內容。

> 我不是社會主義者，其實我是社會主義者的相反。我相信，個人應該擁有各種權利和權益，包括財富、教育、社會地位以及其他等等。我不會主張打倒社會，即便我可以辦到。如果我動動手指頭，就可以剷平所有的事物，我也絕不會這樣做。我相信個人的主動性，同時，我也相信，人們努力所得到的報酬應該和他對社會的貢獻相襯。這樣的理論勢必導致，根據個人的能力、所掌握的資源和付出的努力，個人將得到極爲不同水準的利益。然而，我也深信，除非個人使用財富、教育、或是地位提升大眾生命的利益，否則個人不該是想要什麼、就有什麼。利益落入個人私有，除非是基於社會互信（也就是說，大家認定，這是爲了大眾的好處），否則沒有道理可說。
>
> 我不相信會出現一個對每個人都公平的社會秩序。這樣的可能性對我來說根本視做大夢。因此，享有利益的人必須和沒有的人分享，這是可以想見的未來都得面對的狀況。

我們每個人都有很多面，而且，能幹的人一向都不簡單。熱愛務實成就的人生態度可能也包括如此的假設：世界的秩序是和個人和諧一致的，遠遠超越個人的差異性。這樣的人生

態度提供了一致性，賦予明顯不同的兩個傾向各自的方向和目的，如果好好選擇的話，就可以務實地運用個人的資源，不論這資源是什麼。選擇生活方式因此深深影響了一個人的人生成就。就庫林校長的例子來看，我相信的確是如此。

庫林校長退休這件事情，正是非常好的說明。儘管他多年來投身於他的工作，他對於工作的熱忱始終不減，他的健康也始終非常好，他知道什麼時候該退休，讓自己調整到一個較爲適合老人家的角色。當他退休時，他徹底放手，搬到明尼亞波利，長達四年之久不踏上卡列頓校園一步，甚至校方得強迫他，他才勉爲其難接受榮譽博士學位。

他退休後主要的興趣之一是在堪薩斯州托庇卡的曼林格基金會，我個人所知的部份，將在稍後再詳述。他是董事會的成員，而且是基金會的重要募款人。他特別關注的是基金會的兒童醫院，可以說是不遺餘力，每次他到托庇卡，都會到兒童醫院。兒童醫院的圖書館就特地獻給他，在醫院的牆上還掛了他的照片。有次，威廉・曼林格博士（Dr. William Menninger）講起基金會的事。「主席講了兩小時，關於晚餐的聊天、寫信募款……等等，每個人都變得很困擾。然後，主席記起了庫林博士，並且問他募款方式，校長在很短的演講指出，『增加錢的唯一方法，是找到有錢的人，並向他們要點錢。』」

他對於明尼蘇達教育體機構該扮演的角色毫不含糊，他認爲，州立大學不該運用民間的資源，因此他在退休之後大力爲明尼蘇達州的私立大學募款，但是，有一個領域，獲得他破例垂青，就是醫學領域。他主張，明尼蘇達州立大學的醫學院係該州唯一的醫學院，自然值

得他效勞，而且他不留餘力地大力襄助。爲了表揚他參與建立梅約紀念醫院的功勞，他獲得明尼蘇達大學頒給他Regent獎，而且是由卡列頓學院與明尼蘇達大學聯合舉辦一個特別頒獎典禮，日期是在一九五八年十二月十日。更早一點，在一九五四年，他得到明尼蘇達大學頒發特別獎項Builder of the Name，再早可以追溯至一九四五年，明尼蘇達大學便已頒給他榮譽學位。

他擔任梅約紀念醫院的創辦委員委員會主席。醫學院的院長戴哈寫道：「有幸和庫林博士一起工作，參與這項偉大的行動，我感覺得到非常多的啓發，也非常感激有這樣的經歷。這是庫林博士一項獨特又偉大的成就，但這只是個開端，因爲庫林博士開始對於醫學院產生極大的興趣，這項經驗帶領他在自卡列頓學院退休之後，投注相當比例的時間和精力在醫學院上頭。」這些努力的成果包括明尼蘇達大學醫學院的設備大幅更新、團隊和課程的素質也提升了。

在他退休的那些年裡，他還投注精力在其他許多的領域裡面，其中包括共濟會紀念醫院、明尼蘇達肺結核暨保健協會、明尼蘇達醫療協會、胡佛報告國民協會、明尼蘇達交響樂團和渥克藝術中心（Walker Art Center）。

他替許多目的募款和工作，大多都是可以看得到成果的有形資產，像是建築物和課程，只不過，他退休之後關注的範圍擴大了，管理責任則相對大幅減少。但這二十年退休後生活的中心，我相信，是他在普利茅斯公理堂和牧師霍華德·康恩（Dr. Howard Conn）的來往。

庫林博士於一九四八年至五〇年擔任首席長老。康恩牧師在追思禮拜上談到庫林校長：

庫林校長在這裡禮拜的這些年，定期參與主日崇拜，除非有非常罕見的要事，星期天必上教堂。但是，對他而言，主日崇拜並非有魔法的儀式，形式和禮儀並非他所注重的。主日崇拜之所以重要，是因爲參與崇拜本身，會提醒人要對創造萬物的神保持開放，崇拜也提供一個機會、讚美生命的偉大和奧妙。崇拜是人類追求眞理和表達終極關懷的一部份。他對於上教堂參與敬拜的態度，可以從他一生中兩度未能定期上教堂的原因看出。一次是在他生命中最後兩年，他的聽力不堪負荷大團體的聚會，他認爲，他既然無法分享知識性的刺激，無所事事地坐著參與禮拜並無好處。另一次是聖奧勒斯學院（St. Olaf College）院長拉斯・包伊（Lars Boe）過世前那段日子，每個星期天早上，他去探視臥床的同事暨好友，讀書給他聽。關心另一個心愛的主內弟兄，對他來說，就是敬拜眾人的天父，是天父的安排，讓他和包伊校長在諾斯弗德成爲鄰居和友善的競爭者。

我眼中的校長，正是聚焦於問題的人。有些問題是自然而然來的，有些是他主動設計的目標，承諾要予以解決。當人們問到他成功的祕密時，他的回答是：「我使自已的心情一直保持在熱情當中」。當他最好的成就來了，他卻離開了。但是他眞正的優點是在問題的解決，以及處理複雜人群中的問題。

有一次我帶著一個關於我擔任學生組織主席的問題去找他，一個職員的表現使得組織水深火熱。校長很有耐心的聽我說，無論如何，我的做法都會傷害了這個職員。他給了我安心的微笑，對我說：「有些事我們不做會很嘔，做了卻有不良後果，而我們最好做有益於學院的事。」

一九三〇年代，我在兩人一次爭論中提出一個問題考問校長，談到我那年代一位美式足球員。體格巨大，是火力十足的運動員，但碰到書本就沒輒，沒有同學們的幫助和能體諒學生的老師，肯定唸不下去。即使撐過四個球季，在他的第四年秋末，他的學業表現還是得退學。我把這個故事告訴了校長，跟他說了我的看法，這個傢伙是否不該再待學校。我問他：「這對那個人到底有什麼好處？」

校長眞的陷入思索。顯然地，他心裡明白這樣做不對。對全體學生的標準更是有問題，如果且在三年半和四個球季後，這個學生應該得到的學位卻沒得到。不知何時，我在行政生活的現實生活中，從校長聽到一席溫和的勸解。他告訴我一個我知道的學校有問題發生了。人類體制是脆弱的且充滿錯誤。因爲我們個體也是如此。知道學校所發生的事，他認爲其他的機構恐怕更糟。但是，他問，一個能力強品行又好的人會做什麼？他應該像個住在洞穴中的隱士，沒有被世界污染？或者他應該扮演負責任的角色且盡可能的投入，也了解到人偶爾要妥協，且結果並非總是很好，但仍比你連試都不試好一點。這是個長而富有思考性的演講，我只發表了它的要點而已。

這次和校長的談話是在三十年前，同時知識的成長已是數倍。但是，我們是否在年輕人累積經驗，提供更好的幫助呢？我想校長在他安靜的書房和一對一面談時會說：「沒有，就重要的議題方面我們並非做得非常好。更多人需要貢獻他們的熱忱，較強的人應該要獻身於要求完全忠誠的事。」

我在卡列頓學院的那些年，校長非常忙碌。當他忙於處理事件時，他的學生卻離他很遠。他知道得想辦法解決才行。在週日崇拜之後，他決定未經通知去拜訪男生宿舍。

那時候大家在其中一個房間玩擲骰子的遊戲。六個人坐著玩骰子，十幾個人圍觀。我坐在角落的桌子上。遊戲進行的非常熱烈時，有人輕輕的在牆上敲門。某人大叫：「進來。」其中一個人手上拿著骰子揉搓時，另一隻手拿著兩張鈔票在空中揮舞，嘴巴還叫著：「下好離手。」門慢慢地開了，看見了校長親切的面容。他輕輕地說：「不好意思。」並且關上門離去。在片刻死寂後，有人問：「發生了什麼事？」沒有事發生。校長知道他是誰。他是校長而非學監，不會來管我們的道德品行。至少據我所知，他沒有對大家說什麼。

校長和我在第二十五屆校友會相遇，便提到一定要找個機會好好聊聊。數年過去，它以不一樣的方式出現。在曼林格基金會（在堪薩斯州的托庇卡），我感興趣的是工業心理治療。我大概知道校長是基金管理委員會成員，但這個崇高的單位與我主要的興趣相當遙遠。一九五七年九月基金會召開年會，我被邀請參加工業精神病學的座談會。這是六、七百人參加的大型會議，我是最後一位講員。當時我很緊張，無法全神貫注聽其他講者的演說，我期

待能借這個場合表達對校長的敬意。我只有一點點時間，然而我還是表達了對校長的感謝。

當我得知他的死訊，並且決定寫下對校長的感謝時，我想起當時的情形，我在電話中詢問了曼林格基金會的事，偶然間，他們找到那次會議的卡帶。他們眞是好人，並轉錄我對校長的演講，這裡是我在卡帶未經編輯的演講。

在進入主題前，我想花點時間介紹在場的庫林博士，他是我大學時的校長，庫林博士是曼林格基金會評價極高的成員，是卡列頓學院榮譽校長，是曼林格基金會中很有地位的管理者。

三十一年前，我從他手上得到畢業證書。我一直以來期待這個機會，表達我的謝意，其中主要原因有二，第一，你的榜樣帶給我信心，你巧妙的說明，透過這些年有重大意義般的成長。第二，校長，如果你回想的話，你會想起我是個不大聽話的孩子，不喜歡尊守校方制定的完善規範，希望自己能成爲這個團體的改革者。我想這就是我學習的地方。

但是，最重要的部份是我好幾次被逮到犯規，我發現自己在你的面前是堅持去算他過錯的錯誤學生。在這些時機中你很高明，也明瞭我是怎樣一個搞怪搗蛋的年輕人，我現在也有小孩唸大學了，當年的荒唐行徑成了最好的負面教材。那天我啓程來到托庇卡，我沒想到在這裡有機會向你說這句話：感謝你。

校長的最高價值在於他在心底：「他知道他是誰」。我在曼林格基金會大會中小小的表示中，以某種形式深深地感動了校長。或許是叫大學生教育家聽不到從學生所發出的讚賞吧。記得有次我問某位大學教授，他有給企業主管上課，到底教大學部學生和這些成熟又成功的人有何不同，他的回答又快又清楚。他說「這些學生會感謝」。懂得感謝是成長帶來的禮物，年輕人通常缺乏這種能力。

我珍惜與校長共處的時光，爲他在卡列頓學院的成就喝采，那是偉大的成就。但是這並不是他稱爲偉大的充分理由，成就十分重要，但是這還是不足夠。眞正重要的是人們的品性，看他一生的表現，我們還是能看到一個人的卓越。

我盡力描述了校長的品性，正如我所經歷的，其他人所告訴我的，我也在記錄中找到了它，清楚的證據顯示他堪可與歷史上眞正偉大的人並列。

史帝芬，斯彭德（Stephen Spender）給了我們一首詩〈眞正偉大的人〉：

我不斷想起眞正偉大的人，
從孕育處無窮的太陽唱著歌，透光的走廊記錄心靈的歷史，
他們可愛般的唇緣仍然如火燃燒著，
歌曲中應該從頭到尾都講述得很有精神，
誰像盛開的花朵一樣越過他們的身體，

從春季的分支儲藏了落下的願望，

寶貴的是絕不忘記在我們有地球之前，
世界中從沒有歲數，
直到我們獲得生命十分的快樂，
早晨不否認它的愉快，
也不在它的墳墓爲愛要求，
從不允許交通被噪音和霧和春天的青蛙和花覆蓋。
靠近雪靠近太陽，
在最高的領域看到這些名字在這個空中，
草地上飄揚和耳邊聆聽著。
他們是太陽之子，
朝著旭日前行，用他們的榮譽在天空中簽了名。

我認識的庫林校長正是如此，校長留下美好的名聲，他對學院的絕對奉獻、他對自由的熱情，和他刻在人心版上的人性，使我領受到他的偉大。我盼望，培育這些特質，能成爲他留給卡列頓與整個世界最美的遺產。

第九章 僕人和官僚社會

一九六六年，美國Redlands大學演講稿

要將我的經驗傳授給你們，最好的方式是透過詹姆斯・桑伯（James Thurber）所著的《我們這個時代的寓言故事》，以其中我最喜歡的故事之一作爲橋樑：

很久以前，早晨陽光普照，一個男人正在吃早餐。他抬起頭來看到一隻白色的獨角獸金色的角，在玫瑰園靜靜地爬行。男人走進臥房，他的妻子正在睡覺，他叫醒她：「我們的花園裏有一隻獨角獸正在吃玫瑰花。」她睜開一隻眼睛不友善的看著她丈夫，說道：「獨角獸是神話動物。」背翻過去，繼續睡覺。

男人下樓走到花園去。獨角獸還在，在鬱金香花叢裏爬行。那個男人摘了一朵鬱金香給獨角獸，他說：「拿去吧！獨角獸。」獨角獸一口吃掉它。他的花園裏果眞有一隻獨角獸！他大爲興奮，又跑上樓叫醒他的妻子，他說：「獨角獸正在吃鬱金香。」他的妻子坐起身，冷冷地看著他，說：「你是一個瘋子，我要把你送到瘋人院。」

那個男人很不喜歡被稱作瘋子，也不想被送到瘋人院，想了一下，便走開了，他說：

「我們等著瞧吧！」當他走過房門時，他對她的妻子說：「獨角獸額頭中間有金色的角。」然後，他回到花園去找獨角獸，但是，獨角獸已經走掉了。男人在玫瑰園坐下來睡著了。

她的丈夫一走出門，妻子立刻起床，快速地穿上衣服，幸災樂禍地暗笑著。她打電話給警察局，也打電話給精神病醫生，叫他們快來，並要他們帶一件讓發瘋的人穿的緊身衣來。當警察及精神病醫生到她家後，坐在客廳，看著這位太太，顯露出興致高昂的神情。她說：「我的丈夫早上看到一隻獨角獸。」警察及精神病醫生你看我，我看你。她繼續說：「他告訴我，獨角獸在吃鬱金香，還說獨角獸的額頭中間有金色的角。」警察及精神病醫生互相對看著。然後，精神病醫生使了一個眼色給警察，警察迅速地站起來抓住妻子，但她奮力的抵抗，他們好不容易制服她。當他們替她穿上緊身衣時，她的丈夫回來了。

警察問他：「你是不是告訴你的妻子，你看到一隻獨角獸？」她的丈夫說：「當然沒有，獨角獸是神話動物。」精神病醫生說：「這就是我想要知道的。我們要帶走她，你的妻子是一個瘋子。」他們帶走她，她一路詛咒、尖叫。他們把她送進精神病院。從此以後，她的丈夫過著愉快的生活。

許多年以前，我們就讀過這個神話故事，從此以後，我們家有一個傳統，會問第一個在早晨打開窗戶迎接一天的人說：「你有沒有看到獨角獸？」透過這個故事的精神及它所要傳達的想像力，我要討論一個相當嚴肅的話題：僕人在官僚社會中的責任。

責任是很難談論的話題。一般我們都認爲其他人應該比我們負更多的責任。很少人會認爲自己是不負責任的，要承認自己不負責任是很爲難的。對於我們該做的或不該做的事我們都有一套自圓其說的方法。

一般對於責任的定義都符合傳統的期望、道德觀或因果報應的思想。這種定義是將規則與懲罰都設定好了，負有責任的人必須在界線內小心謹慎地行事。我傾向於不採用「責任」這個字眼是符合社會期望的。相反地，我認爲責任起始於關注自我，自我內在成長，獲得內在的寧靜，倘若不是如此的話，一個人絕對不能有眞正的自由。然後，進一步，一個人會關注他周遭的環境，他的鄰居、家庭、同事、社區、社會。他會同時向內及向外觀照。

比起我們那個時代同年齡的人而言，你們更能自我認知，因此，你們這個時代的年輕人更能有機會創造健全的人生，不論是外在的或內在的。雖然，你們會面對許多困難、折磨和迷惑。比起四十年前我從大學畢業時，你們想和世界隔絕會更加困難，當然，有些人努力嘗試還是會做到，但是，我並不鼓勵你們如此去做。

我必須承認我已盡情創造過我的人生了，但是，你們這個世代所發生的事情有時侯也會令我震驚，無論如何，我還是很慶幸你們的世代不像我們那麼的貧窮匱乏，我們那個世代有許多人是活在無望當中，但是，你們未來的前途大放光明。

但是，你們要如何生活在官僚社會當中呢？在官僚社會當中，一個人如何負起他的社會責任呢？

官僚體系被認定是眼光窄小、粗糙的、格式化、依賴先例的，缺乏積極主動性且思想僵化的，是一種相當不好的狀況。當一個機構歷史悠久，規模變大或受人尊敬之後都會有這種傾向。所有的機構，包括：教會、學校、政府、企業、醫院、社會機構、家庭等，不論它的意識型態或特定目標，都會變得官僚制度化。事實上，這些機構都會對世界有些貢獻。但是，他們不管大小、成立多久、受尊敬的程度，都會傾向於變得官僚制度化。由於，我們想得到這些機構的好處，因此，我們都會忽略他們因爲官僚化，所帶來的壞處與傷害。

天主教梵蒂岡教會是世界上最古老、最大型、最受尊敬的教會之一，他們很有內省的能力，已經關注如何去掉官僚體制所帶來的負面影響。他們所採取的革命性改革措施，所帶來的影響還在評估當中。這個運動是由年邁的教宗若望二十三世發動的，他倡議所有的人應該都活在希望之中。我們的生命是充滿希望的。希望之光來自於用心生活，以道德及正義來重建我們的世界，這是老年人比年輕人更能實踐的生活。如果你想讓你的生活過得更好，如果，你現在也關心重建世界的議題，打開你的心胸想想看，你能爲世界帶來什麼希望？

爲什麼我會做這種主張呢？因爲我相信老人家比年輕人更有能力應付各種官僚化的問題。年輕人或中年人在意的事情，老年人已經不再熱中了。年輕人所熱中的名利，老年人已經取得了，他們也不會再汲汲營營去追逐。因此，當年老時，他們敢於改革年輕人不敢做的事。如果，教宗若望二十三世是在五十歲當上教宗，而不是八十歲當上教宗，他對世界可能就不會有什麼貢獻。他可能會深陷官僚制度當中，太在乎自己的權位，他可能在往後的三十

年當中都活在錯誤的官僚體制內，到了八十歲他可能已經對官僚體制的壞處毫不關心了。

但是，教宗若望二十三世具有敏銳度、力量及成熟的人道精神，他並非突然在八十歲時才擁有這些特質，這些特質是他參與了六十年的官僚體制社會後，從年輕時就發展獨特的人格及生活型態，並融入他的日常生活當中。由於，他在年輕時做了重要的選擇，使他成爲世界上的偉人。

爲什麼所有的機構歷史悠久、規模變大、或受人尊敬之後，都會官僚化呢？那是因爲這些機構很少擁有像教宗若望二十三世這樣的改革者，**他們早上起床後會在花園裏看到獨角獸**。他們一開始就走錯人生方向，直到他們老去爲止。**他們沒有培養堅定的人生信仰，也就無法克服人生中不可避免的官僚體制**。當他們在年輕時沒有發展內在的力量，以及對抗外在的官僚體制的影響。看看我們周遭的年輕人們，他們的眼光狹小，行爲舉止都傾向於強化社會上的官僚體制，缺乏積極主動性及活動力。

我念大學的一九二〇年代和現在的不同之點，在於現在的大學生較敢於批評時政及政治人物。這個世代的年輕人，有些人甚至鼓吹打倒現在體制、重新來過，我們那一世代的人小部分也有這樣的舉動、或許你們也認同這種看法。

有些年輕人對社會時政最嚴厲的批評，我卻是傾向贊同，他們認爲由成年人主導的社會乏善可陳。人類的精神力量被官僚體制扼殺了。我們那一個世代中的許多人，安於活在官僚體制的現狀中而失去覺醒的契機。擁有自由心智而不受官僚體制箝制的人已消失無蹤。我們每一個人幾乎都是活在官僚體制的控制當中。這就是我對我們那一代人的評價，我也不否認我是他們其中的人。雖然，我們也在那黑暗無望的社會中努力求生存，但是，我主要的失望在於我們世代的人，很少人有能力對抗官僚體制的影響力。相反地，他們還迎合強化官僚體制。

你們這一代的困境比起我們可能還要大得多，我會有這樣的看法，是因爲我發現你們並沒有準備好要對抗日漸高漲的官僚體制傾向。你們受過更好的教育，努力工作，更了解問題的徵兆，也更具有批判性。但是，你們是否比我們更有準備去面對這些問題呢？你們當中是不是有很多人在早晨起床後會在花園看到獨角獸呢？這是我確實想知道的事。

有很多人可能會想在花園裏看到獨角獸，和我們準備對抗官僚化制度到底有什麼關係呢？而且，在這個寓言故事中，男人的妻子清楚地知道獨角獸是神話動物，竟然被強制穿上緊身衣當做瘋子帶走，你因此感到憤憤不平，而那個看到獨角獸的發瘋丈夫卻快快樂樂地過一生。

寓言故事都具有神怪迷信的特質，通常動物會說話，或行爲舉止像人類，它的意涵是爲了強化一種眞理或概念。有時也是爲了激起強烈的好奇心。你們會從故事中獲得什麼眞理或啓發呢？我希望我們只有十二個人坐在討論室裏，因爲，我想我要花幾個小時聽聽看你們的想法。但是，讓我先放下這個問題，讓我們回到我早先問你們的問題：爲什麼所有的機構日子久了、規模變大之後都會變成官僚體制化呢？我的答案是：**因為年輕人的道德觀不足以對**

抗日常生活中隨處可見的官僚體制。

如果，你相信你的責任是重建社會，使它更符合道德及正義，更符合你的內在世界，你現在就有義務好好的培養你的人生態度，讓它符合你的人生期望，承擔你的社會責任。不要認為當你四十歲時，你已經位居高位，因為，當你有很好的動機及能力，你自然就會擁有這些高尚的情操。高尚的情操並不會因為有動機、能力、機會而會自動地取得，而足以對抗官僚體制。我已經花費許多年嘗試幫助那些成功的人，有良好動機的年輕人去重塑他們高尚的人格。除非從年輕時開始鍛鍊，否則，很難有高尚的人格。因為年紀愈長我們已經被官僚體制僵化了。我並非說改變是不可能的，只是較不可能，我們來打賭吧！

什麼樣的高尚情操是對自己及對社會都是有益處的呢？我沒有任何定見，但是，透過內在的思索我想到一些重要急迫的項目。這裏沒有任何公式，我們必須找出自己的道路。我想指出五個生活特質，那就是(1)**美善**，(2)**活在當下**，(3)**開放的心靈**，(4)**幽默**，(5)**容忍**。這五個生活特質各有其面向，可以增進我們對抗官僚化體制的意志與能量，和他人在社會中以團隊的精神來共事。以下，讓我們來說明這五個生活特質所代表的意義。

(1)**美善**：許多詩人都很喜歡用美麗這個字眼。莎士比亞曾說過：美麗是空幻的，我們需要有一種生活特質，能讓我們與無法探索且神祕的大自然接觸。

我們可以培養美感。如果，你喜歡音樂，你可以聽一聽貝多芬C小調第一三一號四重奏。這支樂曲現在被一些音樂學家認為是世界上最偉大的樂曲，這支樂曲背後有一個故事，

這是貝多芬晚期所寫的四重奏。貝多芬當時被認爲是當代作曲家。據說，當他要寫這首四重奏的系列作品時，他的一位好友對他說：「貝多芬，怎麼搞的？我們不再了解你了。」貝多芬回答道：「我已經爲當代的人作了很多曲子了，現在，我要爲未來的人作一些曲子。」以上傳說還有待考證，然而當時，很少人喜歡這首四重奏，一個世紀以後，人們才開始喜歡這首四重奏。人們必須不斷地培養他們的美感，才能欣賞當代不被了解或欣賞的事物。

(2)**活在當下**：古讚美詩中寫道，歡欣愉悅地活在上帝所創造的每一天當中吧！近代的詩人愛默生寫道：擁有今天的人最富有。

對於想重建社會以符合他們理想社會的人，他們心中都會有活在當下的信念。我認識許多有才幹的人，他們都浪費時間活在過去而不能放遠未來，使他們喪失了許多寶貴的契機。許多年輕人進入職場，都受限於他們的第一份工作只求餬口，而忘卻了他們偉大的理想及職志。

縱使你現在正在生病、受苦、折磨，這就是你的當下，這就是你現在所擁有的。

(3)**開放的心靈**：有一句古老的義大利格言說：「從聆聽中得到智慧，從多言中得到悔恨。」聆聽並非只是靜默，或者，甚至記得他人說什麼。聆聽是一種態度，是去聽聽看別人要表達什麼。聆聽始於專注，表達眞正的興趣想去聽，然後聽到智慧之言。它是一種開放心靈去溝通，去聽先知者的預言。

多年前當我還在原來的公司（編者註：即AT&T）服務時，我們做了一些管理者有效管理的研究，發現有些管理者績效不彰，是因爲他們沒有聆聽屬下說什麼。因此，我們推出一個三天的密集課程，教導管理者如何聆聽。

有一天，我接到本地一所醫學院教授打來的電話，他說他聽到我們開設如何聆聽的課程，他有一個問題，想過來和我談一談。他的問題如下所述。醫學院正在進行職業醫生的研究。研究者穿上白色的長外套，作爲醫生的助手並且詳細地記錄下醫生在診療時的作爲。許多醫生都不聽病人說什麼。他們忙於做檢測、記錄及問問題，但是，病人都無法表達出他們的症狀。因此，病人都很沮喪、不滿，醫生也完全不能了解他們的病人。

所以，醫學院決定，實習醫生應該學習如何聆聽。但是年輕的醫學院學生群起反抗，因爲精神病學教授教導他們，依照精神科醫生的指導手冊聆聽。讀到四年級的醫學院學生知道，他們不應該依照精神科醫生的指導手冊聆聽，而是應該聽病人眞正的病情。那個醫學院教授問我：「我聽說你教導你們公司的管理者如何聆聽員工的心聲，你如何做到呢？」這是一件很有趣的事情。這件案例證實了很多很聰明的人也會犯下相當愚蠢的錯誤。不要假設因爲你很聰明，很有能力，並且動機純正，你願意溝通，你知道如何去聆聽。在你的牆上貼上聖方濟偉大的祈禱文：「**主！求你教我：寧瞭解人，不求人瞭解。**」

(4)**幽默**：眞正的幽默源自於我們的智慧，它不是表示輕視，它的本質是愛，它的表達方式並不是嘲笑，而是靜靜的微笑，它是一種深層的表達方式。它是高尚氣質的轉化，是一種關愛的表示。讓我們以這樣的方式來看幽默，就是我們必須學習如何去關愛別人。爲了重建世界，使我們的社會更符合道德正義，更符合我們內在的心靈，除非，我們以稱爲內在微笑的幽默來對應。和幽默有關的就是我們可以運用關愛，內在的微笑來自我接納，以便增強我們的責任感。愛我們自已是一種內省的機會。聖經上說：「愛你的鄰居如同愛你自己。」除非，你能愛你自己，否則，你如何愛你的鄰居呢？此外，你怎麼能夠沒有幽默感而能愛你自己呢？

(5)**容忍**：我使用一種古老的意義來闡釋這個字，那就是以寧靜的心靈來承受痛苦。匈牙利有一句諺語：「你必須很年輕時就死去，否則，你會吃很多苦。」甚至神也要忍受很多苦難，對於別人的苦難我們要能感同身受。

詩人羅伯・佛洛斯特（Robert Frost）曾經在兩首詩裏面提到容忍的問題，亦即在苦難當中仍能保持心靈的寧靜，那就是認知我們不需要痛苦來保持我們的清醒，而是從痛苦中學習，並且看到眼前最黑暗的時刻，走出幽暗之谷。

我提出這五個特質，「美善、活在當下，開放的心靈，幽默及容忍」作爲人生的寫照，這是根源於內在的覺知，敏銳地覺知關心我們的鄰居，不管他們是隔鄰富足的鄰居，或是地球另一端飢餓的鄰居，我們都可以感受到他們眞實的狀況。

我假設你們會下定決心好好地運用人生、貢獻你們的智慧，因爲，你們是比較優勢的一群人，任何文明的社會都希望優勢的一群人能夠貢獻力量，承擔責任，因爲，人生更值得這樣生活下去。由於，你們生活在高度複雜組織的年代，我相信你們都不願意活在象牙塔裏。

因此，負責任的人會認知官僚體制的本質，他們會在官僚體制內生活、工作，培養道德及理性的生活態度，在具有成熟的生活態度之下，希冀影響官僚體制，這樣可以改善日漸惡化的體制。

我希望我能將有才幹的、動機良善的人減緩官僚體制的努力，與你們分享。我們的社會培養了很多評論家及各式各樣的專家，但是，我們沒有培養很多願意承擔責任的人。

承擔責任的人在心中都會採取積極、主動、建設性的行爲，他們的現實生活會面臨許多艱困，但是，他們勇敢地選擇合乎道德、正義的生活方式。但是實際上，不論在家庭或社會上我們都很缺乏這樣的人。我們處在進退維谷之境，因爲，在我們那一世代的人，很少有人年輕時能夠想到負有重建社會的責任，使他們的生活更符合道德標準及公平正義，很少有人追尋更理性的生活方式並準備承擔責任，使社會更爲不同。如果，他們有才幹的話，大多數的人只想成爲專家或評論家。他們有機會出類拔萃，但是，他們選擇做一個平庸的人。

如果，你有機會成爲出類拔萃的人，事實上，現在你就有這樣的機會，追名逐利、寫書或獲獎章都重要。相反地，重要的是，有一種超凡脫俗的生活態度，你要用這種生活態度工作，坦然地接受官僚體制下的各種挫折。

我懇切盼望，當你們年輕時，你們可以理性地選擇生活型態，培養對美善的感受力，活在當下，開放心靈去接受他人的施予，享受幽默所帶來的歡愉，在痛苦中保持心中的寧靜，否則，你們無法眞正地成長。

如果，我們不是符合自己眞正的心性，我們無法眞正重建符合道德標準及公平正義的社會。重大的毀滅暴力行爲都是以道德及公平正義之名行之。以經驗實證而言，道德及公平正義的想法是有用的指引，並且，是不可忽略的。但是，它們是抽象的。最終的測試在於運用敏銳度及熱情來適情適況地作出決定，這都是從人類的精神狀況、亦即內心自然流洩出來的。一個有能力的人，肯承擔責任，可以達成他的最終目標。他們堅忍不拔，凡事抱著希望。只有凡事抱持希望，我們才可能達成目標。對我而言，這就是花園裏的獨角獸所象徵的重要意義。當你明天早上起床後，在花園裏找找它吧！

第十章 在施予中成長

一九七六年一月我參加世界領導趨勢的國際研討會，回應有人對於美國人的自大傲慢的指控，我作了以下的演講。

> 我們非洲的朋友說美國人很自大傲慢。這確實傷害了我們，但我接受這項指控。
>
> 我相信美國人之所以自大傲慢，事實上根源於我們是世界強權。多年前，當英國人是世界強權時，他們也是自大傲慢。當時代轉變，下一個世界強權出現時，他的國民也很有可能被視爲驕傲的。當一個國家變成世界強權時，他的國民、機構或政府並不一定會變得謙卑而有風度，文明尚未發展到這個程度。有些國家及人民可能可以做到，但趨勢並非如此。

在這個研討會當中，我從馬爾他的班傑明・透納（Benjamin Tonna）牧師學到：一個比較有權勢的國家或人民是否眞的具有謙卑之心，最終是可以經由他們是否有能力向弱小的國家學習，並且衷心地感謝弱小的國家所贈與之禮物，這是我從個人經驗中獲得的想法，但是，有時候我們需要別人的教導，才會了解自身的經驗。

十二年前我從職場退休，有一家美國的基金會邀請我到印度工作。一九四七年印度獨立之後，他們採用英國的模式設立了第一所行政管理學校，但是，到了一九六四年，卻證實對印度並無實益。該所學校要求美國基金會給予技術協助，捐贈資金，以協助學校籌設新的計畫，以符合印度發展的需求。因此，我參與這個計畫，並在其後四年到過印度四次，做深度的訪問。我發現，我接觸的印度上流社會人士，不論是政府機關人員或民間人士，都受過良好的教育。他們把我奉爲上賓，好像我是什麼了不起的專家。在這種氣氛下，不論在民間或政府部門參與協助印度發展計畫的幾千個美國人，多少都養成了自大傲慢的習氣。

就一般標準來評估我的顧問工作，我做得還相當成功。我們確實爲學校創辦了許多新的課程，而且，現在還繼續維持。那段期間，我學習到，要讓印度從三百年的殖民統治脫離出來，印度必須要有新的領導人才。在殖民統治時期，印度的教育制度是制式的、僵化的，沒有教導印度人民如何爲自己設定目標，如何和他人協商或從事機構設計規劃等，因爲這些事情英國政府都替他們做得好好的。一九七〇年，我最後一次去印度，只去新德里，和基金會的員工討論他們在印度面臨的新狀況，並且，討論若有機會，他們應如何盡最大力量來協助印度。當時，很明顯的是，印度的未來走向將不會是甘地夢想的鄉村式國家，或尼赫魯認爲的傳統社會主義者憧憬的工業化國家。相反地，印度像世界上其他國家一樣，要走自己的路，不是根據理想化的藍圖，而是根據世界狀況建構自己的社會。在這些新的條件之外，我覺得必須有新思維、概念，爲了印度人民的利益，以建構他們自己的機構，同時在印度提供

顧問服務的團隊人員也必須有新思維概念來幫助印度。否則那些顧問必須像我一樣自我學習印度人處理事情的方式，前提是如果他們都願意去學習。然而，當時基金會給予印度的支援即將結束，我的建議顯然已經晚了二十年。

不道德的施予

一九七一年我離開基金會時，我的報告提出，我質疑位居高位的領導者，如何眞正地扮演好領導人的角色，同時，我也質疑被世人視爲如此自大傲慢的美國人，爲什麼努力地嘗試要幫助印度呢？首先我要評論一下，以印度人的觀點如何看待基金會的協助。當我初次到印度時，尼赫魯是當時的總理，他從印度獨立之後，十七年來都擔任總理職位。

尼赫魯畢業於英國牛津大學，具有宏遠的西方觀念，他全盤唾棄印度的宗教及文化，他很歡迎像我們基金會提供的技術協助，希望印度能夠快速地變成西化的國家。他的想法與甘地南轅北轍，因此尼赫魯在自傳裏曾經寫到：「我和甘地的思想觀念是多麼地不同呀！我懷疑將來我還能夠和他合作多久呢？他用一種農夫式的觀點來處理事情，某些生活方面他像農夫一樣盲目無知。雖然，我和他熟識多年，我心裏並不眞正地清楚他的目標所在。」我想尼赫魯部份的困惑，根源於他和甘地之間對於印度的前途存有基本的衝突，甘地希望給印度人一個理想社會的願景，而尼赫魯要將印度人帶往另外一個方向。

依據我個人在印度的經驗，以及閱讀有關印度的歷史、領導人的自傳，我在基金會的報告內寫道：

任何人像我一樣只在印度待了極短時間，是很容易把彼此的關係定位在援助與接受援助這個層次，但是在給予印度協助的過程中，我有一些看法。我認爲一個國家長期協助另一個國家，並不正常。因爲緊急事故或短期的支援，這種一國單方的協助，我認爲是可以的，但是，像我們的基金會在印度，已經長期協助他們二十年了，這就很不妥當。在我認爲，爲了平衡起見，我們協助印度多少，印度也要相對地回饋我們多少。但是，長期以來，因爲我們財政有盈餘，所以被認定爲我們應該單方面的給予印度協助。相信如果我們要繼續對印度人有所幫助，我們應該盡己所能地向印度學習，這樣才能使他們加速向我們學習。

多年來，我擔任許多大小型基金會的顧問。此外，我也擔任一家中型基金會的董事，因此，我已經相當程度地專注在施與者這個領域內的工作，對於施與者這個角色我常常會有一些反省。最近，我已經將我的經驗寫成二篇文章，刊載在一本有關慈善捐助的雜誌《基金會報導月刊》（Foundation News）。在其中一篇文章裏，我寫下我的觀察：

對於那些已經積極地參與基金會工作的人員，尤其是在大型基金會工作的人員，他們會不斷地感受遭受他人需索的壓力。他們知道要判別是否要給予他人補助是很困難的。他們知

道有許多申請案件必須拒絕。有一些觀察敏銳的人會把這樣的工作稱作是腐蝕人心的工作，因爲，不論申請資助的單位多麼有名望和權勢，但是，當他們與基金會接洽時都是用一種乞求的方式。溝通方式被嚴重扭曲，基金會的人員在某個程度上都患有一種嚴重的職業病，那就是自以爲是高高在上、全知全能的神。並不是所有的基金會人員都會染上這種職業病，但是，染病機率相當地高。早期的基金會人員建議，最長只能在基金會服務十年，以減輕染患職業病的機率。

康寧金博士曾擔任某基金會的董事長，他所著的《私人的金錢與公共的服務》一書中，他以更接近神學的觀點論道：「**施予是一種潛在的不道德行為**」，他繼續說道：「它的危險在於我們假設施予者都是具有道德，很少施予者單純地想去幫助他人，施予者一般都具有其他的目的，他們想成名，想要去操控，監護他人。基金會或其成員並無法借助運氣或愼思，而免除此一錯誤。只有當我們認知這種扭曲的危險，才有可能避免。換句話說，基金會必須堅信，施予有可能不道德。」

因給予，而獲得

從我反省了個人的經驗，尤其是在這個研討會期間，權力的傲慢已經被激烈地討論，深深感受到，康寧金博士有關施予者的潛在道德危險的告誡似乎還不足夠。美國人由於有大量

的財政盈餘，在民間和政府資源方面，我們都有能力作爲施予者，我們無法逃避會被扣上傲慢自大的標籤，只是認清這個事實，並不會使個人或國家更加健全，除非，這樣的認知能夠在施予者與受施者之間的關係取得更好的平衡基礎，不論受施者是我們國內的個人或機構，或美國與其他國家間，尤其是開發中的國家。

我認爲**在傲慢自大與謙虛之間沒有中庸立場。一個人除非心靈開放，並且準備接受他人給予的任何禮物，否則，他無法真正無私的施予**。聖經上說：「施比受更有福。」但是，以現代的觀點而言，如果，一個施予者是很富足的，這種情形可能是當時聖經的作者無法預見的，這樣的歸納說法可能是有問題的。因爲接受施予的一方必須是眞正的謙卑，畢竟這是很令人不悅且不容易做到的境界，而施予者可能很容易表現出自大傲慢的態度，而有些人還習以爲常呢！

對於像美國這樣富足且位居世界領導地位的國家，應該有能力說服那些施予者，不論他們是個人、機構或國家，要相對地從接受施予的一方獲得回報，並且要幫助接受施予的一方支付施予的成本費用。在現今的社會，我認爲施與受應該同時受到祝福，雖然一般人的觀念可能還不容易改變。

第十一章 心靈之旅

在詩人羅伯．佛洛斯特（Robert Frost）晚年，我很榮幸有機會親近他，看到他眞實的一面，他的詩集對我有特別的意義與影響。他的詩集和許多我認識的個性樂觀愉悅者的詩集大不相同，他的詩集裏呈現出內心世界的恐懼及嘲諷意象。

有一天晚上，他和一群朋友歡聚時，他提到有關忠誠的問題。當時，我插嘴道：「羅伯，你以前不是這樣定義忠誠的意思。」他轉頭看著我，友善地微笑並且溫和地問我：「我以前如何定義它呢？」我回答道：「多年前，你和愛默生聚會時，你說忠誠就是如果你缺乏它時，你的一群朋友可以不必經過陪審團審判，就可以將你射殺而死。」佛洛斯特出身寒微，直到四十歲移居英國以後，他才眞正成名，當他在晚年時，聽到我如此回答時感到非常欣慰，他喜歡和非文藝圈的朋友分享「施予及獲得」間愉快的感受。

佛洛斯特死於一九六三年，他所寫的這首名爲〈指引〉的詩對我有很大的影響，可以拿來和有心成爲僕人領導者的人們分享，因爲，僕人領導者遲早都要自我探索人生內在心靈之旅的方向。

指引

從受盡人生折磨中走出來，捨掉繁複、煩燥、受傷、失敗、灰心
人會回復到單純的心境，猶如晴空下墓場裏靜立的大理石雕柱，

原來的家屋已經不是家屋了，原來的農莊已經不是農莊了，
原來的小鎮也已不存在了，讓嚮導指引你的去路吧！
嚮導心心念念只擔心你會迷路，這裏原來是一座採石場，

小鎮的荒蕪已不需任何偽裝了，死寂地像被一頭巨獸盤踞著，
書上有一個故事寫道：
在馬車破敗的車輪邊，
有山脊岩架向東南西北延伸，
像是大冰河的鑿痕，延向北極圈，
你不必畏懼北極圈的酷寒，
據說山邊還有鬼魅出沒，
你也不需在乎連續不斷的艱辛行程，
森林令你感到狂喜，

初次返鄉的歸者踏著地上落葉沙沙作響，
二十年前繁茂的景象如今何在？
現在的荒蕪景象令人想到太多死亡了，看
那一些被啄木鳥啃蝕磨損壞掉的蘋果樹。

以前，下工後，
你會一路歡唱愉悅的歌返家，
有時，會有人走在你前面，

有時，鄰人的車上載滿豐收穀物，馬車沿路發出沉重的轆軋聲。
在鄉間冒險探索的結果
最後發現二個村莊的文化都凋零衰敗了，二個村莊都消失無蹤了，
你要迷失得夠遠才能找到你自己。
把你背後的梯路收起來吧！

除了對我以外，

對任何其他人都掛上一個此路不通的告示牌，
讓你自己像在家裏一樣自由自在。

現在，僅有的地方只有方寸之大，
原先這裏是孩童的遊戲間，
在松樹下有一些破損的盤子及孩童們的玩具，
你悲嘆著一些小玩具就能讓孩童們玩得開心無比，
後來，原先的家屋已經不存在了，
只有一些地洞，
慢慢地像麵糰的凹痕密合起來，
這裏不是遊戲場，
這裏曾經是眞正的家屋。
你的方向及你的命運，
像一條溪流，
它是家屋的水源，
溪流靠近源頭處向瀑布般冷洌，

高聳的源頭向下奔流著，
我在河彎凹處，
一直藏著一棵古老的西洋杉，
一支破損的酒杯像聖杯一樣，
因爲，我下了咒語，

所以，壞人找不到它，
我是從孩童的遊戲間偷來這支破損的杯子，
這是你的水，你的水源，喝下它，
你所有的疑懼矛盾都會一掃而空。

有人問他詩的意義，他鼓勵讀者：多讀幾遍，其中的意象自現。他的詩集值得一讀再讀，只要你願意打開你的心靈。我們必定是想要了解，才能洞徹事物的本質，這和認知及象徵具有關聯性。

認知就是不斷地自我覺察，象徵是一種已經存在的具象。人生經驗中的許多挫敗來自於不願意面對具象所呈現的事實。我們應該開放心靈接受具象的事實，才能承擔人生道路上任何的風險。

象徵的力量來自於它以不同的風貌呈現出來，可能是一幅畫、一首詩、一個故事、一個寓言、神話、聖經格言、一首音樂、一個人、人行道上的一個裂縫、一片葉子。象徵是從一個人眼裏所看到的具象。所有的象徵都有意涵，象徵的意義並不拘限於創作者本來的意念。詩人有時候會驚訝別人對於他的詩作賦與新的意義。賦與新的意義就是新的創作，每一個機會都會有新意，把握住每一個機會可能就是每個人成長的契機。

如果，一個人把內在心靈的成長視爲是個人一次獨特的旅程，這樣的象徵意義就是非常個人化、獨特化的。所有的人可能看到共同的象徵意義，但是，眞正的內在心靈力量提昇是無法言喻的。我們能夠和別人分享內在象徵的經驗是很重要的，因爲，作爲一個負責任的人，我們需要其他負責任的人的指導及提攜。所有的人在成長的道路上都會面對許多障礙。

追尋眞理的旅行

所有從事內在心靈探索的人必須認知，如果我們只是渾渾噩噩、庸庸碌碌地活著，這絕對會阻礙我們的成長。原始社會的人們，他們的生活環境可能很惡劣，但是，他們沒有因此而退縮沮喪，反而留下許多令人嘆爲觀止的岩洞壁畫。他們的藝術作品並非有意宗教化，而是很自然地與大宇宙共存共生。我們人類對於大自然的操控，不當的破壞，讓我們失去很多體驗宗教經驗的機會，也讓我們失去與大宇宙共存共生的機會。

在我們內在心靈之旅，我們要體悟到要捨才會有得，這是不容易做到的事，內在心靈之

旅的推展，它的首要之務在於簡樸生活，活在當下而已。

耶穌基督曾說道：「除非，你變成爲像孩童一樣的純眞，否則，你無法進入天堂。」「要讓一隻駱駝走過一根針，遠要比富人進入天堂容易得多。」「把杯子裏面洗乾淨，杯子外面自然就乾淨了。」「一個人除非重生，否則，看不到天國。」

聖經馬爾谷（馬可）福音第四章寫道，耶穌又到海邊教導人們，最後他總結道：「有耳可聽的，就應當聽。」當沒有旁人的時候，跟隨耶穌的人和十二個門徒問祂這個開示的意義。耶穌對他們說：「神國的奧祕只叫你們知道，若是對外人講，凡事就用比喻，叫他們看是看見，卻不曉得，聽是聽見，卻是不明白，一旦，他們了解，他們就得到赦免。」

新約聖經瑪竇（馬太）福音第二十五章是有關人道思想的論證：「我飢餓時，你給我食物吃，我口渴時，你給我水喝，我是一個陌生人，你歡迎我，我裸身時，你給我衣服穿，我生病時，你來探望我，我在監獄裏，你來拜訪我，我要衷心地對你說，你是我最好的兄弟，你爲我做了一切事情。」對於一個正義的人，他的報償就是得到永生。在聖經，正義與不正義很清楚地是以綿羊與山羊做爲區分的象徵。

在若望（約翰）福音第三章所提到的是有關信任的驗證，信耶穌者將得到永生。

耶穌是人類最偉大的象徵，他是神的化身。但是，他也有溫柔的一面，他對犯通姦罪的女人說：「我不會定你的罪，走吧！不要再犯罪了。」但是，他並沒有對那個女人說，因爲我不定你的罪，所以，你可以進入神祕的天國。相反地，他是一個偉大的老師，當他在論道

時，他會給聽眾提供一條內在心靈之旅的機會。只有眞正忠誠地信奉祂的信徒，才能走上內在心靈的道路。

一個人要達到確定感或心寧平靜的狀態，必須超越困惑。正直、責任、勇氣將塑造他們的個性，他們將會與大宇宙共存共生，他們會很自在地生活著。

就現代人而言，這可能是不太容易達到的境界，但是我們可以朝這個方向前進。當然，由於每個人的年紀、興趣、動機及追尋心靈的態度、習慣模式及其他因素，有些人內在心靈追求的成果會比其他人更有成果。

從一個人現在所處的位置，沒有一個人可以判定橫亙在心靈成長道路前之下一段路會有多麼的艱困。每一個人際遇不同，我們並不能保證心靈之旅的每一個階段是順遂的，或是不順遂的。

該捨棄的和奪不走的

內在心靈之旅的過程中，一個人必須了解捨下的重要性。捨下會開啓新的道路，讓你獲得無價的禮物，讓新的、清新的、美麗的、不可見的事物進入你的內心之中，其中最偉大的就是愛。能夠放下最主要的心智來源就是信仰，信仰來自內在的個人深沉經驗，來自人生偉大事件中所獲得的智慧，我們的人格可以經過試鍊與鍛鍊，在智慧中重生，過著負責任及正直的人生。經過這樣的鍛鍊，雖然面對死亡也能超越痛苦。人們雖會面對痛苦，但是他們會

毫髮無傷，因爲，每一次捨下、放下的機會讓他們內在心靈更提昇。割捨本身並非是悲情的，最大的悲劇是人們沒有緊緊握住割捨的機會。

在人生的道路上割捨你應該割捨掉的，這是任何人無法教導你的，內心的能量會供應你割捨的勇氣，定下內在心靈之旅的目標，如果，你旅行得夠遠了，明智地選擇應該割捨的事務，你可能會進入神祕的天國殿堂，這是所有人類敬畏的偉大殿堂。當希望看似渺茫時，我提供了光明的機會，讓我們拭目以待吧！

後記

誰是僕人領導者呢？僕人領導者和其他善良的人不同之處在於：他們堅持著自己相信的信念行事。他們知道實證的重要性，他們具有堅強的意志去從事冒險性的行爲。依世俗觀點而言，僕人領導者看起來似乎很天眞，他們可能無法適應現代盛行的機構式社會。

現今服務人類的機構層級可以分成三級。最初級的組織是家庭、社區、企業、政府、學校及醫療、社會機構。第二個層級是具有價值影響力而可以服務個人及機構的教會及大學。第三個層級，由於他們具有願景，提出預言式的聲音，那就是神學院及基金會。在完善的社會裏，第二及第三階層所提供的服務機會及服務績效鮮少有差距。但是在目前混亂不安定的社會中，第三個階層所能提供的服務機會及它們的服務績效可能就大大地不同。

如果，需要改革運動的話，則改革是來自各方，且以無以數計的方式擴散。如果，改革運動要成功的話，神學院及基金會要鼓勵學習者並提供庇護住所，大學則應該成爲有效的學習場所。所有的人都可以完成他們內心深信的目標，並且，所有的人應該對僕人領導學更友善。

沒有這些堅強的驅動力，僕人領導人是孤立無援的，但是，他們仍然堅定地付出對人及組織的關心，不論在何處從事服務工作。他們不斷地驗證僕人精神，最後，他們的領導得到

他人的信任。

他們會服務任何等待他們服務的人們。

約翰・米爾頓（John Milton）

卷後語

開門吧！僕人領導者

彼得・聖吉（Peter M. Senge）

我不認爲世界上有很多偉大的書會影響後世人。但是，世界上有很多好書、很多有趣的書。有一些書你讀完後會說：「這本書確實有一些創新的想法。」「或許我會介紹給我的朋友。」十年後，這本書對你並不會有任何意義，對世界也不會造成任何重大的改變或影響。但是，我認爲《僕人領導學》確實對後世會具有影響力。我希望這本書對未來二十五年的影響要更甚於對過去二十五年的影響。

爲什麼我這樣認爲呢？我大約是在一九八二年初讀本書。我記得是約翰・賈男（John Gardner）介紹喬・賈洛斯基（Joe Jaworski）讀這本書，賈洛斯基又把這本書推薦給我。他們很推崇這本書，的確，本書在領導力方面有很重要的創見。我們必須詳細閱讀本書的構思及內容。

機構績效不彰的年代

我之所以認爲這是一本很重要的書，基於一個非常簡單的假設。威士卡（VISA）的首任執行長迪・哈克（Dee Hock）是近代偉大的商業機構再造專家之一，他說：「我們活在機

構績效不彰的年代。」機構需要大刀闊斧的改革。我們很難找到一個機構的業務是蒸蒸日上的，而且，眞正地著眼於服務廣大社會大眾的利益。可能有人會說商業機構是最有績效的機構。在大多數的國家，有人會認爲公立學校、政府機構或非營利機構一般而言是績效較佳的機構。就我過去二十年在商業界的觀點而言，僅從服務它的股東、會員的面向而言，我也會認爲商業機構的績效是較佳的。

有多少人在工作場所、在家裏利用e-mail，電話留言及其他個人高科技產品的總工作時數比起十年前的工作時數更長呢？有多少人認爲在未來的十年，我們會持續地增加工作時數呢？這是不可擋的趨勢之一，深深地影響社會及生活制度。我們很難預測將來會發生什麼事或發生什麼改變，但是，可以確定的事，人們已經覺得招架無力了。在美國，很多家庭已經將第二個有潛在工作能力的成員送入職場賺錢以維持家庭的開支。除非，我們再度回復童工制度，否則，我們不可能將第三個有潛在工作能力的家庭成員送入職場。我們會持續增加溫室效應及摧毀其他物種嗎？答案是有可能的。生物學家已經說過了大自然會反撲，大自然還沒有做最後的反撲。我們可以持續地坐視全球性機構不斷地擴展對於分化社會所造成的影響嗎？

我認爲很少人眞正地喜歡他們的工作。我並不是說工作都是無趣的，或者，人生很乏味。很多人經常工作到晚上十點才精疲力竭的回家，回到家還繼續用e-mail聯繫各種會議，很多老師也忙於各種學力測驗，學生、老師、教職員都有很多壓力，學校當局也很害怕他們

的學力測驗分數是最低的，會被公布在報紙上。

機構的績效不彰證據所在多有。在績效不彰的年代，本書爲我們指出一條可能的道路。我認爲這本書愈來愈有價值的第二個理由是，未來的改變是很艱鉅的。我的導師威廉・歐布（William J. O. Brien）幾年前退休，他是一家產物保險公司的執行長。二十年來，他將一家面臨破產的公司經營得有聲有色而成爲業界的翹楚，他曾經說：「我勤於在公司內走動，告訴員工公司的願景，公司的授權、分層負責的機制，讓員工眞正地貢獻所長，我們和他們談論信任、如何消除公司內部的政治遊戲，而且，正面公開地和員工面對困難的問題而不是黑箱作業。」他繼續說道：「令人驚喜的是你幾乎從來沒有聽到員工說：不！我沒有興趣。相反地，每一個員工都眞正地樂於營造這樣的工作環境。」

因此，歐布提出一個顯而易見的問題：如果，大多數人都喜歡這樣的工作環境，爲什麼我們不能將這種氣氛推廣到所有的機構內呢？爲什麼這種工作環境是例外而不是普遍現象呢？他說道：「我得到一個結論，那就是：我們沒有決心去營造這樣的工作環境。」

我希望本書在未來會更具重要性，因爲，這本書是少數書籍之中能詳述有活力、有績效的機構所需要投注的心血。我們現在對於如何建構有績效的機構需投注的心血稍有了解。這是很長遠的旅途，一開始，本書作者就比其他的人更用心地闡述他對僕人領導的精闢見解。

本書的內容涉及管理思維，事實上也和知識的創造、學習及機構的根本改變有關。這些對於主流的管理實務的迷思將會造成什麼影響呢？

學習、知識及改變

愛德華・戴明博士（Dr. W. Edwards Deming）是我另外一位導師。戴明博士世界知名，是品質管理的先驅。對於所謂變動中的管理成效不彰，他感到非常地失望，尤其是對美國公司他更感到失望。但是，能夠將他的信念落實在公司內部的公司也有，其中一家公司就是豐田汽車公司，這家公司已經主宰汽車市場二十年。雖然，過去十年來日圓貶值，日本國內經濟蕭條，但是過去二十年中，豐田汽車的市值超過通用汽車、福特汽車及克萊斯勒汽車的總市值。戴明博士認爲：「大家都知道品質管理的重要性，但是，未能落實，爲什麼其他公司無法做到呢？只要做百分之一或百分之二的功夫是無法達到百分之三十的效果。」讓我們來回應威廉・歐布的話：「如果，這種想法很好，爲什麼沒有人去落實它呢？」

讓我們來看一看小學及中學教育，我不認爲教育當局有心做根本的改革。相對於品質管理，有無數的教育理念需要落實，例如多元智力發展、自主學習、學習者爲中心的學習方式等，都沒有落實在國民教育裏。

理念無法落實變成常態，而不是例外，爲什麼？

從組織式學習的利基來說，本書作者非常了解問題的所在。改變及學習間有一個基本的相異處。如果無心改變，你就學習不到任何東西。但是，改變不需要經過學習。學習的中心在於發展新的能力。這個原則適用於團體式或組織型的學習，這和發展新的組織能力有關。

組織型學習之所以失敗的原因有二。第一個原因是：沒有充分的時間確實讓員工開發新的技能。典型的情況是高階主管只和顧問談一談，或讀到一本書而有一些新的想法，就開始高談闊論起來。第二個原因是，有很多三天的訓練課程襲捲公司內部，每一個員工都要參加。想想看你一生中一些重要的技能是用這種方式學來的嗎？有人參加過三天的密集訓練課程就會拉小提琴了嗎？或成爲一個核能工程師？這樣的課程也不會使你成爲鋼琴家。重要技能的獲取是需要經年累月的學習而來的，需要下定決心，要有主動意願和重複的練習，從經驗中學習。這是我們學習重要技能的方法，三天的密集訓練課程只適用於學習技能，三天的密集訓練課程不適用於學習無關緊要的東西，說得諷刺一點，我們的機構擅於學習無關緊要的東西。

第二個問題是：誰需要改變？在本書第一章，作者告訴我們一個故事。魯國季康子患盜，向孔子請問對策。孔子回答他：「苟子之不欲，雖賞之不竊。」需要改變的經常是組織內部，如果，組織內部眞正地改變了，那麼績效會顯露在外部，但是，在內部確實改造之前，我們不能將焦點放在外部的改造，我們必須在組織內部創造，人們會問我們必須具有的能力是什麼呢？作者知道這是很簡單的答案。

要從工作中開發新的能力，關鍵在於學習者要有一顆熱切的心，所有眞正深度的學習都源於學習者熱切學習的心。有一句古老的諺語說：只有兩種狀態會造成人類基本的改變，那就是「熱切期盼」及「受困絕地反攻」。除非有危機，否則永遠不會有改變，這是我們熟知

的一句話，這是絕地反攻的例子。我認爲在美國首選的領導策略很簡單，那就是製造危機。或者，如果你眞的很聰明的話，製造恐懼，假設你正面臨危機，也可以激發你改變的能力。

熱切渴望會激發所有基本的學習能力。爲什麼我們學會走路？爲什麼我們學會說話？爲什麼我們會學習人生中重要的事務呢？我們是不是在八個月大的某一天早晨突然醒來說道：天呀！我的人生完蛋了，如果，我不會走路的話，我將會是一個失敗者。我們是不是因爲自己的意願才去學習走路呢？這就是熱切地渴望。如果在我們的機構內或社會中，大部份的人會採取主動，渴望改變，那麼我們的生活方式是否會變得更好呢？這與因危機和恐懼所造成的改變大不相同，渴望是目前促使改變的最主要動力。

在本書第一章作者問道：你嘗試做什麼呢？他繼續問道：每一種成就始於一個目標，但是，並非始於任何目標。爲什麼有些目標會比其他目標更重要呢？因爲有些目標有更重大的使命，超越自己是一個夢想，是我們眞正的關切，這是渴望的動力。我們都清楚地明白主動去做和別人強迫我們去做的區別，這是渴望與服從的區別。如果我們沒有熱切渴望的的心，所有深度的學習及改變是不可能的。

在我們的工作中要建構的第二種能力是了解事務的複雜性。很少人注意到第一章所提到的概念性領導。作者將它稱爲主要的領導天份。概念意指我們對於複雜狀況的了解。大多數時候，高階主管都將複雜的事情簡單化。他們會說：「我們失去競爭力是因爲我們的技術落伍了，所以我們要併購新公司以便取得新技術」。這種說法根本沒有提到，爲什麼我們的技

術落伍或爲什麼我們沒有創新能力。我們政府部門的領導者更是把複雜的問題簡單化，他們對於高度複雜的問題總想用簡單的方式解決，這是錯誤的做法。

爲什麼我們的領導者會將複雜的事情簡單化呢？我想有二個原因。第一個原因是高階主管急於想要有答案。如果他們站出來對員工說：「這確實是一個複雜的問題，我還沒有徹底地了解。」似乎不像是高階領導者願意說出來的話。第二個理由是，我們認爲人們只會處理芝麻綠豆的小事。換句話說，我們假設人們沒有能力爲自己設想，沒有能力處理困境，沒有能力了瞭解複雜問題的本質。

了解複雜問題的本質這是作者認爲發揮領導力必備的重要條件，我記得在一九三三年聽到羅斯福總統一個重要的廣播演說，他宣告在大蕭條時期停止所有銀行營業，爲中止存款戶的提款行動。這在美國會造成很大的恐慌，最大的恐懼是銀行體系會崩潰。恐懼會造成民眾瘋狂擠兌，事實上，更加速銀行體系的崩潰，自我實現的預言式災難於焉展開。當我聽到演說時，我非常的震驚。羅斯福總統不只是告訴民眾他做了決定，因爲這是對的事，每個人將會受惠。廣播演說持續半個小時，他向民眾講解現在的銀行體系如何運作，這不是簡單的事。由於他的解釋，民眾可以了解關閉銀行的原因及他們爲何不能提款。他解釋這樣做的話，銀行可以重新建立他們的資產，每一家銀行可以評估經營能力以及需要聯邦協助的程度。他同時也解釋民眾在銀行體系內所扮演的公共角色，這可以使銀行體系正常運作或崩潰。當他演說完畢之後，民眾不僅了解現代銀行的基本運作模式，也了解到對健全銀行體系

所應負的個人責任，**這就是概念式的領導**。

我們能否想像現在的總統做類似的事情，可以幫助民眾了解一件現代的危機呢？這裏有一個難以想像的地方，那就是當他這樣做時，很明顯地他只是在陳述一個**理論**，並非一個**答案**。當他這麼做時，他容易受到攻詰，無法再假裝他是睿智的。這是不容易做到的。並且，他必須假定聽眾都很聰明，眞正地關心了解問題之所在，而非只是尋求快速的補救之道。

這是作者在開發能力所舉的例子，他知道這對領導能力具有重要性。但是，他同時也知道如果沒有眞正的學習動機，那麼不會有任何進展。記得印度國父甘地曾經說過：「改變來自於自動自發，這是開發能力的原則，是從內在而非從外在。」如果，改變不是發自內在，我們就沒有理由冀望我們的機構或社會有所改變。

如果有更多的領導者了解這個原則，許多抗拒改變的問題將會消失，在改革的過程當中，機構內部的人會想到有人試圖要改變我們。當他們想到有人試圖改變時，他們就會抗拒。所有的執行長都不禁疑惑，爲什麼人們抗拒改變呢？我們如何克服人們抗拒的心態呢？當人們一旦獲悉有人試圖要改變他們時，或多或少他們都會抗拒改變，就算是他們表面上支持改革者。我要怎樣才能說服他人呢？你會聽到很多自許爲改革者發出這樣的疑問，但是說服他人只是一種假相的承諾。人們今天可以假裝接受一種觀念，明天也可以假裝接受另外一種觀念。承諾必須發自內心願意自我改變。佛教裏有一句古老的說法：「改變自我是最困難

的。」因此，我必須問一個問題：我缺少什麼能力？我要如何發展這種能力呢？

學習去服務

作者的教育思想裏提到學習去服務，這是指服務者的領導能力。作者認爲領導者必須有服務優先的觀念，自然地流露出要服務他人而不是追逐權力、影響力、名聲或財富。作者也不排斥權力、影響力、名聲及財富是服務的動機。畢竟我們是人類，自然地對這些事項也會有興趣與渴望。眞正的問題是，什麼是首要的，什麼是次要的。可能大多數的人會說我們首要的目標是去服務人群，但是我們要問有多少人確實是以服務爲最優先，多少高階主管他們會自許爲僕人者呢？在你的機構內你認爲你們的員工有多少人眞正具有僕人熱忱呢？百分之五十、百分之二十或者百分之十呢？當我對著群眾問這個問題時，會有少數的人舉手，可能是百分之五或百分之十。這符合我的預期。很明顯地領導者的僕人精神也是知易行難。這是本書所要闡述的第一個重點，這是作者最基本的貢獻。

如何培養我們要去服務的眞正慾望呢？這是我認爲最重要的問題。是什麼原因阻止我們產生這種服務的慾望呢？我不認爲這個問題有簡單的答案，但是，我想這是最好的問題，答案是很私密性的，依情境而定。

真正的承諾

我們一開始要問一個簡單的問題：承諾和狂熱有什麼區別呢？這是一個很重要的問題，歷史上存在很多絕對犧牲奉獻者，並且他們還具有危險性。但是，世界上也有很多人不是狂熱者，只是自私自利而已，避免承諾就很容易避免狂熱。但是如果我們尋求對自己或對他人的承諾，我們最好要了解狂熱的陰影。如果我們不了解狂熱的陰影，我們最好不要提及服務者的領導能力，因爲我保證你會看到很多狂熱份子是披著僕人者的外衣。

很多人認爲其中的區別在於自私自利，但是有很多狂熱份子願意犧牲自己的生命，有些人認爲區別在於同理心，但是我要告訴你們很多狂熱份子對別人的苦難也有很深的同理心。有的人說區別在於價值觀，我認爲狂熱份子也有他們的價值觀，或許我們並不喜歡他們的價值觀，但是他們也可以有自己的價值觀，而且他們會對他們的價值觀堅信不移。

艾略克・賀夫（Eric Hoffef）的《眞正的信仰者》（*The True Believer*）一書提供了對狂熱份子的最佳檢驗方法。他是舊金山碼頭工人，受過的正式教育十分有限。但是他死時被認爲是二十世紀中期美國最偉大的哲學家。賀夫認爲承諾與狂熱二者間最大的區別在於**不確定感**，一個狂熱份子是很篤定的，他有既定的答案。一個狂熱份子確實知道將來會發生什麼事，他有他的計畫，當你了解這種區別時，你就會知道我們文明的社會充斥這樣的人。狂熱主義充斥在主流社會裏，在各種組織階層裏。事實上，這是在各種組織階層裏最被濫用的問

題。

作者非常了解這個問題，在討論到承諾時，他說：最後我們必須抉擇，或許我們一再選擇相同的目標或假設，但是，這是一種全新公開的選擇，總是會有一些懷疑的陰影。從我的觀點看來，所有眞正的承諾都不是確定的。如果這是一條該走的路，我們就勇往直前吧！如果凡事是確定的，不容質疑的，那麼就不會有容忍的空間。如果，只有一種正確的觀點，我們只會看到自己，沒有其他空間可以看到別人的觀點。因此，我們對於持不同觀點的人就不具有同理心。當然我們就不會有謙卑之心。如果我們已經有了答案，怎麼會有謙卑之心呢？

智利偉大的生物學家及哲學家休伯得·馬都納（Humberto Maturana）很有見地的表達他的觀點。他說：當一個人告訴另外一個人該怎麼做時，他是在要求別人服從他。當一個人這麼要求時，這是他自認爲自己對於現況有優越的看法。從生物學的觀點，任何人都不該有這樣的舉動。馬都納著名的聖地牙哥認知理論（Santiago Theory of Cognition）指出沒有所謂的對於現況有優越看法的論點，從生物學觀點看來，我們都是盲目的。我們看不清周邊的世界，我們看到的是我們想看到的那一部份。

只有當我們在懷疑的陰影之下，我們才眞正有機會聽到其他人與我們意見相左的聲音，許多人認爲我們必須百分之一百的承諾，這就是指我們必須壓制所有的懷疑，這是錯誤的說法。

甘地曾經在抗爭遊行隊伍走到半途時，中止抗爭遊行，他們花了很多時間動員遊行隊

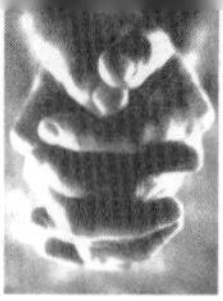

伍，因此，參加遊行的人非常不諒解他。成千上萬的人參加遊行，他們來自印度各地，你怎麼可以突然中止，叫他們回家呢？甘地回答道，我時時刻刻只對眞理承諾，我並沒有對一致性承諾，現在遊行抗爭的時機不對。這是非常弔詭的故事，因爲有人認爲甘地對他的追隨者很專制，但是事實證明他終其一生爲印度民眾奮鬥，他獲得民眾的信任，因此，他可以大膽的說：「我們可能錯了。」這是承諾的本質，在不確定中服務人群。

領導者要開門

面對不確定，僕人導向的領導者可能會膽怯，要等到每一個人都表決通過才敢大步邁進，這絕對不是領導能力，領導是要有勇氣昂首前進。

這就是作者說明領導者與追隨者二者關係之重要性，當萬事具備時，領導者要大聲地說：走吧！走吧！隨我來。

我曾經和一位女士聊天，當時，她正在研究惠普科技的領導理論。她請求採訪該公司的創辦人之一大衛・普克（David Packard）。當時，他已經很老了，在公司內很受尊敬。她說：「我正在做領導能力的研究，我想知道你的領導理論是什麼？」他看著她，沒有說話。她想：「或許他的助聽器有問題，我再試一次。」她換一個方式問他：「我們知道你的領導風格激勵了成千上萬的人，你的領導理論是什麼呢？」他抬起頭來，看著她，很明顯地他聽到她的問題了。最後，他說：「我不知道，我不認爲我有什麼領導理論。比爾・惠烈（Bill

Hewlett，他的好朋友及惠普科技共同創辦人）和我總是做我們喜歡做的事情，我們很高興有這麼多人想要加入我們。」注意他的回答和一般人說的：「我們有一個願景，我們希望有興趣的人加入我們的團隊。」是多麼不同。

這個故事告訴我們，眞正的承諾是打開一扇門讓其他人可以選擇，而不是只要求追隨者也要做出承諾。**真正的承諾是為他人製造選擇的機會**。

集思廣益採納雅言

承諾的最後一個面向是領導者能夠集思廣益，採納雅言，這來自於未來的不確定性，和領導人的個性有關。我認爲狂熱主義及不確定性是有點概念性的，而坐擁高位的領導者在個性上應該要能採納雅言。

當我們面對複雜的問題時，採納雅言確實有必要，要和別人公開地分享我們的假設是很不舒服的，尤其是當人們期望得到確定答案時。當我們攤開我們的假設時，事實上我們是邀請別人幫助我們發現我們是錯的，人們是樂於提供我們意見的。

菲利・凱羅（Phil Carroll）在他從殼牌石油公司退休前不久，他回顧執行長生涯：「每一個改變的過程始於你自己本身，必須從個人做改變，公司的改變是結果，而不是一種模式。」他說這種改變過程很艱辛。「我必須做很多內在的心靈探索，包括我如何做員工的表率、我的重要決策、我個人的目標及願景是否符合公司的期望。」

他的重大發現之一是「集思廣益在領導過程中，是很重要的關鍵。不如此的話，你不能成爲好的領導者。」菲利及其他我所認識的執行長，都發現集思廣益確實能夠增進工作績效。當他成爲殼牌石油公司的執行長時，該公司正面臨重大的服務危機，包括大量的裁員。他說：「當時每個人都期望我能夠告訴他們，如何繼續將公司經營下去，但是，我知道我並沒有答案。」由於他誠實面對問題，他釋出的訊息是每一個員工都有責任重新建構公司的未來。結果是，往後的數年間員工提供了很多創見終於讓公司轉虧爲盈。另外一個結果是公司內部培養了很多新秀，他們現在在全世界各地的分公司都擔任重要的職務。他總結說道：「不管領導人個人的情況或風格爲何，領導有二個要件，首先必須要謙虛，如果，你不知道自己的缺點，而且缺乏判斷力，你將把人們帶往錯誤的方向。如果你不誠實，你無法領導，誠實比不說謊還要更困難。」

是否所有討論領導者變成反生產力呢？

最後，我要分享二個想法，這和我們使用「領導」這個詞有關。

首先，不論在私人或政府機構裏，人們都將權威（authority）及領導（leadership）混淆在一起，經常聽到有人說：「我們這裏發生問題，是因爲我們沒有好的領導者。」或者「我們這裏需要可以眞正地大刀闊斧改革的領導者。」或者，另外一種新的看法，如果，領導者

沒有準備好的話，不會發生任何改變。誰是領導者呢？大多數的情形，清楚地是指執行長或經營團隊或高階主管。那爲什麼不直接就說：「如果執行長沒有準備好的話，不會發生任何改變。」如果組織內有規定正式的管理階級，就會有授權的問題。當人們說：「如果領導者沒有準備好的話，不會發生任何改變。」很明顯的所有權威都集中在最高階層。這不僅僅是領導與權威的混淆，**也是表明只有最高階層才能實施改革**。這不僅僅是不能落實授權，而且也是錯誤的想法。經驗一再的顯示，許多重要的變革都是來自於公司內部的經理人員，他們的權限都較小。因此，我認爲我們所指的領導者，在每天日常使用中，應該也包括組織內部門的主管。

我第二個關注的事情是針對領導一詞賦與它另類的定義，這和組織內的階層無關。這個定義的標準與對錯無關，而是眞實的反映我們的經驗和它的實用性。我在《組織型學習社會》（*Society for Organizational Learning*）這本書內發現的定義非常有實用性，領導者就是「有能力規劃人類社會的未來」。

這個定義眞正描繪出領導的精髓，尤其是僕人導向型的領導，我們眞正關心的事是否覺得自己是受害者、無助的、無效率的，或者我們覺得對未來還有些希望。我想這對每個人都深具意涵。這就是我認爲領導是重要想法的理由之一：我們想過宿命的、被動的、無力感的生活模式，或者我們想主動積極的認爲，未來的人生我們也有主控權。

定義裏面也提到「社會」（community）這個字，當我們談到領導，我們傾向於認爲這是

個人的現象，但是我認爲這樣的想法是有侷限性的。我們知道社會上很多重大的變革，都是肇因於一群人的貢獻，不是歸因於個人。當一個高階主管是誠實待人，願意集思廣益時，就可以加強集體式領導的功能。當部門主管束手無策時，我們最好盡己之力，不要袖手旁觀。甚至最近也有人說道：「我們自己就是自己期盼已久的領導人」。當我們盼望更多具有僕人精神的領導者，我認爲我們的重心應該不是放在最高階的領導人身上，我們必須認知到在組織內部都應該要有僕人導向的領導人，社會上到處也都應該要有僕人導向的領導人。如果不是這樣的話，我們無法達成作者描述的理想化機構。如果不是這樣的話，就無法達到僕人導向的領導模式：眞正的領導是來自個人的高度僕人精神及團體的集思廣益。

註：彼得・聖吉（Peter Senge）是美國麻省理工學院的高級講師、組織型學習學會的創始人。他同時也是《第五項修練》（*The Fifth Discipline*）的作者，這本書經由引介組織型學習，深深地撼動商業界及教育界。自一九九〇年出版以來，已銷售超過七十五萬冊。《哈佛商業評論》（*Harvard Business Review*）把它譽爲過去七十五年來最佳管理教育類書籍之一。一九九九年《商業策略雜誌》（*Journal of Business Stragtegy*）推選二十四人爲過去一百年來對商業策略具有重大影響的人，他是獲選人之一。

國家圖書館出版品預行編目資料

僕人領導學：領導者與跟隨者互惠雙贏的領導哲學 / 羅伯．格林里夫（Robert Greenleaf）著；胡愈寧、周慧貞合譯. -- 初版. -- 臺北市：啟示出版：家庭傳媒城邦分公司發行, 2004[民93]
面；　公分. -- (Talent系列; 2)
譯自：Servant Leadership: A Journey into the Nature of Legitimate Power and Greatness

ISBN 986-7470-05-2（平裝）

1.領導論　2.組織（管理）

541.776　　93010004

Talent系列002

僕人領導學：領導者與跟隨者互惠雙贏的領導哲學

作　　者／羅伯．格林里夫（Robert Greenleaf）
譯　　者／胡愈寧、周慧貞
企畫選書人／徐仲秋
總　編　輯／彭之琬
責任編輯／徐仲秋、吳為寧、李詠璇

版　　權／吳亭儀
行銷業務／王　瑜、林秀津
總　經　理／彭之琬
事業群總經理／黃淑貞
發　行　人／何飛鵬
法律顧問／元禾法律事務所王子文律師
出　　版／啟示出版
臺北市 104 民生東路二段 141 號 9 樓
電話：(02) 25007008　傳真：(02)25007759
E-mail:bwp.service@cite.com.tw
發　　行／英屬蓋曼群島商家庭傳媒股份有限公司城邦分公司
台北市中山區民生東路二段141號2樓
書虫客服服務專線：02-25007718；25007719
服務時間：週一至週五上午09:30-12:00；下午13:30-17:00
24小時傳真專線：02-25001990；25001991
劃撥帳號：19863813；戶名：書虫股份有限公司
讀者服務信箱：service@readingclub.com.tw
城邦讀書花園：www.cite.com.tw
香港發行所／城邦（香港）出版集團
香港灣仔駱克道193號東超商業中心1F　E-mail: hkcite@biznetvigator.com
電話：(852) 25086231　傳真：(852) 25789337
馬新發行所／城邦（馬新）出版集團【Cite (M) Sdn Bhd】
41, Jalan Radin Anum, Bandar Baru Sri Petaling, 57000 Kuala Lumpur, Malaysia.
電話：(603) 90578822　傳真：(603) 90576622
Email: cite@cite.com.my

封面設計／李東記
排　　版／極翔企業有限公司
印　　刷／韋懋實業有限公司

■ 2004 年 7 月 27 日初版
■ 2023 年 8 月 21 日二版 3 刷
定價 380 元
Printed in Taiwan